DANMARK OG ANTIKKEN

DANISH HUMANIST TEXTS AND STUDIES

Volume 8

Edited by Erland Kolding Nielsen

THE ROYAL LIBRARY, COPENHAGEN

DANMARK OG ANTIKKEN
1980–1991

En bibliografi over 12 års dansksproget litteratur
om den klassiske oldtid

DENMARK AND ANTIQUITY
1980–1991

A Bibliography of Works
on Classical Antiquity in Danish

af
Flemming Gorm Andersen

DET KONGELIGE BIBLIOTEK
MUSEUM TUSCULANUMS FORLAG
1994

© Det kongelige Bibliotek & Museum Tusculanums Forlag 1994

Forlagsredaktion: Marianne Alenius
Sproglig revision: Virginia Raynolds Laursen, Det kongelige Bibliotek
Sats: Lisbet Holtse, Det kongelige Bibliotek
Repro og tryk: Special-Trykkeriet Viborg a-s
Papir: Klippan, Book Design vol. 1.3/ 100 g
∞ Dette papir overholder de i ISO 9706: 1994 fastsatte krav til langtidsholdbart papir

ISBN 87 7289 263 3
ISSN 0105 8746

Museum Tusculanums Forlag
Njalsgade 92
DK-2300 København S.

FORORD

Den foreliggende bibliografi dækker dansksproget litteratur om den klassiske oldtid, udkommet i perioden 1980 til 1991. Den ligger dermed i forlængelse af to tidligere bibliografier: Kjeld Elkjær og Georg Mondrup: Danmark og antiken (2. udgave, København, 1968), og Birgit Juul Kristensen og Joan Majlund Kristensen: Danmark og antikken 1968-1979 (København, 1982).

Under arbejdet har jeg pådraget mig megen behagelig taknemmelighedsgæld.

Til overbibliotekar Erland Kolding Nielsen, Det Kongelige Bibliotek, for løbende støtte til projektet, fra den første ansporing til accepten af det færdige resultat til publicering i Danish Humanist Texts and Studies.

Til magasinpersonalet på Det kongelige Bibliotek, for deres utrættelige indsats og tålmodighed.

Til bibliotekarerne Anette Danbæk og Frode Stoustrup, for både frugtbare diskussioner om katalogisering og fremskaffelse af nyudgivelser.

Til forlagsdirektør Marianne Alenius, for gnidningsløst samarbejde om udgivelsesprocessen.

Til forskningsbibliotekar Lisbet Holtse, som tryllede et manuskript på diskette om til et trykfærdigt layout.

Til bibliotekar Virginia Laursen, som kontrollerede min engelske version af teksten.

Og til alle dem, der ved breve, særtryk og samtaler har bidraget til bogen - med en speciel tak til Ivan Boserup, Kristian Olsen og Giuseppe Torresin.

Sådanne fejl og forglemmelser, som stadig måtte restere, er derfor helt mine egne.

Sidst, men ikke mindst, takker jeg Statens Humanistiske Forskningsråd, som har dækket omkostningerne ved trykningen.

PREFACE

The present bibliography records works in Danish on Classical Antiquity, published in the period 1980 to 1991. Thus, it continues two preceeding bibliographies, Kjeld Elkjær and Georg Mondrup: Danmark og antiken (2. ed., Copenhagen, 1968), and Birgit Juul Kristensen and Joan Majlund Kristensen, Danmark og antikken 1968-1979 (Copenhagen, 1982).

While preparing the bibliography, I have acquired numerous pleasant debts of gratitude.

To Director General Erland Kolding Nielsen, The Royal Library, for continuous support, from the initial urging to the acceptance of the final result for Danish Humanist Texts and Studies.

To the staff of The Royal Library's stacks, for untiring efforts and patience.

To librarians Anette Danbæk and Frode Stoustrup, for fruitful debates on cataloguing procedures and for procuring several brand-new publications.

To Marianne Alenius of the Museum Tusculanum Press, for painless cooperation during the process of production.

To research librarian, Lisbet Holtse, who conjured a layout, ready for the press, out of a diskette manuscript.

To librarian Virginia Laursen, who checked my English version of the text.

And to all those who, through letters, offprints and conversations have contributed to the book - with special thanks to Ivan Boserup, Kristian Olsen and Giuseppe Torresin.

What faults and omissions may remain, are consequently entirely my own.

Last, but not least, I am grateful to the Danish Research Council for the Humanities, who defrayed the printing costs with a grant.

INDHOLDSFORTEGNELSE

Introduktion 11

Introduction 15

Forkortelser og tegn / *Abbreviations and symbols* 19

Tidsskriftforkortelser / *Journal abbreviations* 20

Tidsskriftfortegnelse / *List of periodicals* 21

Generalia 27
   Bibliografier *(1-5)* 27
   Leksika *(6)* 27
   Tidsskrifter og serier *(7-15)* 28

Antikke forfattere 29
   Antologier *(16-35)* 29
   Enkelte forfattere *(36-354)* 33

Epigrafik 92
   Græsk *(355-359)* 92
   Romersk *(360-362)* 93

Papyrologi, boghistorie, scholier, m.v. *(363-371)* 94

Sprog 96
   Græsk *(372-373)* 96
      Ordbøger *(374)* 96
      Grammatik *(375)* 96
      Syntaks *(376)* 96
      Lærebøger *(377-380)* 96
   Latin *(381-384)* 97
      Ordbøger *(385-388)* 98
      Grammatik *(389-391)* 98
      Syntaks *(392)* 99
      Lærebøger *(393-415)* 99

Andre sprog *(416-417)* 104

Musik og metrik *(418-419)* 105

Litteraturhistorie, herunder teaterhistorie 105
  Alment *(420-434)* 105
  Græsk *(435-467)* 108
  Latin *(468-475)* 113

Historie 114
  Generel, politisk *(476-506)* 114
  Konstitutionel, administrativ, juridisk *(507-508)* 120
  Social, økonomisk, kulturel *(509-536)* 120
  Grækenland 125
    Generel, politisk *(537-549)* 125
    Konstitutionel, administrativ, juridisk *(550-567)* 127
    Social, økonomisk, kulturel *(568-601)* 131
  Etrurien *(602-611)* 136
  Romerriget 138
    Generel, politisk *(612-643)* 138
    Konstitutionel, administrativ, juridisk *(644-652)* 144
    Social, økonomisk, kulturel *(653-713)* 145
  Oldkirkens historie *(714-734)* 156

Topografi *(735-915)* 160

Arkæologi og kunst 189
  Alment *(916-968)* 189
  Arkitektur *(969-1001)* 198
  Skulptur *(1002-1052)* 203
  Kunstindustri, herunder keramik og maleri *(1053-1091)* 211
  Numismatik *(1092-1124)* 217
  Danske museer og samlinger *(1125-1129)* 222
    Udstillinger m.v. *(1130-1135)* 223
    Samlingskataloger *(1136-1142)* 224

Religion og mytologi *(1143-1202)* 226

Filosofi *(1203-1250)* 236

Videnskab og teknologi *(1251-1282)* 246

INDHOLDSFORTEGNELSE

Medicin *(1283-1288)* 252

Antikken og eftertiden 253
Antikreception *(1289-1315)* 253
Antikstudiernes historie og metoder *(1316-1341)* 257

Antikken og Danmark 261
Generelt *(1342-1346)* 261
Antikken i undervisningen *(1347-1357)* 262
Antikken og kulturen *(1358-1365)* 264

Forfatterregister 267

Klassiske forfattere 287

Stikordsregister 291

INTRODUKTION

Kriterier for registrering:
Bibliografien dækker den klassiske verden i oldtiden, indtil ca. år 500 e.Kr. Til den klassiske verden regnes her også de forhistoriske kulturer i Grækenland og Italien. Litteratur om tilgrænsende og indkapslede kulturer medtages, hvis den eksplicit behandler forholdet til den klassiske verden. For kristendommens vedkommende medtages arbejder der omhandler, dels oldkirkens forhold til det omgivende samfund, dels kristendommen som en del af antik filosofi- eller religionshistorie, samt ikke-bibelske (herunder også koptiske) tekster. Kirkens indre forhold, bibelsk teologi og dogmatik er udeladt.

Desuden medtages arbejder om antikreception, om antikstudiernes historie og metoder, samt om danske antikmuseer og -samlinger (inklusive udstillings- og samlingskataloger).

Endelig medtages arbejder om de klassiske fag i det danske undervisningssystem, og om den klassiske oldtids rolle i moderne dansk kultur. For disse emner gælder dog, at det oldtidsfaglige element skal være det primære i arbejdet.

Bibliografien registrerer dansksprogede bøger, artikler, afsnit af bøger, publicerede foredragsresumeer, samt disputatser med dansk resumé. Afsnit af bøger medtages dog kun, hvis de i publikationen optager mindst 3 store eller 5 små tryksider; foredragsreferater, hvis de er affattet af foredragsholderen og optager mindst een trykside.

Af klassiske tekster registreres oversættelser, tekstudgaver med dansk glossering, gendigtninger (herunder prosaoversættelser) samt parafraser som sigter mod et fagkyndigt publikum (herunder parodier og tegneserieudgaver med klassisk-sproget tekst). Dramatiseringer, samt genfortællinger for børn, udelades.

Af undervisningsmateriale medtages alle lærebøger i latin og græsk, inklusive lærebøger i reprografisk teknik. Derudover medtages trykt undervisningsmateriale på eller over gymnasie/HF-niveau. Børnefagbøger og reprografiske handouts udelades.

Elektronisk og audiovisuelt materiale registreres, hvis det er knyttet til en trykt tekst.

Avisartikler registreres kun, hvis de er genoptrykt i bogform eller i faglige tidsskrifter.

Anmeldelser i faglige tidsskrifter registreres, hvis de indeholder en vurdering af værket, mens korte eller refererende omtaler udelades. Ligeledes registreres debatindlæg i faglige tidsskrifter, affødt af udgivelser eller anmeldelser. Desuden medtages anmeldelser i faglige tidsskrifter af fremmedsprogede værker, hvis anmeldelsen optager mindst een trykside.

Bibliografien registrerer ikke interne debatindlæg på eller mellem institutionerne, møderapporter og -referater, u-udgivne specialer, studievejledninger, bekendtgørelser, udkast til eller beretninger om undervisnings- og ekskursionsforløb, interviews, nekrologer, brevkassemateriale eller anmeldelser af fiktion og dramatik.

I de få tvivlstilfælde har jeg foretaget et venligt skøn.

Inden for de opstillede kriterier er tilstræbt fuldstændig registrering for årene 1980-1991, inklusive nye udgaver og oplag af tidligere arbejder (nogle få, som havde unddraget sig registrering i *Danmark og Antikken 1968-1979* er stiltiende indføjet). Udover de nationalbibliografiske hjælpemidler, Dansk Bogfortegnelse, Dansk Artikelindeks, og Artikler i Bøger (såvidt udkommet), er gennemgået de fagrelaterede tidsskrifter, andre tidsskrifter som erfaringsmæssigt optager klassisk-relevant stof (herunder anmeldelser), samt DANDOK-basen. Desuden har mange enkeltpersoner bidraget med henvisninger. Konvertering af poster i eksisterende databaser (først og fremmest Det Kongelige Biblioteks database REX) har sparet meget skrivearbejde. Samtlige bibliografiens indførsler er dog søgt kontrolleret ved selvsyn (og fejl i kilderne rettet); de få, som ikke kunne fremskaffes, er markeret med *.

Indførslernes format:
For monografier følger indførslerne principielt de danske katalogiseringsregler; afvigelser herfra er begrundet i det fagbibliografiske aspekt.

though
INTRODUKTION 13

Ved antikke navneformer ses bort fra uvæsentlige afvigelser mellem dansk standard og titelbladets form. Det reelle sidetal anføres. I parentes tilføjes klassemærke efter den danske decimalklassedeling (DK5), med evt. hovedplacering først. Hvor flerbindsværker kun er repræsenteret i bibliografien med eet enkelt bind, behandles dette som en monografi. Mindre afvigelser tolereres iøvrigt, hvis de letter forståelsen.

Hvis et arbejde er trykt i flere udgaver eller oplag i perioden 1980-1991, dækker indførslen det nyeste tryk for at antyde, om bogen stadig kan være i handelen; første og seneste udgave angives i en note.

Artikler indføres under forfatter, fulgt af titel, sidehenvisning og publikationsangivelse.

Anmeldelser af fremmedsprogede værker og af værker udkommet før 1980 indføres som artikel under anmeldelsens forfatter, med standardtitel *Anmeldelse af* fulgt af værkets forfatter, titel og de nødvendigste bibliografiske oplysninger.

For afsnit af bøger gælder, at afsnit med een selvstændig overskrift behandles som en artikel; er forfatteren lig med hele værkets forfatter, gentages navnet ikke i publikationsangivelsen. I alle andre tilfælde indføres værket som en monografi, og en indholdsnote angiver sidehenvisninger. Henviser flere indførsler til dele af samme værk, er de bibliografiske oplysninger om dette angivet i een indførsel, hvortil henvises fra de øvrige.

Efter behov tilføjes oplysninger om litteraturhenvisninger og resumé, om publikationstype og udgivelseshistorie; noter om indholdet, samt henvisning til anmeldelser og debatter af arbejdet.

Systematik:
Emneopdelingen er stort set identisk med den, som anvendes i *Danmark og Antikken 1968-1979*. Dog er nye grupper tilføjet for de emner, som ikke var dækket dér, og enkelte nye undergrupper oprettet for overskuelighedens skyld.

Et emnes bibliografi, biografi, forskningshistorie og metoder sættes under emnet.

Inden for hver emnegruppe er indførslerne alfabetiseret efter forfatter (eller første forfatter af flere); kollektive og anonyme værker dog efter titel.

Arbejder som spænder over flere emner sættes under dét, som skønnes vigtigst; henvisninger fra de øvrige emner gives via registrene.

Samleværker sættes i den for værket som helhed relevante enmegruppe. Værkets enkeltdele anføres i en indholdsnote, for så vidt de falder i samme gruppe; hvis dette ville gøre indførslen uoverskuelig, kan de dog udspecificeres som artikler. Enkeltdele, som falder i andre emnegrupper, er sat i disse. Hvis et samleværk indeholder korte opsatser af mange forfattere, udspecificeres disse ikke, men bidragsyderne optages i forfatterregistret med henvisning til værket.

Antikke skribenters navne er i opstillingen anført i den for ordningselementer foreskrevne form. Under hver skribent er egne værker anbragt først, alfabetiseret efter udgivelsens titel; derpå følger behandlinger ordnet efter forfatter. Hvor et arbejde behandler eet bestemt værk, uden at dette fremgår af titlen, anføres værkets navn i indholdsnoten.

I det topografiske afsnit anvendes i opstillingen den form af stednavnet, som skønnes at være den mest gængse indenfor fagene. Alternative navneformer optages i indholdsregistret.

Registre:
Forfatterregistret anfører alle efterantikke personer, der nævnes i indførslerne som forfatter, medarbejder (herunder også som oversætter, illustrator, hovedredaktør, osv.) eller anmelder.

Registret over antikke skribenter henviser til såvel værker af som arbejder om disse, uanset den systematiske placering. Dette register anvender såvidt muligt de internationale standardformer.

Stikordsregistret suplerer bibliografiens systematik: det gentager ikke emnebetegnelser, som indgår i indholdsfortegnelsens overskrifter (undtagen hvor der henvises til en anden emnegruppe), men henviser til delemner, særlige aspekter, stednavne, ikke-skrivende antikke personer, biograferede nutidige personer, osv.

INTRODUCTION

The present bibliography records works in Danish on Classical Antiquity, published in the period 1980-1991.

Registration criteria:
The bibliography covers the classical world in Antiquity, until *c* AD 500; including the prehistoric cultures of Greece and Italy. Works on adjacent and encapsulated cultures are included, if explicitly treating their relationship to the Classical world. As for Christianity, the bibliography records works on the relations between Church and society, on Christianity as a part of classical philosophy or religion, and extra-Biblical texts (including Coptic texts). The interior evolution of the early Church, biblical theology, and dogmatics are excluded.

Next, the bibliography covers the classical tradition, the history and methodology of classical studies, and Danish collections of antiquities (including exhibition catalogues).

Finally, the bibliography records works on classical studies in the Danish educational system, and in modern Danish culture. However, only works treating those subjects from a strictly classical point of view are included.

The bibliography registers works in Danish. It includes books, articles, parts of books, published lecture summaries, and doctoral dissertations with a summary in Danish. Parts of books are only included if they fill at least 3 large or 5 small printed pages of the publication, summaries of lectures, if authored by the lecturer and taking up at least one printed page.

As for texts, the bibliography includes translations, editions with Danish glossaries, and paraphrases aimed at adult or skilled readers (including prose translations, satires, and comics with Greek or Latin text). Dramatizations are excluded, as are childrens' books.

All Danish primers of Greek and Latin are recorded, including those in reprographic technique, as well as printed textbooks on or above high-school level in other subjects. Non-fiction for children and handouts for classroom use are excluded.

Electronic and audiovisual materials are included, if attached to a printed text. Newspaper material is included, if reprinted in books or professional journals.

Reviews in professional journals are included if they contain an evaluation of the work under review; short notices are excluded. Debates following the review or the appearance of a work are included as well. Reviews of works in foreign languages are included, if appearing in professional journals and taking up at least one printed page.

The bibliography does not record institutional or inter-institutional polemics, reports of meetings, published minutes, unpublished university theses, students' guides, government reports, outlines for or reports on courses and excursions, interviews, obituaries, or reviews of fiction and drama.

A few borderline items have been leniently given the benefit of the doubt.

Within these criteria, the aim is to achieve a complete registration for the years 1980-1991, including new editions and reprints of books published prior to 1980. (A few, which had gone unregistered in the previous bibliography, have been tacitly added). In addition to the standard national bibliographic works (Danish Book Index, Danish Article Index, and Articles in Books -as far as published), the classical journals, journals which often contain classical material, and the database DANDOK, have been consulted. Several individual authors have, moreover, supplied information.

By converting records in existing databases (above all, the Royal Library's database REX), much typing has been avoided. All entries, though, have been personally checked (and a few misprints in my sources corrected); those which could not be procured, are marked with *.

Entry format:
Monograph entries conform in principle to the Danish cataloguing rules (based on the Anglo-American Cataloguing Rules), omissions and changes are due to the requirements of a specialist bibliography.

For classical names, unimportant differences between title page and the Danish norm are ignored. The actual number of pages is given. In parenthesis, the classification according to the Danish Decimal Classification is added. Multi-volume works represented with only one volume in the bibliography are treated as monographs. Minor deviations from the rules to facilitate reading may occur.

If a work appeared in several editions or reprints during the period 1980-1991, the latest publication is recorded, to indicate availability; first and most recent editions are noted.

Articles are entered by author's name, followed by title, pages and source publication identification. Reviews of works in foreign languages, and of Danish works published before 1980 are entered as articles by reviewer's name, with the standard title *Anmeldelse af* (Review of), followed by author, title and bibliographic information on the book reviewed.

As regards parts of books, parts with a separate heading are entered as articles; if the author is the author of the entire work, the name is not repeated in the source publication identification. In all other cases, the work is entered as a monograph, and the content note specifies pages. Where several entries refer to parts of one work, the bibliographic information is noted in the main entry, and cross-references to this are provided.

Wherever relevant, information is added on bibliography and summary, on the type of the work and its publishing history; contents notes are provided if necessary, and reviews noted.

Classification:
The classification is mainly identical to the one employed by my predecessors. New groups, though, have been added for subjects not covered there, and a few subgroups have been introduced.

The bibliography, biography, history and methods of any subject are classed with the subject itself.

Within each group, the entries are ranged alphabetically, by author (or, alternatively, first author) if known; by title in cases of collective and anonymous works.

A work covering several subjects is classed by whatever subject seems primary, while the other subjects are noted in the index.

A collective work is classed by its general subject. Its individual parts are enumerated in a contents note, insofar as they fall within the same class; if this practice would render the entry incomprehensible, though, they may be specified as separate articles. Parts covering other subjects are classed accordingly.

If a collective work contains short texts by a large number of authors, no specification is made; however, the contributors are noted in the author index, referring to the work.

In the section on individual classical authors, the headings are according to the Danish standard. Each author's own works are placed first, alphabetically by publication title; secondary studies follow. Publications of, or on, single works are identified as such in a contents note, if the publication title is insufficient for the purpose.

In the section on topography, place names are given in whatever form is most frequently employed by the authors. Other forms are noted in the subject index.

Indices:
The author index contains all post-classical persons recorded in the entries as author, collaborator (including translators, illustrators, editors, etc.), or reviewer.

The index of Classical authors refers to works by, as well as on, those authors, whether in the section on individual authors or otherwise. In this index, the international standard of nomenclature is employed as far as possible.

The subject index supplements the classification: it does not repeat words that are part of the headings (except insofar as referring to another section), but contains special subjects or aspects, place names, classical persons (writers excepted), modern persons, etc.

FORKORTELSER OG TEGN / ABBREVIATIONS AND SYMBOLS

bd.	bind / volume
e.Kr.	efter Kristus / AD
et al.	et alii (= flere end 3 forfattere) / et alii
f.Kr.	før Kristus / BC
fig.	figur(er) / figure(s)
hft.	hefte / issue
i.e.	dvs. / id est
ill.	illustrationer / illustrations
nr.	nummer / volume, issue
opl.	oplag / reprint
pl.	planche(r) / plate(s)
red.	redaktør, redigeret / editor, edited
rev.	reviderede, revideret / revised
s.	side(r) / page(s)
samarb.	samarbejde / collaboration
s.l.	uden trykkested / place of publication unknown
s.n.	uden forlagsangivelse / name of publisher unknown
smst.	sammesteds / ibidem
sp.	spalte(r) / column(s)
tav.	tavle(r) / plate(s)
udg.	udgave, udgiver, udgivet / edition, editor, edited
årg.	årgang / volume, year
*	andenhåndsregistrering / secondary entry information
•	fuldstændigt excerperet tidsskrift / complete journal indexation

[...] bibliografisk oplysning hentet uden for primærkilden / bibliographic information from secondary source
[...] konventionelt forfatternavn / conventional author name
(Nr. n) krydshenvisning / cross-reference

TIDSSKRIFTFORKORTELSER / JOURNAL ABBREVIATIONS

Dansk Teol.Tids.	Dansk Teologisk Tidsskrift
GS	Gymnasieskolen
Klass.Medd.	Klassikerforeningens Meddelelser
Medd.KAF	Meddelelser fra Klassisk Arkæologisk Forening
Medd.NCG	Meddelelser fra Ny Carlsberg Glyptotek
Medl.AV	Medlemsinformationer / Antikkens Venner
Mus.Tusc.	Museum Tusculanum
NNUM	Nordisk Numismatisk Unions Medlemsblad
Relig.Tids.	Religionsvidenskabeligt Tidsskrift

TIDSSKRIFTFORTEGNELSE /
LIST OF PERIODICALS

Standardforkortelser anvendt i bibliografien er anført i forkortelseslisten. Tidsskrifter, hvor samtlige numre i perioden 1980-1991 er gennemgået, er markeret med •.

- Agora / Institut for Oldtids- og Middelalderforskning, Aarhus Universitet. - Århus, 1979- *(89.1)*
- Arbejdspapirer om de klassiske studiers historie i Danmark. - (Se: nr. 7).

  AUDHUMLA / Nordisk Ministerråd, Sekretariatet for Nordisk Kulturelt Samarbejde. - København, 1980-1983. *(37; 70.6)*

  Bibliotek for læger, medicinsk forum / Den Almindelige Danske Lægeforening ; Foreningen af Danske Medicinalfabrikker. - København 1989-1990. *(61.09)*
  Sammenlægning af: Bibliotek for læger, og Medicinsk Forum. Fortsættes som: Bibliotek for læger.
  Bibliotheca Arnamagnæana / Den Arnamagnæanske Kommission. - København, 1941- *(81.51)*
  Bogens verden : tidsskrift for dansk biblioteksvæsen / Danmarks Biblioteksforening. - Valby, 1918- *(02; 80)*
  Byggeforum / Byggesocietetet. - København, 1938- *(69.2; 33.95)*

  Cassandra : teatertidsskrift / Teatret Cassandra. - København, 1985-1987. *(77)*
  Centring. - Slagelse, 1980- *(76.9)*
- Chaos : dansk-norsk tidsskrift for religionshistoriske studier / Københavns Universitet, Institut for Religionshistorie, m.v. - København, 1982- *(29)*
- Columbus : et kvartalsmagasin om vor eventyrlige verden. - Kalundborg, 1987- *(13.9; 05.5)*

Dansk industri : Industrirådets ugebrev. - København, 1972-1991. *(33.19)*
Fortsættelse af: Tidsskrift for industri. Fortsættes som: Industriens ugebrev.
- Dansk teologisk tidsskrift. - København, 1938- *(20)*
Dansk udsyn / Askov Højskole. - Vejen, 1921- *(05.6)*
Dansk Vejtidsskrift / Amtsvejinspektørforeningen i Danmark. - Lyngby, 1924- *(69.61)*
- Danske studier. - København, 1904- *(81.6; 89.6)*
Fortsættelse af: Dania.
- Den jyske historiker. - Århus, 1969- *(90.7; 90)*
- Det ukendte : et magasin om det fantastiske / Selskabet for psykisk forskning. - København, 1978-1985. *(05.6; 13.9)*
Indgået i: Vision.

- Edda : nordisk tidsskrift for litteraturforskning. - Oslo, 1914- *(80.5)*
- Fakta : natur, teknologi, kultur, forskning. - Oslo,1987- *(05.6; 50)*
Fortsættelse af: Videnskab for alle.
- Filosofiske studier / Københavns Universitets Filosofiske Institut. - København, 1978- *(10.5)*
Forskning & Samfund / Undervisningsministeriet; Forskningsafdelingen. - København, 1987-1991. *(19)*
Fortsættelse af: Forskningen og Samfundet (1975-1986). Fortsættes som: Forskning.
Fortid og nutid : tidsskrift for kulturhistorie og lokalhistorie / Dansk historisk Fællesforening. - København, 1914- *(90; 96)*
Futuriblerne / Selskabet for Fremtidsforskning. - København, 1969- *(30.11)*
Fønix / De teologiske institutter. - København, 1976- *(20)*

- Gymnasieskolen / Gymnasieskolernes Lærerforening. - København, 1916- *(37.39)*

- Historisk Tidsskrift. - København, 1858- *(90; 96)*
Historisk Tidsskrift. Oslo. - Oslo, 1871- *(95.3)*

TIDSSKRIFTFORTEGNELSE 23

Humaniora : et magasin om humanistisk forskning / Statens Humanistiske Forskningsråd. - København, 1987- *(05.6; 19.6)*
 Fortsættelse af: Humaniora : beretning om Statens Humanistiske Forskningsråd. (1972-1986).
Hunden / Dansk Kennel Klub. - Solrød Strand, 1981- *(63.67)*
Højskolebladet : tidsskrift for politik, litteratur, kunst, skole, kirke. - Farum, 1876- *(05.6; 37.41)*

Idrætshistorisk Årbog / Dansk Idrætshistorisk Forening. - Odense, 1985- *(79.609)*
• Illustreret videnskab. - København, 1984- *(05.6; 50)*
Ingeniøren / Dansk Ingeniørforening : Ingeniørsammenslutningen. - København, 1975- *(60.5)*

Janus : bidrag til en fremtidig kultur. - Holbæk, 1985- *(05.6; 28.97)*
Jødisk orientering / Det Mosaiske Troessamfund i København. - København, 1967- *(91.24; 29.6)*

• Klassikerforeningens meddelelser. - 1972- *(37.14891)*
Krigshistorisk tidsskrift / Det militære Læseselskab Rendsborg. - København, 1965- *(90.5)*
Kritik. - København, 1967- *(80)*
Kvindestudier. - København, 1977-1985. *(32.505)*

Magisterbladet / Dansk Magisterforening. - København, 1987- *(19.0605)*
 Fortsættelse af: Magisterbladet, DM.
Marinehistorisk tidsskrift / Marinehistorisk Selskab, m.v. - København, 1967- *(35.54)*
• Meddelelser fra Klassisk Arkæologisk Forening. - København, 1985- *(91.3)*
• Meddelelser fra Ny Carlsberg Glyptotek. - København, 1944- *(70)*
• Meddelelser fra Thorvaldsens Museum. - København, 1929- *(99.4; 70.86; 73.6)*
Medicinsk forum / Foreningen af Danske Medicinalfabrikker. - København, 1948-1988. *(61)*

Sammenlagt med: Bibliotek for læger, til: Bibliotek for læger, medicinsk forum.
- Medlemsinformationer / Antikkens Venner. - København, 1988- *(91.4)*
  Motor / Forenede Danske Motorejere. - København, 1906- *(62.722)*
- Museum Tusculanum : dansk tidsskrift for græske og latinske studier / Tusculum, Institut for Klassisk Filologi. - København, 1967-1987. *(94.1)*

  NNF-NYTT : meddelelser fra Norsk Numismatisk Forening. - Oslo, 1971-
- Nationalmuseets arbejdsmark / Nationalmuseet, m.v. - København, 1958- *(05.6; 06.6)*
  Fortsættelse af: Fra Nationalmuseets Arbejdsmark.
  Naturens verden. - København, 1917- *(50)*
- Nemalah = myren : dansk Bibel-Instituts studenterblad. - København, 1982- *(20)*
- Nordisk numismatisk unions medlemsblad. - København, 1936- *(90.88)*
  Noter / Foreningen af Gymnasie- og HF-lærere i Historie. - Kolding, 1984- *(37.1490)*
- Numismatisk rapport : meddelelser fra dansk numismatisk forening. - Frederiksberg, 1978- *(90.8805)*
  Nyhedsbrev / Det teologiske Fakultet, Aarhus Universitet. - Århus, 1984- *(20.7)*
  Fortsættelse af: TF-nyhedsbrev.
- Nyt fra historien / Jysk Selskab for Historie. - 1950- *(90.5)*
  Nyt fra Odense Universitet. - Odense, 1967- *(37.64)*

  Passage / Litteraturhistorisk Forening. - Århus, 1986- *(80.5)*
- Piranesi : italienske studier. - København, 1983- *(91.305; 91.505)*
  Politica : tidsskrift for politisk videnskab. - Århus, 1968- *(32)*
  Prismer : semesterskrift fra Tværfag / Det Humanistiske Fakultets-studienævn, Aarhus Universitet. - Århus, 1984- *(05.6)*
  Præsteforeningens blad / Den Danske Præsteforening. - København, 1911- *(26.2)*

Religion : ide og debat / Religionslærerforeningen for Gymnasieskolerne og HF. - 1973- *(37.142)*
- Religionsvidenskabeligt tidsskrift / Jydsk Selskab for Religionsvidenskab. - Århus, 1982- *(29.05)*
- Rostra / Latinlærerforeningen. - Birkerød, m.v., 1974-1990. *(37.148915)*

Samvirke / Fællesforeningen for Danmarks Brugsforeninger. - Albertslund, 1945- *(05.6; 33.43)*
- Sfinx. - Århus, 1977- *(91.2; 90.1)*

Skalk : nyt om gammelt. - Højbjerg, 1957- *(90.6; 96.05)*
SAML : skrifter om anvendt og matematisk lingvistik / Københavns Universitet, Institut for anvendt og matematisk Lingvistik. - København, 1977- *(89.01)*

Teol-information. - København, 1990- *(20.7)*
- Themata. - (Se: nr. 15).

Tidehverv. - Ribe, 1926- *(20)*
Tusind øjne : avisen for film og andet godt. - København, 1976- *(77.6)*
- 1066 : tidsskrift for historisk forskning / Historisk Institut. - København, 1971- *(90.7)*

- Videnskab for alle : populærvidenskabeligt magasin. - Oslo, 1986-1987. *(05.6; 50)*
   Fortsættes som: Fakta.

VVS-installatøren : fagtidsskrift for medlemmer af Dansk VVS-Installatør Forening. - Rødovre, 1971-1986. *(69.47)*
   Fortsættes som: Dansk VVS.

Årbog for Københavns stift. - København, 1981- *(27.67; 20.5)*
- Årsskrift / Carlsbergfondet, Frederiksborgmuseet, Ny Carlsbergfondet. - København, 1977- *(05.6; 06.605; 19.0605)*

GENERALIA

Bibliografier

1   Bibliografi over Povl Johs. Jensen. - s. 203-208. - i: Cum grano salis : udvalgte foredrag og artikler 1945-1980 / [af] Povl Johs. Jensen. - Odense : Odense Universitetsforlag, 1981. - 208 s. *(04.6)*

2   Christophersen, Hans: Antikbibliografier. - s. 46-48. - i: Rostra 17 (1986).

3   Græsk, latin - og sidenhen : 12 års forskning ved de klassiske institutter (1978-1989) : et flyveskrift og en bibliografi / ved Adam Bülow-Jacobsen ... [et al.]. - [S.l.] : [s.n.], 1989. - 56 s. *(01.6914; 91.4; 81.11; 01.68111)*

4   Juul Kristensen, Birgit: Danmark og antikken 1968-1979 : en bibliografi over 12 års dansksproget litteratur om den klassiske oldtid / af Birgit Juul Kristensen og Joan Majlund Kristensen. - København : Museum Tusculanum, 1982. - 276 s. - (Antikken i Danmark ; 2). *(01.6914; 91.4)*

   Anmeldt i: Klass.Medd. 82 (1983), s. 42 (Peter Hansen); GS 1983, s. 92 (Chr. Gorm Tortzen).

5   Plejl, Else: Bibliografi over Giuseppe Torresins produktion 1963-1983. - s. 329-333. - i: Man må studere ... : festskrift til G. Torresin / [udg.: Søren Chr. Hindsholm ... et al.]. - Århus : Festskrift Torresin, 1984. - 333 s. *(04.9)*

Leksika

6   Index over Nachträge i Der kleine Pauly. - [Odense] : Odense Universitet, 1978. - 11 s. - (Skrifter udgivet af Institut for Klassiske Studier). *(91.4; 91.3)*

   Alfabetisk register.

Tidsskrifter og serier

7 Arbejdspapirer om de klassiske studiers historie i Danmark / udgivet af Agora-redaktionen. - Århus, 1986-. - Uregelmæssig. *(91.4)*

8 Hellenismestudier / udgivet af Aarhus Universitetsforlag. - [Århus], 1989-. - Uregelmæssig. *(91.43)*

9 Meddelelser fra Klassisk Arkæologisk Forening / udgivet af Klassisk Arkæologisk Forening. - København, 1985-. - Uregelmæssig. *(91.3)*

10 Medlemsinformationer : Antikkens Venner / udgivet af Antikkens Venner. - København, [1988-]. - Ca. 4 numre årligt. *(91.4)*

11 NCG informationsark / udgivet af Ny Carlsberg Glyptotek. - København, 1981-. - Uregelmæssig. *(70.9)*

12 Rostra : Indholdsfortegnelse og navneregister til Rostra 1973-1990 / [af] Hans Christophersen. - s. 1-20 (midterindlæg med selvstændig paginering). - i: Rostra 28 (1990).

13 Sfinx : Indholdsfortegnelse for årgangene 1-10, 1977/78-1987. - Århus : Sfinx, [1988]. - 11 s. : ill. *(91.205; 90.105)*

Udsendt med årg. 10.

14 Stemmer fra oldtiden / udgivet af Museum Tusculanum. - København, 1982-. *(88.2)*

15 Themata / udgivet af Agora-redaktionen. - Århus, 1980-. - Uregelmæssig. *(89.1)*

ANTIKKE FORFATTERE

Antologier

16 Andersen, Lene: Græske orakelsvar : et tekstudvalg i dansk oversættelse. - s. 31-35. - i: Divination : religionshistorisk forenings symposium 20.-21. januar 1982. - Særnummer af "Chaos". - Religionshistorisk forening, 1982. - 94 s.

Oversættelse af tekster behandlet i: Cicero ... (Se: nr. 95).

17 Anthologia epigrammaton / [udgivet af] Lone Christensen ; [vignetter Thomas Alkjær]. - Søllested : Skovlænge, 1989. - 68 s. : ill. *(88.1; 88.2)*
Latinsk og dansk tekst, glossering.
Litteraturhenvisninger s. 68.

Udvalg af gravepigrammer og af Martial.

Anmeldt i: Klass.Medd. 126 (1989), s. 40-43 (Annemarie Torresin); GS 1989, s. 1239 (Chr. Gorm Tortzen) med erratum 1990, s. 56.

18 Borgerret og prostitution : to anklagetaler fra det klassiske Athen / oversat af Otto Steen Due. - København : Museum Tusculanum, 1983. - 127 s. - (Stemmer fra oldtiden ; 2). *(88.2; 30.17)*
Corrigendum i Klass.Medd. 85 (1983), s. 41.

Indhold: Aischines: mod Timarchos; Demosthenes: Mod Neaira.

Anmeldt i: Klass.Medd. 85 (1983), s. 39-40 (Jette Hesse); GS 1983, s. 456-458 (Chr. Gorm Tortzen).

19 De apostolske fædre / under redaktion af Niels Jørgen Cappelørn, Niels Hyldahl og Bertil Wiberg. - København : Det Danske Bibelselskab, 1985. - 350 s. ; kort. *(20.8)*
Litteraturhenvisninger s. 347-348.

Oversat af Bent Noack, Niels Hyldahl, Marta Byskov, Niels Thomsen, Søren Agersnap, Mogens Müller, Per Bilde og Geert Hallbäck.

Anmeldt i: Klass.Medd. 108 (1986), s. 19-24 (Henrik Bolt-Jørgensen); Relig.Tids., nr. 8 (1986), s. 103-108 (Henning Lehmann); Fønix, årg. 9, 1985, s. 266-270 (Claus Oldenburg).

20 De apostolske fædre I - II / i oversættelse med indledning og noter ved Søren Giversen. - København : Museum Tusculanum, 1985. - 2 bd. 276 + 328 s. *(20.8)*
Litteraturhenvisninger s. 309-328.

Indeholder desuden Papias-fragmenterne, Presbyter-fragmenterne og Kvadratus-fragmentet.

Anmeldt i: Klass.Medd. 108 (1986), s. 18-24 (Henrik Bolt-Jørgensen); Relig.Tids., nr. 8 (1986) s. 103-108 (Henning Lehmann); Fønix, årg. 9, 1985, s. 266-270 (Claus Oldenburg).

21 Fra Platon til Hegel og fra Sokrates til Kierkegaard : religionsfilosofisk antologi / ved Niels Thulstrup. - 2. udg. - København : C.A. Reitzel, 1980. - 3 bd. (913 s.) *(16)*
1. udg. 1976.
Litteraturhenvisninger til antikke tekster s. 89-94

Om antikken s. 9-20, 115-411. Tekster af Platon, Aristoteles, Cicero, Plotin, Augustin.

22 Fra Plautus til Hieronymus : et udvalg af klassiske og efterklassiske tekster / ved Bent Christensen og Steen Christensen. - 2. opl. - [København] : Gyldendal, 1983. - 113 s. : ill. *(88.1)*

- - Kommentarer og gloser. - 1980. - 65 s.

1. udg. 1980.

Anmeldt i: Rostra 12 (1985), s. 18 (Hans Christophersen); Klass.Medd. 66 (1980), s. 25-26 (Niels Rossing); GS 1981, s. 324 (Christian Iuul).

23 Friis Johansen, Holger: Fri mands tale : græsk litteratur indtil Alexander den Stores tid. - [Århus] : Centrum, 1984. - 404 s. : kort. *(81.11)*

- - Corollaria - et supplement til Fri mands tale / Aarhus : Agora-redaktionen, 1987. - 44 s. (= Themata ; 3)

Græsk litteraturhistorie i form af tekstuddrag.
I Corollaria supplerende tekster (græsk og dansk tekst).

Anmeldt i: Klass.Medd. 99 (1985), s. 58-60 (Gudrun Haastrup); Sfinx, Tillæg 1986, s. 5 (Mogens Herman Hansen); GS 1985, s. 198 (Chr. Gorm Tortzen); Edda 1985, s. 257-259 (Egil Kraggerud); Corollaria anmeldt i: GS 1987, s. 684-685 (Chr. Gorm Tortzen).

24 Gads religionshistoriske tekster / [redaktion: Bent Alster og Christian Lindtner]. - København : Gad, 1984. - 520 s. - (Supplement til Gads Illustreret Religionshistorie I-III). *(29)*

Heri:
Duekilde, Vagn: Græsk religion. - s. 254-279.
Andersen, Lene: Romersk religion. - s. 280-303.
Podemann Sørensen, Jørgen: Hellenismen. - s. 304-330.

Litteraturhenvisninger til de enkelte afsnit.

Anmeldt i: Klass.Medd. 89 (1984), s. 31-33 (Johnny Thiedecke); Relig.Tids., nr. 5 (1984), s. 103-108 (Armin W. Geertz); Chaos, nr. 3 (1984), s. 76-78 (Grethe Larsen og Poul Lund Jensen).

25 Græske historikere / udvalgt og oversat af A. Kragelund. - 13. opl. - København : Aschehoug, 1981. - 163 s. : kort. *(88.2; 91.43)*
1. udg. 1944.
Litteraturhenvisninger i noter.

Udvalg af Herodot, Thukydid, Xenofon, Polybios.

26 Idehistoriske tekster, 1 / redigeret af Arne Bang Jensby ... [et al.]. - København : Gyldendal, 1980. - 339 s. *(90.1)*

Uddrag af Platon, Aristoteles og Augustin.

Anmeldt i: GS 1980, s. 694-695 (Peter Thielst).

27 Litteraturudvalg / [red. af] Chr. N. Brodersen og Sven Møller Christensen / Bind 1: Oldtid, middelalder, renæssance og klassicisme, op til ca. 1800. - 2. udg., 7. opl. - København : Gyldendal, 1988. - 291 s. : ill. *(88; 86)*

- - Noter. - 2. udg., 7. opl., 1990. - 103 s.
1. udg. 1973; 2. udg. 1975.
Litteraturhenvisninger i noter.

Sapfo s. 9-10 (noter s. 3-4), Horats s. 11-12 (noter s. 5-8).

28 Nedergaard, Leif: Litteratur- og idéhistorie : indbefattet en verdenslitterær antologi. - Odense : Odense Universitetsforlag, 1987. - 563 s. *(88)*

Antikke tekster s. 12-17, 28-46, 58-84, 95-106.

Anmeldt i: GS 1987, s. 738 (Peter Thielst); Edda 1988, s. 279-280 (Eiliv Eide).

29 Nielsen, Karl: Latinsk læsebog for gymnasiet : den romerske guldalder i tekst og billeder / ved Karl Nielsen og Per Krarup : Kommentar. - 6. udg., 6. opl. - København : Gyldendal, 1980. - 129 s. *(89.15)* *
1. udg. 1939; 6. udg. 1966.

30 Pæderastiske digte i dansk oversættelse / af Otto Foss. - s. 85-89. - i: Man må studere ... (Se: nr. 5).

Digte af Platon (epigramm.), Straton, Vergil, samt Anacreontea.

31 Romersk litteratur : klassiske og efterklassiske tekster fra Plautus til Hieronymus : et udvalg af danske oversættelser / ved Bent Christensen og Steen Christensen. - [København] : Gyldendal, 1980. - 119 s. : ill. *(88.2)*

Samhørende med Fra Plautus ... (Se: nr. 22).

32 Scripta manent : korte latinske begyndertekster / i udvalg ved Leif Aage Rasmussen. - København : Gjellerup & Gad, 1991. - 45 s.

(89.15)
Latinsk tekst, glossering.

Anmeldt i: GS 1991, s. 1183 (Chr. Gorm Tortzen).

33 Sermo cotidianus : latinske samtaler og breve / ved H.H. Ørberg. - 2. rev. opl. - Herning : Klassikerforeningen, i samarbejde med Systime, 1986. - 50 s. *(88.1)*
1. udg. 1983.

Tekster i dagligsprog.

34 Sport og samfund : fire antikke beretninger / [udvalgt og redigeret af Jane Fejfer ... et al.]. - [Århus] : Sfinx, 1981. - 32 s. *(88.2; 79.6)*

Tekster af Pindar (1. olympiske ode, nyoversat af Holger Friis Johansen), Platon, Lukian og Pausanias (Olympiabeskrivelsen, nyoversat af Margit Kiil Jørgensen).

Anmeldt i: Klass.Medd. 76 (1982), s. 49-50 (Kai Verner Nielsen).

35 Vanggaard, Jens: Vulgata : Jesu fødsel og død. - Herning : Systime, 1987. - 66 s. *(22)*
Latinsk tekst, glossering.

Heri også Monumentum Ancyranum II 8.

Anmeldt i: Klass.Medd. 116 (1988), s. 34-36 (Jytte Brodersen); GS 1988, s. 425 (Chr Gorm Tortzen).

Enkelte forfattere og tekster:

Acta Pauli et Theclae

36 Carlé, Birte: Thekla : en kvindeskæbne i tidlig kristen fortællekunst. - København : Delta, 1980. - 136 s. : ill. *(22.8)*
Litteraturhenvisninger s. 62, 80, 113-115, 129.

Oversættelse og behandling af Thekla-fortællingen i Paulus-akterne.

Aischines Socraticus

37 Tortzen, Chr. Gorm: Aischines fra Spettos. - s. 10-39 : ill. - i: Klass.Medd. 121 (1989) og s. 8-29 : ill. sammesteds, 122 (1989). Litteraturhenvisninger.

Aischylos

38 Agamemnon / oversat af Ellen A. Madsen og Erik H. Madsen. - København : Hans Reitzel, 1980. - 121 s. *(88.2)*

Heri s. 96-121 genoptrykt Ellen A. Madsen: Dårskabens pris (opr. København : Eget forlag, 1967).

Anmeldt i: Klass.Medd. 67 (1981), s. 47-49, 51 (Karin Boserup, Johnny Thiedecke); GS 1982, s. 76-77 (Christian Iuul).

39 Forsoningen / oversat af Ellen A. Madsen og Erik H. Madsen. - København : Hans Reitzel, 1991. - 88 s. : ill. *(88.2)* Originaltitel: Eumenides.

Anmeldt i: GS 1992 s. 653 (Chr. Gorm Tortzen).

40 Gravofferet / oversat af Ellen A. Madsen og Erik H. Madsen. - København : Hans Reitzel, 1989. - 91 s.: ill. *(88.2)* Originaltitel: Choëphoroi.

Anmeldt i: Medl.AV 6 (1989), s. 23 (Ole Wagner); Klass.Medd.123 (1989), s. 56,58 (samme); GS 1989, s. 528 (Chr. Gorm Tortzen).

41 Bryld, Clara Elisabet: Aischylos' "perserne" - en tragedie. - s. 39-53. - i: Mus.Tusc., nr. 40/43 (1980). Litteraturhenvisninger.

Om strukturen i Persai.

42 Friis Johansen, Holger: Aischylos. - Hjørring : Fagligt Udvalg i Græsk & Oldtidskundskab, 1989. - 20 s. - (Klassikerforeningens oversigter). *(99.4 Æschylus; 81.11)* Litteraturhenvisninger s. 18-20.

Anmeldt i: GS 1990, s. 657-658 (Chr. Gorm Tortzen).

Ammianus Marcellinus

43 Boje Mortensen, Lars: Roms sidste historiker. - s. 129-163. - i: Mus.Tusc., nr. 48/51 (1982).
Litteraturhenvisninger.

Apuleius

44 Det gyldne æsel / oversat fra latin af Otto Gelsted ; med træsnit af Axel Salto. - Fotografisk genoptryk af 1942-udg. - København : Sankt Ansgar, 1982. - 237 s. : ill. - (Visdomsbøgerne). *(88.2)*
1. udg. Athenæums Forlag, 1942.

45 Uddrag af Amor og Psyke. - s. 10-14, 17-20. - i: Mytespil / [udgiver:] Lisbeth Algreen. - [København] : Danmarks Radio, 1986. - 24 s. : ill. *(88.2)*

Aristofanes

46 Al magt til kvinden / oversat af Kai Møller Nielsen. - København : Hans Reitzel, 1982. - 72 s. *(88.2)*
Originaltitel: Ekklesiazusai.
Litteraturhenvisninger s. 72.

Anmeldt i: Klass.Medd. 82 (1983), s. 55-56 (Gudrun Haastrup); GS 1983, s. 142 (Chr. Gorm Tortzen).

47 Frøerne / oversat af Ellen A. Madsen og Erik H. Madsen. - København : Hans Reitzel, 1985. - 112 s. *(88.2)*

Anmeldt i: Klass.Medd. 101 (1985), s. 63-65 (Johs. Sparre); GS 1986, s. 912 (Chr. Gorm Tortzen).

48 Fuglene / oversat af Kai Møller Nielsen. - København : Hans Reitzel, 1985. - 120 s. *(88.2)*
Litteraturhenvisninger s. 120.

Anmeldt i: Klass.Medd. 101 (1985), s. 63-65 (Johs. Sparre).

49 Halløj i Thesmoforiet / oversat af Kai Møller Nielsen. - København : Hans Reitzel, 1987. - 96 s. *(88.2)*
Originaltitel: Thesmoforiazusai.
Litteraturhenvisninger s. 95-96.

Anmeldt i: Klass.Medd. 115 (1988), s. 32 (Karen Olsen); Sfinx, Tillæg 1987, s. 1 (Otto Steen Due); GS 1988, s. 66 (Chr. Gorm Tortzen).

50 Hvepsene / oversat af Kai Møller Nielsen. - København : Hans Reitzel, 1981. - 96 s. *(88.2)*
Litteraturhenvisninger s. 96.

Anmeldt i: Klass.Medd. 75 (1982), s. 45-47 (Rolf Hesse).

51 Lysistrate / bearbejdet af Bent Rasmussen. - Ny revideret udg., 3. opl. - Gråsten : Drama, 1987. - 65 s. *(88.2)*
1. udg. 1967; Ny revideret (= 2.) udg. 1979.

52 Lysistrate : eller Kvindernes oprør / oversat af Otto Foss og Erik H. Madsen. - 2. udg., 5. opl. - København : Hans Reitzel, 1991. - 105 s. *(88.2)*
1. udg. 1969 ; 2. udg. 1977.

53 Plutos eller Rigdommen / oversat af Rolf Hesse. - Herning : Systime, 1984. - 79 s. : ill. *(88.2)*

Anmeldt i: Klass.Medd. 93 (1984), s. 43-44 (Ellen A. Madsen); GS 1984, s. 755-756 (Chr. Gorm Tortzen).

54 Skyerne / oversat og forsynet med indledning om Aristofanes' komedier af Ole Thomsen. - [København] : Akademisk Forlag, 1982. - 199 s. *(88.2)*
Litteraturhenvisninger s. 197-199.

Anmeldt i: Klass.Medd. 82 (1983), s. 46-50 (Peter Michael Lauritzen); GS 1983, s. 93 (Chr. Gorm Tortzen).

ANTIKKE FORFATTERE

55 Friis Johansen, Holger: Den gamle komedie. - s. 117-139 : ill. - i: Det athenske demokrati I ... (Nr. 555).
Litteraturhenvisninger.

Politiske temaer hos Aristofanes.

56 Friis Johansen, Holger: Kvindestyre - en utopi fra det gamle Athen. - s. 147-151 : ill. - i: Hvad nu hvis : aarbog fra Det humanistiske Fakultet, Aarhus Universitet. - Herning : Systime, 1984. - 251 s. : ill. *(04.61)*
Litteraturhenvisninger.

Om præsentationen af utopiske ideer i Lysistrate.

57 Thomsen, Ole: Aristofanes. - s. 11-80. - i: Komediens kraft ... (Nr. 432).
Litteraturhenvisninger.

Om Aristofanes og den gamle komedie.

58 Thomsen, Ole: Aristofanes - og nogle almene bemærkninger om at fortolke komedie. - København : Arte, 1984. - 19 s. : ill. (ej registreret i Dansk Bogfortegnelse).
Litteraturhenvisninger s. 18.

Anmeldt i: Klass.Medd. 97 (1985), s. 42-43 (Gudrun Haastrup).

59 Thomsen, Ole: Aristofanes: den politiske og poetiske komedie. - s. 35-44 : ill. - i: Det græske teater ... (Nr. 441).
Litteraturhenvisninger.

60 Thomsen, Ole: Det politiske teater. - s. 104-108 : ill. - i: Sfinx, Årg. 7 (1984).
Litteraturhenvisninger.

61 Tortzen, Chr. Gorm: Anmeldelse af Aristophanes: Freden, overstat af Ellen A. Madsen og Erik H. Madsen. - København : Hans Reitzel, 1979. - s. 29-30. - i: Klass.Medd. 62 (1980).

Aristoteles

62 Aristoteles / indledning, oversættelse og noter ved Anfinn Stigen ; fordansket af Johannes Sløk. - 2. udg. (fotografisk optryk). - København : Munksgaard, 1991. - 236 s. - (De store tænkere). *(88.2)*
1. udg. Berlinske, 1964.

63 Retorik / oversat med introduktion af Thure Hastrup. - 2. opl. - [København] : Museum Tusculanum, 1991. - 278 s. - (Platonselskabets skriftserie ; 7). *(88.2; 80.8)*
1. udg. 1983.

Anmeldt i: Klass.Medd. 93 (1984), s. 45-46 (Gudrun Haastrup); GS 1983, s. 1038-1039 (Chr. Gorm Tortzen).

64 Alstrup Rasmussen, Stig: Notat om funktionen af 'he' hos Aristoteles. - s. 235-256. - i: Mus.Tusc., nr. 40/43 (1980).
Litteraturhenvisninger.

65 Bregendal Sørensen, Peter: Aristoteles : en analyse og vurdering af sammenhængen mellem Aristoteles' menneskesyn og hans tanker om opdragelse. - Kokkedal : Peter Bregendal Sørensen, 1989. - ii + 103 blade. *(10.911; 99.4* Aristoteles).
Udgivet speciale.
Litteraturhenvisninger.

Om Aristoteles' pædagogiske filosofi.

66 Busch-Larsen, Peter: Om etikkens mulighed ifølge Aristoteles : forsøg på en fortolkning af Aristoteles' metodebetragtninger i indledningen til den Nicomacheiske Etik. - s. 39-47. - i: Filosofiske Studier, Bd. 4 (1981).

Om forelæsningsformens balance mellem moralisering og teoretisering.

67 Ebbesen, Sten: Commentators and commentaries on Aristotle's Sophistici elenchi: a study of post-Aristotelian ancient and medieval

writings on fallacies. - Leiden : Brill, 1981. - 3 bind. - (Corpus Latinum commentariorum in Aristotelem Graecorum de Wulf-Mansion Centre ; 7:1-3). *(99.4* Aristoteles; *11)*

Vol. 1: The Greek tradition. - 355 s.
Vol. 2: Greek texts and fragments of the Latin translation of "Alexander's" commentary. - 556 s.
Vol. 3: Appendices, Danish summary, indices. - 415 s.

Disputats (København).
Dansk resumé: vol. 3, s. 262-280.

68 Ebbesen, Sten: Gerontobiologiens grundproblemer. - s. 269-288. - i: Mus.Tusc., nr. 40/43 (1980).
Litteraturhenvisninger.

Med udgangspunkt i kommentarer til Aristoteles' De Longaevitate i Simon fra Favershams "kvæstioner" (ca. 1280).

69 Friis Johansen, Karsten: Begrebet lyst hos Aristoteles - med et tilbageblik på Platon. - s. 73-105. - i: Filosofiske Studier, Bd. 9 (1987).
Litteraturhenvisninger.

Om sondringen mellem lykke og lyst.

70 Grøn, Arne: Praktisk viden og fortolkning : Aristoteles' 'phronesis'-analyse og Gadamers filosofiske hermeneutik. - s. 289-323. - i: Mus.Tusc., nr. 40/43 (1980).
Litteraturhenvisninger.

Phronesis-analysen i Den Nikomacheiske Etik.

71 Hansen, Mogens Herman: Aristoteles' udsagn om Mennesket som Zoon Politikon. - s. 24-35. - i: Klass.Medd. 95 (1985).

72 Kemp, Peter: Viden, technè og etik : Aristoteles' betydning for moderne teknologifilosofi. - s. 205-212. - i: Moral og etik ... (Nr. 1208).
Opr. debatoplæg Filosofisk Forum 12/2 1987.

73 Lübcke, Poul: Tidsbegrebet hos Aristoteles og Hegel. - s. 183-233. - i: Mus.Tusc., nr. 40/43 (1980). Litteraturhenvisninger.

74 Meyer, Jørgen H.: 'Prima materia' hos Aristoteles : en indføring i problemet. - s. 257-267. - i: Mus.Tusc., nr. 40/43 (1980). Litteraturhenvisninger.

75 Nielsen, Erik A.: Aristotelisk kompendium. - s. 188-208. - i: Holbergs komik. - [København] : Gyldendal, 1984. - 462 s. - (Disputats). *(99.4; 81.63)* Litteraturhenvisninger. - Summary in English.

Om Poetikken.

76 Thomsen, Ole: Klassisk poetik. - s. 49-62. - i: Passage 3/4 (1987). Litteraturhenvisninger. Afsnittet s. 59-61 tidligere trykt i Klass.Medd. 111 (1987), s. 47-49.

Aristoteles' poetik.

77 Vinther, Palle: Francesco Robortellos kommentar til Aristoteles' Poetik - en præsentation og oversættelse af forordet. - s. 315-323. - i: Man må studere ... (Nr. 5).

Om Robortellos In librum Aristotelis de arte poetica explicationes (1548).

78 Zahavi, Dan: Induktion og essentialisme hos Aristoteles. - s. 157-183. - i: Filosofiske Studier, Bd. 12 (1991). Litteraturhenvisninger.

Induktionsbegrebet hos Aristoteles sammenholdt med Humes og Poppers kritik.

Athenaios

79 Mad og vin i oldtiden : uddrag af Athenaios' De lærde middagsgæster / oversat med noter af Carsten Weber-Nielsen. - København :

Museum Tusculanum, 1990. - 117 s., [4] s. med tavler (kort). *(88.2)*
Omslagstitel: Mad & vin i oldtiden.
Litteraturhenvisninger s. 23 og 93.
Uddrag af Deipnosophistai, 1. bog.

Anmeldt i: Klass.Medd. 135 (1991), s. 38-40 (Margit Kiil Jørgensen); GS 1991, s. 344-345 (Chr. Gorm Tortzen).

Augustinus, Aurelius

80   Augustins bekendelser / oversat af Torben Damsholt. - 2. opl. - [København] : Sankt Ansgar, 1991. - 320 s. - (Visdomsbøgerne). *(20.8)*
1. udg. 1988.

81   Om Guds stad. Oversættelse med indledning og noter af Bent Dalsgaard Larsen. - København : Gad (fra 1991 Århus : Aarhus Universitetsforlag), 1984-. - 4- bd. - (Bibel og historie). *(20.8)*

1.-5. bog. - 1984. - 320 s. (Bibel og historie ; 7);
6.-10.bog. - 1986. - 309 s. (Bibel og historie ; 9);
11.-14. bog. - 1989. - 272 s. (Bibel og historie ; 10);
15.-18. bog. - 1991. - 389 s. (Bibel og historie ; 16).

Anmeldt i: Fønix, årg. 11, 1987, s. 63-64 (Torben Damsholt).

82   Dalsgaard Larsen, Bent: Augustins vurdering af Rom og romerne. - s. 3-19. - i: Relig.Tids., nr. 18 (1991).
Litteraturhenvisninger. - Summary in English.

83   Dalsgaard Larsen, Bent: Menneske og samfund. Studier i det antropologiske grundlag for samfundstænkningen hos Augustin. - Aarhus : Aros, 1982. - 445 s. - (Teologiske studier ; 10). *(16.8; 99.4* Augustinus*)*
Disputats.
Litteraturhenvisninger s. 427-445.
Sommaire en français p. 417-424.

Augustins syn på mennesket som et socialt integreret væsen.

84 Haystrup, Helge: Augustin som asket og munkefader. - s. 565-577. - i: Præsteforeningens blad, årg. 79, nr. 29/31 (1989). Litteraturhenvisninger.
Det vestlige munkevæsens oprindelse og Augustins munkeregel (præceptum).

85 Ostenfeld, Erik: Augustin om perception. - s. 447-463. - i: Mus.Tusc., nr. 40/43 (1980). Litteraturhenvisninger.

86 Pedersen, Jørgen: Prior omnium sapientia : om visdomsbegrebet og visdomsidealet i Augustins hovedskrifter. - s. 161-181; 263-276. - i: Dansk Teol.Tids., årg. 51, 1988. Litteraturhenvisninger.
Om transformeringen af nyplatoniske begreber til kristen filosofi.

87 Thulstrup, Niels: Det første moderne menneske. - s. 61-64. - i: Akcept og protest : artikler i udvalg ; Bd. 1. - København : C.A. Reitzel, 1981. - 2 bd. : 614 s. (04.6; 10.4, 20.4)
Om Alf Ahlberg: Augustin : Det förste moderna människan (1952).
Oprindelig trykt 1953.

Catullus, Gaius Valerius

88 Nielsen, Hanne Sigismund: Lesbia og Catul : kærlighedsforholdets magtstrukturer. - s. 77-104. - i: Mus.Tusc., nr. 52/55 (1983). Litteraturhenvisninger.

Celsus, Aulus Cornelius

89 Ladefoged, Jørgen: Celsus : en romersk læge med gode råd til alle. - s. 120-128 : ill. - i: Medicinsk forum, årg. 40, nr. 4 (1987). Litteraturhenvisninger.
Oversættelse af De medicina, I (i uddrag).

Cicero, Marcus Tullius

90   Cicero : en antologi / Arne Mørch og Ole Wagner ; illustreret af Olaf Søndberg. - 2. udg. - Svendborg : Mørch og Wagner, 1986. - 206 s. : ill. *(88.1)*
Latinsk tekst, glossering.
1. udg. 1985.

Anmeldt i: (2.udg.) i Klass.Medd. 106 (1986), s. 48-49 (Jens Vind); debatindlæg smst., 107 (1986), s. 24 (Ivar Gjørup); GS 1985, s. 496-497 (Chr. Gorm Tortzen).

91   Ciceros forsvar for Murena og Sulla : To taler / oversat af Chr. Marinus Taisbak med indledning og noter af Palle W. Nielsen / [udgivet af] Selskabet til historiske kildeskrifters oversættelse. - København : Museum Tusculanum, 1983. - 127 s. *(88.2)*
Litteraturhenvisninger s. 18.

Anmeldt i: Klass.Medd. 90 (1984), s. 53-54 (Jens Vind).

92   Retoriske skrifter / ved Thure Hastrup og Mogens Leisner-Jensen. - [Odense] : Odense Universitetsforlag, 1979-82. - 1-3 i 4 bd. *(88.1; 80.8; 88.2)*

Bd. 1, De oratore / overs. og komm. af Thure Hastrup. - 1981. 2 bd. : ialt 699 s.
Bd. 2, Brutus / overs. og komm. af Mogens Leisner-Jensen. - 1979. - 253 s.
Bd. 3, Orator og De optimo genere oratorum / overs. og komm. af Jacob Isager ; Index ved Ellen Dela Kristensen og Kell Commerau Madsen (s. 209-280). - 1982. - 280 s.

Latinsk og dansk tekst.

Bd. 2 *anmeldt i:* GS 1980, s. 521-522 (Christian Iuul); Klass.Medd. 66 (1980), s. 27-28 (Lone Jacobsen); Bd. 3 *anmeldt i:* Klass.Medd. 80 (1982), s. 60-61 (Jens Vind).

93   Scipios drøm : tekster af Cicero / udvalg, gloser, oversættelse og grammatik ved Ivar Gjørup og Steen Rønnow; [tegninger og kort ved Ivar Gjørup]. - [København] : Munksgaard, 1982. - 128 s.:

ill. *(88.1; 88.2).*
Latinsk og dansk tekst, glossering.

Anmeldt i: Klass.Medd. 84 (1983), s. 43-44 (Ole Wagner).

94 To breve om terrorisme i det antikke Rom / ved Karen Olsen. - [København] : Sommer & Sørensen, 1983. - 63 s. - (Latinserien ; 3). *(88.1; 88.2)*
Latin og dansk tekst, glossering.
Litteraturhenvisninger s. 62-63.

Indeholder ad Att. IV 3; ad Quint. fratr. II 3.

Anmeldt i: Klass.Medd. 92 (1984), s. 46 (Jette Hesse).

95 Andersen, Lene: Cicero: De Divinatione : en præsentation. - s. 36-47. - i: Divination ... (Nr. 16).
Litteraturhenvisninger.
Værket set som kilde til divinationens praksis.

96 Udgået.

97 Christiansen, Erik: Cicero og et samfund i krise. - s. 10-38 : ill. - i: Klass.Medd. 112 (1987).
Litteraturhenvisninger.

98 Leisner-Jensen, Mogens: Marcus Tullius Cicero : taler eller skuespiller. - København : Museum Tusculanum, 1980. - 44 s. - (Studier fra sprog- og oldtidsforskning ; 297). *(99.4* Cicero, Marcus Tullius).
Litteraturhenvisninger i noter s. 39-44.

Anmeldt i: Klass.Medd. 69 (1981), s. 82-84 (Bo Reinholdt Jensen); Sfinx, Tillæg 1981, s. 3 (Bodil Due).

99 Skydsgaard, Jens Erik: Anmeldelse af Wistrand, Magnus, Cicero Imperator : studies in Cicero's correspondance 51-47 B.C. . - Göteborg, 1979. - 202 s. (Studia Graeca et Latina Gothoburgensia ; 41). - s. 301-302. - i: Historisk Tidsskrift 81, 1981/82.

Corpus Hermeticum

100 Den ukendte Gud : Hermes-skrifter i oversættelse / [ved] Søren Giversen. - København : Gad, 1983. - 202 s. *(29.2)*
Litteraturhenvisninger s. 198-202 samt til de enkelte traktater.

Indeholder samtlige de hermetiske traktater.

101 Poimandres og andre skrifter fra Corpus hermeticum / [af] Hermes Trismegistos ; oversat og med kommentarer af Klara Preben-Hansen. - København : Sankt Ansgar, 1990. - 86 s. - (Visdomsbøgerne). *(29.2)*
Litteraturhenvisninger s. 86.

Indeholder traktaterne 1, 4-8, 12-13, 16-17.

Caesar, Gajus Julius

102 Bruun, Niels W.: Anmeldelse af Allan A. Lund: Cæsar som etnograf. - Københavnn : Gyldendal, 1978. - s. 36. - i: Klass.Medd. 60 (1980).

103 Worm, Erik: Cæsar - en myte ?. - København : Danmarks Radio, 1979. - 16 s. : ill., kort, tidstavle. (Ej registreret i Dansk Bogfortegnelse).
Elevhæfte, Skoleradioen.
Litteraturhenvisninger s. 16.

Om Cæsars liv og om eftertidens syn på ham.

Demokrit

104 Mejer, Jørgen: Demokrits etik. - s. 23-35. - i: Antikkens moraltænkning : Platonselskabets symposium : København juni 1987 / redigeret af Ulf Hamilton Clausen og Jørgen Mejer. - København : Institut for Klassisk Filologi, Københavns Universitet, 1988. - 190 s. *(15)*

Demosthenes

105 Demosthenes anden olynthiske tale / en oversættelse af Simon Laursen. - s. [23-28]. - i: Agora 1982, nr. 8.

106 Demosthenes første filippinske tale / en oversættelse af Simon Laursen. - s. [39-48]. - i: Agora 1982, nr. 2.

107 Demosthenes' første olynthiske tale / oversat af Simon Laursen. - s. [25-33]. - i: Agora 1982, nr. 5.

Diogenes Laertius

108 Friis Johansen, Karsten: Opposition ex officio til Jørgen Mejer: Diogenes Laertius and his Hellenistic background (Wiesbaden 1978). - s. 193-214. - i: Mus.Tusc., nr. 44/47 (1981).

Aftrykt efter manuskript.

Dion Chrysostomos

109 Fra bjergene og helligdommen : to taler af Dion Chrysostomos, VII og XII / på dansk ved Henrik Haarløv. - København : Museum Tusculanum, 1990. - 75 s : ill. *(88.2)*
Litteraturhenvisninger s. 75.

Anmeldt i: Klass.Medd. 135 (1991), s. 34-35 (Eduard Hartogsohn); GS 1990, s. 1073 (Chr. Gorm Tortzen).

110 Noack, Bent: Dion fra Prusa om retsstat og tyranni. - s. 18-29. - i: Sprogets mesterskab ... (Nr. 252).

Dions ideer om monarkiet.

Egeria

111 Jensen, K. Gunnar: Turist i oldtiden. - s. 8-18 : ill. - i: Rostra 20 (1987).
Litteraturhenvisninger.

Om Peregrinatio.

Empedokles

112 Staugaard, Knud Erik: Empedokles, "physiologos" eller poet?. - s. 23-38. - i: Mus.Tusc., nr. 40/43 (1980).
Litteraturhenvisninger.

Epiktet

113 Epiktets livsvisdom : et tekstudvalg og en beskrivelse af hans lære / [ved] Andreas Simonsen. - [København] : Nyt Nordisk Forlag, 1984. - 170 s. *(88.2)*
Litteraturhenvisninger s. 162.

Heri udvalg af Arrians Diatribai.

Anmeldt i: Klass.Medd. 106 (1986), s. 39-40 (Jette Hesse); Mus.Tusc., nr. 52/55 (1983), s. 177-183 (Troels Engberg-Pedersen); Sfinx, Tillæg 1986, s. 8 (Bent Dalsgaard Larsen); GS 1986, s. 530-531 (Chr. Gorm Tortzen).

Epikur

114 Laursen, Simon: Epikur Om naturen 25. bog : Form og indhold. - s. 24-35. - i: Hellenismestudier 2, 1990.

Om fragmenterne (Papyri Herc.) fysisk og indholdsmæssigt.

115 Mørch, Arne: Haven og venskabet : den epikuræiske tradition / [fotos: Arne Mørch; korttegning: Gunnar Pedersen]. - Svendborg : Mørch & Wagner, 1990. - 135 s. : ill. *(88.2; 10.8)*
Litteraturhenvisninger s. 131-132.

Tekster af Demokrit, Epikur, Lukrets, Cicero, Horats.

Anmeldt i: Klass.Medd. 131 (1990), s. 30-32 (Andreas Simonsen), genoptr. i Medl.AV 13 (1991), s. 15-17; Rostra 28 (1990) 51 (Kristian Olsen); GS 1990, s. 1034-1035 (Chr. Gorm Tortzen).

116 Mørch, Arne: Min ven Epikur : om at undervise i den klassiske materialistiske tradition. - s. 13-23 : ill. - i: Klass.Medd. 136 (1991).

Epistula Alexandri

117 Skårup, Povl: Bréf Alexandri Magni : den norrøne oversættelse af Epistola Alexandri Magni ad Aristotelem udgivet sammen med forlægget. - s. 19-99. - i: Bibliotheca Arnamagnæana XXXIX; Opuscula IX (1991).
Litteraturhenvisninger.
Stemma s. 41-44; tekst og kritisk apparat s. 52-93.

Euklid

118 Elementer I-IV / oversat af Thyra Eibe. - Vejle : Trip, 1985. - 109 s. : ill. *(51.5)*
Uddrag af Thyra Eibe: Euklids Elementer I-XIII (København : Gyldendal, 1897-1912).

Euripides

119 Bacchanterne / på dansk ved Henrik Haarløv. - [København] : Gyldendal, 1985. 121 s. - (Klassikerforeningens udgaver). *(88.2)*
Litteraturhenvisninger s. 120-121.

Anmeldt i: Klass.Medd. 101 (1985), s. 70-73 (Inger Jorsal) med debat smst., 102 (1986), s. 16-18 (Henrik Haarløv); GS 1986, s. 112 (Chr. Gorm Tortzen).

120 Elektra / oversat af Alex Garff og Leo Hjortsø. - 7. opl. - [København] : Gyldendal, 1987. - 85 s., [6] blade med tavler : ill. - (Klassikerforeningens udgaver). *(88.2)* *
1. udg. 1963.

121 Helena : en tragedie / oversat og kommenteret af Lars Bonnevie. - [København] : Gyldendal, 1985. - 157 s. - (Klassikerforeningens udgaver). *(88; 88.2)*
Litteraturhenvisninger s. 156-157.

Anmeldt i: Klass.Medd. 104 (1986), s.58-60 (Bente Friis Johansen); Sfinx, Tillæg 1986, s. 2 (Bodil Due); GS 1986, s. 642 (Chr. Gorm Tortzen).

ANTIKKE FORFATTERE

122 Ifigenia hos taurerne / oversat af Ellen A. Madsen og Erik H. Madsen.
- København : Hans Reitzel, 1982. - 66 s. *(88.2)*
Anmeldt i: Klass.Medd. 83 (1983), s. 44-47 (Inger Jorsal); GS 1983, s. 92 (Chr. Gorm Tortzen).

123 Ifigenia i Aulis / oversat af Alex Garff og Thure Hastrup. - 3. opl. - [København] : Gyldendal, 1983. - 94 s. - (Klassikerforeningens udgaver). *(88.2)*
1. udg. 1975.

124 Ifigenia i Aulis / oversat af Ellen A. Madsen og Erik H. Madsen. - København : Hans Reitzel, 1982. - 72 s. *(88.2)*
Anmeldt i: Klass.Medd. 83 (1983), s. 44-47 (Inger Jorsal); GS 1983, s. 92 (Chr. Gorm Tortzen).

125 Kyklopen : satyrspil af Euripides : opført 408 f. Kr. i Athen / på dansk ved Henrik Haarløv; illustreret af Louis Rosen Schmidt. - [København] : Rhodos, 1988. - 69 s. : ill. - *(88.2)*
Litteraturhenvisninger s. 69.

Anmeldt i: Medl.AV 5 (1989), s. 11-12 (Rolf Hesse); Klass.Medd. 121 (1989), s. 55-57 (Clara Elisabet Bryld); GS 1989, s. 215 (Chr. Gorm Tortzen).

126 Medea / oversat af Alex Garff og Leo Hjortsø. - 13. opl. - København : Gyldendal, 1983. - 86 s. : ill. - (Klassikerforeningens udgaver). *(88.2)*
1. udg. 1954.
Litteraturhenvisninger s. 85-86.

127 Medea / på dansk ved Otto Foss. - [København] : Gyldendal, 1986. - 92 s. - (Klassikerforeningens udgaver). *(88.2)*
Litteraturhenvisninger s. 92.

Anmeldt i: Klass.Medd. 109 (1987), s. 50 (Gudrun Haastrup); Sfinx, Tillæg 1986, s. 2 (Bodil Due); GS 1986, s. 742 (Chr. Gorm Tortzen).

128 Bryld, Clara Elisabet: Euripides. - Hjørring : Fagligt Udvalg i Græsk & Oldtidskundskab, 1991. - iv + 26 s. - (Klassikerforeningens oversigter). *(99.4* Euripides; *81.11)*
Litteraturhenvisninger s. 22-26.

Anmeldt i: GS 1991, s. 976 (Chr. Gorm Tortzen).

129 Laursen, Simon: Euripides' Antiope. Endnu et rekonstruktionsforsøg. - s. 161-185. - i: Man må studere ... (Nr. 5).
Litteraturhenvisninger.

130 Skovgaard-Petersen, Jakob: Den dionysiske religion i Euripides' tragedie Bacchantinderne : Pentheus' død i religionshistorisk belysning. - s. 44-68. - i: Chaos, nr. 9 (1988).
Litteraturhenvisninger.

Rituelle og mytiske elementer som dramatiske virkemidler.

131 Thomsen, Ole: Euripides Ifigenia : Aarhus teater : store scene. - Århus : Aarhus Teater, 1982. - [12] s. : ill. (Ej registreret i Dansk Bogfortegnelse).
Program.

Om Ifigenia-tragedierne og om græsk tragedie.

Frontinus, Sextus Julius

132 Roms akvædukter / oversat med en indledning om oldtidens vandbygningsteknologi af Jørgen Hansen / [udgivet af] Selskabet til historiske kildeskrifters oversættelse. - København : Museum Tusculanum, 1986. - 215, [12] tavler : ill. *(88.2; 69.84)*
Litteraturhenvisninger s. 205-214.

Anmeldt i: Klass.Medd. 110 (1987), s. 31-32 (Jens Vind) genoptr. i Medl.AV 4 (1988), s. 16-17; Sfinx, Tillæg 1986, s. 2 (Tønnes Bekker-Nielsen); GS 1987, s. 398 (Chr. Gorm Tortzen); Nyt fra Historien 36, 1987, s. 212 (Erik Christiansen).

Herodot

133   Hellenere og barbarer : udvalg af Herodots historie / [udgivet af] Thure Hastrup, Leo Hjortsø, Finn Jorsal. - [København] : Gyldendal, 1987. - 229 s. - (Klassikerforeningens udgaver). *(88.2; 91.225; 91.43)*
Anmeldt i: Klass.Medd. 115 (1988), s. 33-34 (Ivan Jensen).

134   Herodot i udvalg / ved Thure Hastrup og Leo Hjortsø. - 8. udg., 8. opl. - København : Gyldendal, 1983. - 125 s. [1] foldet tavle [kort] : ill. *(88.2)* *
1. udg. 1950; 8. udg. 1969.
Litteraturhenvisninger s. 120.

135   Alkjær, Thomas: Anmeldelse af Herodots Historie I-II, oversat af Thure Hastrup. - [København] : Gyldendal, 1979. - s. 35-35. - i: Klass.Medd. 60 (1980).

136   Friis Johansen, Holger: Årsager hos Herodot. - s. 98-105. - i: Man må studere ... (Nr. 5).
Litteraturhenvisninger.

Om sproglige udtryk for årsag/virkning hos Herodot, med inddragen af det hippokratiske corpus.

137   Jacobi, Finn: Kan historien erstatte myten ?. - s. 11-30. - i: Myte som sandhed ... (Nr. 1361).
Først trykt i Vartovbogen, 1984.

S. 21-29 om mytens historificering, eksemplificeret ved Gygesfortællingen.

138   Schreiner, Johan: Herodot. - Hjørring : Fagligt Udvalg i Græsk & Oldtidskundskab, 1991. - iv + 28 s. - (Klassikerforeningens oversigter). *(99.4 Herodot; 90.9)*
Norsksproget.
Litteraturhenvisninger s. 27-28.
Anmeldt i: GS 1991, s. 976 (Chr. Gorm Tortzen).

Hesiod

139   Arrighetti, Graziano: Hesiods kvindehad / oversat af Simon Laursen. - s. [17-26]. - i: Agora 1985, nr. 6. Litteraturhenvisninger.

Oversættelse i uddrag af Il misoginismo di Esiodo, s. 27-48 i: Misoginia e maschilismo in Grecia e in Roma (= Pubbl. dell'ist. di filol. class. e medievale ; 71). - Genova, 1981.

[Hierokles]

140   Philogelos eller Tossehistorier fra oldtiden / Carsten Weber-Nielsen. - København : Holkenfeldt, 1990. - 73 s.   *(88.2; 39.12)*

Anmeldt i: Klass.Medd. 137 (1991), s. 37 (Kim Vilstrup); GS 1990, s. 803,806 (Chr. Gorm Tortzen).

Homer

141   Af Homers Iliade / oversat af Christian Wilster; udgivet ved E. Fox Maule og Leo Hjortsø. - 11. opl. - [København] : Gyldendal, 1987. - 211 s. : ill.   *(88.2) **
1. udg. 1959.
Litteraturhenvisninger s. 205.

142   Homers Iliade / oversat af Christian Wilster. - Optryk af førsteudgaven, 1836 ; redigeret af Kai Møller Nielsen. - 2. opl. - København : Museum Tusculanum, 1984. - 438 s. - (Ad fontes ; 2:1).   *(88.2)*

1. udg. 1836; 1. opl. af denne udg. med titel Homer. Del 1. 1979.

Også udgivet (sammen med Ad fontes ; 2:1, Homers Odysse) i elektronisk form som: Homer/Wilster Database / redigeret af Ivan Boserup. - Museum Tusculanum, 1989.

143   Homers Iliade i Udvalg / efter Wilsters Oversættelse ; med Indledning og forklarende Noter ved Carl V. Østergaard. - 16. opl. - København : Branner og Korch, 1981. - VIII + 120 s.   *(88.2) **
1. udg. 1910.

144 Homers Odyssé / oversat af Christian Wilster; udgivet ved E. Fox Maule og Leo Hjortsø. - 13. opl. - [København] : Gyldendal, 1991. - 377 s. : ill. *(88.2)*
1. udg. 1964.

145 Iliaden / oversat af Otto Gelsted; illustreret af Axel Salto. - 15. opl. - København : Thaning & Appel, 1988. - 269 s. : ill. *(88.2)*
1. udg. 1955.

146 Odysseen / oversat af Otto Gelsted; illustreret af Axel Salto. - 15. opl. - København : Thaning & Appel, 1991. - 284 s. : ill. *(88.2)*
1. udg. 1954.

147 Alkjær, Bo: Indledende bemærkninger om rituelle klovner og græsk religion. - s. 17-35. - i: Chaos, nr. 1 (1982).
Litteraturhenvisninger.

Om klovneri som ritus og latteren i Iliaden.

148 Andersen, Henning: Odysseus og dobbeltgængeren. - s. 41-49. - i: Janus, årg. 5, nr. 2 (1989).

Tolkning af Odysseen som eksempel på personlighedens selverkendelse.

149 Andersen, Lene: Billeder til Homer : illustrationer til Iliaden og Odysseen med geografisk orientering samt ordforklaringer og navneregister til Wilsters Homer / [af] Lene Andersen ... [et al.]. - København : Museum Tusculanum, 1984. - 203 s., [1] foldet tavle (kort) : ill. - (Ad fontes ; 2:3). *(91.33)*
Litteraturhenvisninger til de enkelte afsnit.

De enkelte bidrag udspecificerede.
Errata i Klass.Medd. 103 (1986), 44.

Anmeldt i: Klass.Medd. 97 (1985), s. 54 (Lis Lei); GS 1985, s. 818 (Chr. Gorm Tortzen).

150 Andersen, Lene: Geografisk orientering. - s. 121-144 : ill. - i: Billeder til Homer ... (Nr. 149).
Litteraturhenvisninger.

Homerisk geografi.

151 Andersen, Lene: Homerstudier / ved Lene Andersen ... [et al.]. - København : Museum Tusculanum, 1989. - 174 s. : ill. - (Ad fontes ; 2:4). *(99.4* Homer; *81.11)*
Litteraturhenvisninger s. 156-163.

De enkelte dansksprogede bidrag udspecificerede.

Anmeldt i: Klass.Medd. 124 (1989), s. 40-41 (Preben Skovgaard Andersen); GS 1989, s. 790-791 (Chr. Gorm Tortzen).

152 Andersen, Lene: Religion og samfund. - s. 133-154. - i: Homerstudier ... (Nr. 151).
Litteraturhenvisninger.

Om Homers verden.

153 Boserup, Ivan: Den vise Solon og Homer (Diogenes Laertios I 57). - s. 7-21. - i: Mus.Tusc., nr. 40/43 (1980).
Litteraturhenvisninger.

Om Digenes Laertios som kilde til solonisk lov om Homerrecitation som modtolkning til et punkt i Skafte Jensen: The Homeric question ... (Se: nr. 176).

154 Brandes, Georg: Homer. - s. 187-220. - i: Udvalgte skrifter / under red. af Sven Møller Kristensen. - København : Tiderne skifter, 1984-1987. - Bd. 7 (1986). *(04.6)*

Orig. 1921. Trykt i Hellas, 1925.

155 Brandes, Georg: Odysseen. - s. 221-252. - i: Udvalgte skrifter , Bd. 7 ... (Nr. 154).
Orig. 1921. Trykt i Hellas, 1925.

ANTIKKE FORFATTERE

156 Brenø, Claus: Var Homer beregnende? : en statistisk analyse af Iliadens anden sang / [af] Claus Brenø og Karen Zedeler. - s. 149-152 : ill. - i: Sfinx, årg. 8 (1985).

Behandler flådestørrelser i Skibskatalogen.

157 Bro, Thyge C.: 10 års togt med sex og slagsmål. - s. 10-17 : ill. - i: Illustreret Videnskab, 1991, nr. 12.

Lokalisering af Odysseens rejsebeskrivelse til farvandene omkring Hellas.

158 Bryld, Clare Elisabet: Kirke og Odysseus. - s. 181-184. - i: Schneeschmelze : ausgewählte Texte von Marie Luise Kaschnitz / ved Rolf D. Erbst og Gunther Liebel. - Herning : Systime, 1991. - 187 s. *(84)*

Odysseens beretning om Kirke som baggrund for novellen Eines Mittags, Mitte Juni.

159 Christensen, Henrik: Homindres Ild i laden / illustreret af Lars Knudsen. - København : Asschenfeldt, 1987. - 104 s. : ill. *(86)*

Parodisk genfortælling af Iliaden og de kykliske digte frem til Trojas fald.

Anmeldt i: Klass.Medd. 111 (1987), s. 59-61 (Eva Engelund); GS 1987, s. 453 (Chr. Gorm Tortzen).

160 Christensen, Johnny: Navneregister [til Wilsters Homer] / [af] Johnny Christensen, Nanna Blixner, Kirsten Busch. - s. 159-202. - i: Billeder til Homer ... (Nr. 149).

161 Friis Johansen, Bente: Iliaden I 4-5. - s. 90-95. - i: Man må studere ... (Nr. 5).

Hunde og fugle som ligædere i Iliaden.

162 Halding, Ole: Den homeriske krig. - s. 89-98 : ill. - i: Krigshistorisk Tidsskrift, årg. 22, nr. 3 (1986) *og* s. 23-33 : ill. sammesteds, årg.

23, nr. 1 (1987).
Litteraturhenvisninger.
Om krigskunst og kampteknik i Iliaden.

163 Hynding, H. C.: Homerfortolkning i oldtid og middelalder. - København : Museum Tusculanum, 1984. - 68 s. - (Studier fra sprog- og oldtidsforskning ; 305). *(81.11; 99.4* Homer*)*
Litteraturhenvisninger i noter.
Anmeldt i: Klass.Medd. 97 (1985), s. 53 (Lis Lei); GS 1985, s. 242 (Chr. Gorm Tortzen).

164 Haarløv, Henrik: Odysseus : nøgen og iklædt på faiakernes ø. - s. 16-22. - i: Klass.Medd. 94 (1984).
Nøgenhed som litterært tema.

165 Iuul, Christian: Anmeldelse af Thranholm, Mads: Fragmenter af rejsens mytologi. - København : Gyldendal, 1979. - s. 391. - i: GS, 1980.
Anmeldte værk behandler også Odysseus-skikkelsen.

166 Møller Nielsen, Kai: Christian Wilsters Homeroversættelse. - s. 9-26. - i: Homerstudier ... (Nr. 151).
Om oversættelsesteknikken.

167 Møller Nielsen, Kai: Ordforklaringer [til Wilsters Homer]. - s. 145-158. - i: Billeder til Homer ... (Nr. 149).

168 Norn, Mogens S.: I Odysseus' fodspor på ferieøen Ithaka. - s. 190-194. - i: Medicinsk Forum, årg. 38, nr. 6 (1985).
Lokalisering af Odysseens stedsangivelser.

169 Roberts, Helle Salskov: Aspekter af den materielle kultur. - s. 103-131 : ill. - i: Homerstudier ... (Nr. 151).
Litteraturhenvisninger.

Arkæologiske kommentarer til Homer.

170 Roberts, Helle Salskov: Billedstof til den trojanske sagnkreds. - s. 11-120 : ill. - i: Billeder til Homer ... (Nr. 149).
Litteraturhenvisninger.
Antikke gengivelser af scener fra Iliaden og Odysseen.

171 Roberts, Helle Salskov: Guderne hos Homer. - [København] : Gyldendal, 1981. - 47 s. : ill. *(91.33; 29.2)*
Hertil findes diasserie.
Litteraturhenvisninger s. 47.
Anmeldt i: Klass.Medd. 78 (1982), s. 41-43 (Hanna Bitsch).

172 Roberts, Helle Salskov: Helte og heltinder hos Homer. - [København] : Gyldendal, 1981. - 44 s. : ill. *(91.33; 91.43)*
Hertil findes diasserie.
Anmeldt i: Klass.Medd. 76 (1982), s. 52-53 (Gudrun Haastrup).

173 Skafte Jensen, Minna: Den mundtlige kunst : Iliaden og Odysseen som mundtlige tekster. - s. 26-27 : ill. - i: Magisterbladet DM, 1981, nr. 6.
Resumé af The Homeric question ... (Nr. 176).

174 Skafte Jensen, Minna: Homer og teorien om mundtlighed. - s. 70-111 : ill. - i: Homerstudier ... (Nr. 151).
Litteraturhenvisninger.
Om oral komposition.

175 Skafte Jensen, Minna: Homertekstens historie. - s. 27-33 : ill. - i: Homerstudier ... (Nr. 151]).
Litteraturhenvisninger.

176 Skafte Jensen, Minna: The Homeric question and the oral-formulaic theory. - København : Museum Tusculanum, 1980. - 226 s. - (Opuscula Graecolatina ; 20). *(81.11)*

Disputats.
Litteraturhenvisninger s. 187-200
Dansk resumé s. 172-178.

177 Skøtt Jørgensen, N. P.: Troja - Homer - Iliaden. - s. 17-30 : ill. - i: Klass.Medd. 96 (1985).

Den geopolitiske baggrund for Iliaden.

178 Torresin, Giuseppe: Homer. - Hjørring : Fagligt Udvalg i Græsk & Oldtidskundskab, 1989. - 60 s. - (Klassikerforeningens oversigter). *(99.4 Homer; 81.11)*
Litteraturhenvisninger s. 59-60.

Anmeldt i: GS 1990, s. 657-658 (Chr. Gorm Tortzen).

Horatius Flaccus, Quintus

179 Digte af Horats : med illustrationer af kunstnere fra det 17. og 19. århundrede / Arne Mørch. - Svendborg : Mørch og Wagner, 1986. - 134 s. : ill. *(88.1)*

Latinsk tekst, glossering.
Litteraturhenvisninger s. 132-133.

Anmeldt i: Klass.Medd. 104 (1986), s. 55-56 (Finn Hobel); GS 1986, s. 531 (Chr. Gorm Tortzen).

180 Et brev om Digtekunsten / [ved Søren Sørensen]. - s. 5-19. - i: Kritik, årg. 24, nr. 97 (1991).

Metrisk oversættelse af Ars Poetica.

181 Andersen, Vilhelm: Forelæggelse af Horats I-VI i Videnskabernes Selskab. - s. 127-131, 159-161. - i: Om at skrive den danske ånds historie : ti artikler 1888-1951 / udg. af Per Dahl. - Det danske Sprog- og Litteraturselskab : Gyldendal, 1985. - 161 s. *(81.604)*

Litteraturhenvisninger.
Causeri i Videnskabernes Selskab 13/4 1951.

182 Fredborg, Karin Margareta: "Difficile est proprie communia dicere" (Horats A.P. 128) : horatsfortolkningens bidrag til middelalderens poetik. - s. 583-597. - i: Mus.Tusc., nr. 40/43 (1980).
Litteraturhenvisninger.

183 Simonsen, Andreas: Lidt om Horats' livssyn og personlighed. - s. 9-19. - i: Rostra 13 (1985).

184 Sørensen, Søren: Anders Krags kommentar til Horats "Ars Poetica" (1583). - s. 25-36 : ill. - i: Arbejdspapirer om de klassiske studiers historie i Danmark, nr. 1 (1986).
Litteraturhenvisninger.

Om en kommentar byggende på Petrus Ramus' logiske og dialektiske principper.

185 Sørensen, Søren: Difficile est ... philologis communia dicere : et vers' lidelseshistorie. - 5 dele. - i: Agora 1986-1988.

Om Horats Ars Poetica 128.
1: Agora 1986, nr. 3, s. [43-44], genoptrykt Agora 1988, nr. 1, s. 3-4. - Ars Poetica 119-152 (latinsk og dansk tekst).
2: Agora 1986, nr. 4, s. [40-45], genoptrykt Agora 1988, nr. 1, s. 5-10. - Om tolkningen.
3: Agora 1988, nr. 1, s. 11-19. - Om tolkningen.
4: Agora 1988, nr. 3, s. 6-27. - Om de middelalderlige poetik-teoretikeres tolkninger.
5: Agora 1988, nr. 5-6, s. 37. - Bibliografisk note.

186 Sørensen, Søren: Digter og kritiker: nogle betragtninger over rationalitet og klassicisme ud fra verspoetikken hos Horats, Vida, Boileau og Pope (1. del). - s. 21-36. - i: Agora 1988, nr. 5-6.
Litteraturhenvisninger.

Om Ars Poetica s. 28-36.

187 Sørensen, Søren: Efterskrift til Horats' brev. - s. 20-27 : ill. - i: Kritik, årg. 24, nr. 97 (1991).

Kommentar til Horats' brev ... (Se: nr. 180).

188 Sørensen, Søren: Noget om kommentarer, m.m. - s. [39-46]. - i: Agora 1983, nr. 1-2.

Kommentarer til Ars Poetica, fra senantikken til nutiden.

Isaios

189 Om arven efter Menekles : Isaios ii / indledning og oversættelse ved Signe Isager. - Odense : Odense Universitet, Historisk Institut, 1980. - 26 s. *(88.2; 34.79; 88.1)*
Græsk og dansk tekst.

190 Taler / [af] Isaios ; oversat med indledning og kommentar af Signe Isager / udgivet af Selskabet til historiske kildeskrifters oversættelse. - København : Museum Tusculanum, 1984. - 269 s. *(88.2; 34.51)*
Litteraturhenvisninger s. 260-261.

Heri indledning om arveret og om giftermålsvæsen.

Anmeldt i: Klass.Medd. 102 (1986), s. 66 (Gudrun Haastrup); Nyt fra Historien 34, 1985, s. 213 (Aksel Damsgaard-Madsen); Historisk Tidsskrift 86, 1986, s. 379-380 (Jens Erik Skydsgaard).

Isokrates

191 Fire taler / oversat af Thure Hastrup; indledning ved Øivind Andersen. - [København] : Museum Tusculanum, 1986. - 208 s. - (Platonselskabets skriftserie ; 10). *(88.2)*

Indeholder 13., 10., 11. og 15. tale.

Anmeldt i: Klass.Medd. 108 (1986), s. 69-70 (Ivar Engel Jensen); Sfinx, Tillæg 1986, s. 5 (Signe Isager); GS 1986, s. 956 (Chr. Gorm Tortzen).

192 Due, Otto Steen: Isokrates - en konservativ demokrat. - s. 219-235 :
ill. - i: Det athenske demokrati I ... (Nr. 555).
Litteraturhenvisninger.

Om politiske tanker i Areopagitikos og Panegyrikos.

Josefus, Flavius

193 Bilde, Per: Forræder eller "due" - nyt lys over Josefus. - s. 4-5 : ill. -
i: Jødisk Orientering, årg. 54, nr. 12 (1983).

Om Josefus som repræsentant for det kulturåbne aristokrati og
den moderate farisæisme.

194 Bilde, Per: Josefus som historieskriver : en undersøgelse af Josefus'
fremstilling af Gaius Caligulas konflikt med jøderne i Palæstina
(Bell 2, 184-203 og Ant 18, 261-309) : med særligt henblik på
forfatterens tendens og historiske pålidelighed. - København :
Gad, 1983. - 382 s. - (Bibel og historie ; 1). *(22.59; 99.4*
Josephus, Flavius)
Disputats (Aarhus) (sammen med nr. 198).
Litteraturhenvisninger s. 310-331.

Anmeldt i: Relig.Tids., nr. 3 (1983), s. 125-130 (Erik Christiansen); Debat, årg. 14, nr. 5 (1983), s. 4-6 (H. Lehmann); Dansk
Udsyn, årg. 64, 1984, s. 126-132 (Benedikt Otzen). Se også: nr.
197 og nr. 199.

195 Bilde, Per: Josefus' beretning om Jesus. - s. 99-135. - i: Dansk
Teol.Tids., årg. 44, 1981.
Litteraturhenvisninger.
Genoptrykt i (nr. 198).

Om Testimonium Flavianum (Ant. 18, 63-64).

196 Bilde, Per: Politiker i Palæstina og forfatter i Rom : en præsentation
af den jødiske historieskriver Flavius Josefus. - s. 27-42. - i:
Piranesi, nr. 3 (1985).
Litteraturhenvisninger.

197 Bilde, Per: Praksis og metode i Josefus-forskningen : et svar på Niels Hyldahls opposition og andre indvendinger imod min disputats. - Århus : Eget forlag, 1985. - 40 s. *(22.59; 99.4* Josephus, Flavius)
Litteraturhenvisninger i noter.

Knytter sig til hans: Josefus som historieskriver ... (Se: nr. 194), - med svar til M. Müller, H. Lehmann, E. Christiansen, G. Delling (tysk), B. Otzen og N. Hyldahl (sidste del også publiceret separat som: Disposition og metode ... Se under: nr. 199).

198 Bilde, Per: Studier i Josefus og kristendommens grundlæggelse. - Stavtrup : Per Bilde, 1982. - [75] s. (flere pagineringer) *(99.4 Josephus, Flavius; 22.59)*

Disputats (Aarhus) (i form af flere afhandlinger).
Dansk resumé på dansk s. 1-6; summary in English p. 1-8.

Indhold: Afspejler Mark 13 et jødisk apokalyptisk forlæg fra kriseåret 40 (opr. trykt s. 105-134 i: Nytestamentlige Studier, red. af S. Pedersen, Århus 1976) ; The Causes of the Jewish war according to Josephus (opr. trykt s. 179-202 i: Journal for the Study of Judaism X, 1979) ; Galilæa og galilæerne ... (Se: nr. 771) ; Josefus' beretning ... (Se: nr. 195) ; sammenfatning af Josefus som historieskriver ... (Se: nr. 194).

199 Hyldahl, Niels: Josefus som historieskriver. - s. 51-64. - i: Dansk Teol.Tids., årg. 48, 1985.
Litteraturhenvisninger.

Opposition 17/6 1983 ved Per Bildes disputats ... (Se: nr. 194 og 198).
Hertil knyttet Bilde, Per: Disposition og metode i "Josefus som historieskriver" : et svar på N. Hyldahls hovedindvending mod min disputats, smst., årg. 48, 1985, s. 195-198 (revideret version af afsnit i: Praksis og metode ... (Se: nr. 197)).

200 Müller, Mogens: Anmeldelse af Bilde, Per: Flavius Josephus between Jerusalem and Rome (Journal for the study of the Pseude-

pigrapha. Supplement Series ; 2). - Sheffield Academic Press, 1988. - 272 s. - s. 321-322. - i: Dansk Teol.Tids., årg. 52, 1989.

Julianus, Flavius Claudius

201 Kejser Julian mod Galilæerne / oversat og kommenteret af Lars Mynster. - København : Museum Tusculanum, 1990. - 272 s. *(88.2; 88.1)*
Græsk og dansk tekst.
Litteraturhenvisninger s. 63-69.

Justinus

202 Meier Andersen, Erik: Justins syn på forholdet mellem kristendom og filosofi. - s. 124-130. - i: Nemalah, årg. 3, nr. 3 (1984).
Litteraturhenvisninger.
Om Justins brug af platonisk religionsfilosofi.

[Kallisthenes]

203 Alexanderromanen / overs. med indledning og oplysninger af Erling Harsberg / [udgivet af] Selskabet til historiske kildeskrifters oversættelse. - København : Museum Tusculanum, 1987. - 114 s. *(88.2)*
Litteraturhenvisninger s. 114.

Anmeldt i: GS 1988, s. 426 (Chr. Gorm Tortzen).

Livius, Titus

204 Politik og religion i Rom : Bacchanalieaffæren i 186 f. Kr. : tekster, oversættelser, kommentarer / [udgivet af] Jacob Isager. - [Ny udgave]. - [Nykøbing Mors] : Klassikerforeningen, i samarbejde med Systime, 1984. - 76 s. : ill. - (Klassikerforeningens kildehæfter). *(88.1; 88.2)*

Latinsk og dansk tekst.
1. udg. med titel: Religionsforfølgelse i Rom, 1974.
Litteraturhenvisninger s. 76.

Indeholder Livius 39, 8-19, Senatus consultum de bacchanalibus (CIL I 196), samt supplerende tekster.

Anmeldt i: Klass.Medd. 97 (1985), s. 48-49 (Susanne Høeg).

205 Espersen, Tina: Camillus-figuren hos Livius : en "greimasiansk" analyse af Livius' 5. og 6. bog. - s. 105-126. - i: Mus.Tusc., nr. 52/55 (1983).

Tolkning af Marcus Furius Camillus som billede på den ideelle statsleder og dux fatalis.

Longos

206 Dafnis og Chloe / [oversat af A. Kragelund]; [redigeret af Thomas Alkjær]. - [Søllested] : Skovlænge, 1990. - 87 s. *(88.2)*

Genoptryk af udg. 1941 (med moderniseret retskrivning og enkelte ændringer).

Anmeldt i: GS 1991, s. 152 (Chr. Gorm Tortzen).

Lucretius Carus, Titus

207 Laursen, Simon: To skridt frem og ét tilbage : artibus ad summum donec venere cacumen. - s. 23-38. - i: Rostra 17 (1986). Litteraturhenvisninger.

Om Lukrets som oplysningsfilosof.

[Lukian]

208 Æslet - en roman om Lucius fra Patrai / ved Chr. Gorm Tortzen ; illustreret af Ivar Gjørup. - Fredensborg : Klassikerforeningen, 1989. - 47 s. : ill. - (Klassikerforeningens Kildehæfter). *(88.2)*

Også udsendt som særnummer af Klass.Medd., 1989.

Anmeldt i: Klass.Medd. 124 (1989), s. 41-44 (Annemarie og Giuseppe Torresin); GS 1989, s. 859, 861 (Karen Dreyer Jørgensen).

209 Tortzen, Chr. Gorm: Introduktion til Æslet : en studie i den pseudolukianske roman Lucius eller Æslet. - København : Museum Tusculanum, 1988. - 66 s. : ill. - (Studier fra sprog- og oldtidsforskning ; 311). *(81.11)*
Litteraturhenvisninger s. 63-66.

Anmeldt i: Klass.Medd. 124 (1989), s. 41-44 (Annemarie og Giuseppe Torresin); GS 1989, s. 809 (Karen Dreyer Jørgensen).

Lysias

210 Fem taler / [udgivet] af Mogens Herman Hansen; indledning og noter ved Thure Hastrup. - [Nykøbing Mors] : Klassikerforeningen, i samarbejde med Systime, 1983. - 56 s. : ill. - (Klassikerforeningens kildehæfter). *(88.2)*
Litteraturhenvisninger s. 54.

Indhold: tale 1, 12, 16, 21, 22.
Genudsendt som særnummer af Klass.Medd., 1984.

Anmeldt i: Klass.Medd. 88 (1984), s. 50 (Jette Hesse).

211 Lysias' taler : (I, III, X, XIII, XXIII, XXIV, XXX) / oversat med indledning og kommentar af Mogens Herman Hansen / [udgivet af] Selskabet til historiske kildeskrifters oversættelse. - 2. udg., 3. opl. - København : Museum Tusculanum, 1990. - 160 s. *(88.2)*

1. udg. 1980; 2. udg. med reviderede oversættelser 1982.

Anmeldt i: Klass.Medd. 68 (1981), s. 21 (Chr. Gorm Tortzen).

Mani

212 Jeg, Mani - Jesu Kristi apostel : religionsstifteren Mani's selvbiografi / i oversættelse, med indledning og noter ved Søren Giversen. - København : Museum Tusculanum, 1987. - 158 s. : ill. *(29.8)*
Litteraturhenvisninger s. 147-156.

Oversættelse af Codex Manichaicus Coloniensis.

Anmeldt i: Relig.Tids., nr. 11 (1987), s. 97-101 (Per Bilde).

Martialis, Marcus Valerius

213 Epigrammer / ved Erik Jensen og Sv. Aa. Outzen. - [Frederiksberg] : Sommer & Sørensen, 1988. - 140 s. : ill. - (Latinserien ; 4). *(88.1; 88.2)*
Latinsk og dansk tekst, glossering.

Anmeldt i: Klass.Medd. 119 (1988), s. 50-51 (Inger & Poul-Erik Kluge); GS 1988, s. 1052, 1054 (Chr. Gorm Tortzen).

Menander

214 Svensson, Carl: Karaktertegning og sætningsstruktur hos Menander : en psyko-lingvistisk undersøgelse. - København : Museum Tusculanum, 1986. - 214 s. - (Opuscula Graecolatina ; 29). *(99.4* Menander; *81.11)*
Litteraturhenvisninger s. 201-208.
Summary in English p. 209-214.

Anmeldt i: Klass.Medd. 110 (1987), s. 38-40 (Johs. Thomsen); Sfinx, Tillæg 1986, s. 8 (Otto Steen Due).

Nemesius

215 Dalsgaard Larsen, Bent: Nemesius om den psykosomatiske enhed. - s. 521-539. - i: Mus.Tusc., nr. 40/43 (1980).
Litteraturhenvisninger.

Opfattelsen af sjælen i De natura hominis.

Octavia

216 Octavia, Kejser Neros hustru : skuespil af en ukendt forfatter fra det 1. årh. e.Kr. / oversat af Marianne Alenius og Patrick Kragelund. - København : Museum Tusculanum, 1984. - 118 s. *(88.2; 88.1)*
Latinsk og dansk tekst.
Litteraturhenvisninger s. 117-118.

Anmeldt i: Klass.Medd. 95 (1985), s. 72-73 (Peter Hansen); GS 1985, s. 198 (Chr. Gorm Tortzen).

Origenes

217 Friis Johansen, Karsten: Origenes' gudsbegreb - Origenes og platonismen. - s. 153-176. - i: Dansk Teol.Tids., årg. 47, 1984. Litteraturhenvisninger.
Først trykt s. 27-55 i: Idekonfrontation under senantiken : mötet mellem kristendommen och antikens idétration : Platonselskabet : symposium i Göteborg 8.-11. juni 1983. - København : Institut for Klassisk Filologi, Københavns Universitet, 1985. - 206 s.
Om Contra Celsum VII 42-47 (med oversættelse s. 172-176) og forholdet til den platoniske tradition.

Ovidius Naso, Publius

218 Amores I,9 / oversat af Otto Steen Due. - s. [37-38]. - i: Agora 1982, nr. 2.

219 Ovids forvandlinger / på danske vers af Otto Steen Due [; billedredaktion: Mogens Nykjær]. - [Viby J.] : Centrum, 1989. - 597 s. : ill. *(88.2)*
Med efterskrift af Mogens Nykjær om Metamorfoserne i europæisk billedkunst.
Anmeldt i: Klass.Medd. 126 (1989), s. 33-36 (Jens Vind), genoptr. i Medl.AV 9 (1990), s. 10-12; Nyt fra Historien 40, 1991, s. 153 (Erik Christiansen); GS 1990, s. 582 (Chr. Gorm Tortzen).

220 Udvalg af Ovids metamorfoser : med illustrationer fra 15. til 18. århundrede / [udgivet af] Ole Wagner. - Svendborg : Mørch & Wagner, 1988. - 128 s. : ill. *(88.1)*
Latinsk tekst, glossering.
Litteraturhenvisninger s. 124-126.
Anmeldt i: Klass.Medd. 120 (1988), s. 65-67 (P.Boolsen); GS 1988, s. 846 (Chr. Gorm Tortzen).

221 Due, Otto Steen: "Højt at flyve". - s. 111-115 : ill. - i: Sfinx, Årg. 12 (1989).

Minos og Daidalos i græsk mytologi, som kilde til Ovid.

222 Due, Otto Steen: Pygmalion og hans "Fair Lady". - s. 147-151 : ill. - i: Sfinx, årg. 11 (1988).

Pygmalion i græsk mytologi og i Metamorfoserne, med dansk oversættelse af Metam. X, 243-297.

223 Haastrup, Niels: Anmeldelse af: Forvandlingerne : uddrag af Matthias Moths oversættelse af Ovids Metamorphoses / udg. af Poul Lindegaard Hjorth. - København : Akademisk Forlag, 1979. - 183 s. : ill. (Universitets-Jubilæets Danske Samfunds skriftserie ; 475). - s. 125-137. - i: Danske Studier 1981.

224 Nielsen, Erik A.: Metamorfosen hos Ovid. Metamorfosens egenskaber. Ovids billedverden. Pythagoras. - s. 337-352. - i: Holbergs komik ... (Nr. 75).
Litteraturhenvisninger. - Summary in English.

225 Nielsen, Jakob: Pyramus og Thisbe (en tolkning ved eksamensbordet) / [at] Jakob Nielsen og Jørgen Schilder Knudsen - s. 41-44. - i: Klass.Medd. 95 (1985).

Sexuel tolkning af passagen Metam. IV 55-166.

226 Nord, Inger: Perpetuum carmen - om Ovids metamorfoser. - s. 21-34 : ill. - i: Klass.Medd. 119 (1988).

227 Thielst, Peter: Narkissos og Ekko. - s. 11-15. - i: Narkissos og Ekko : narcissisme og narcissismeteori. - Reitzel, 1989. - 142 s. *(13.6)*
Litteraturhenvisninger.

Referat og psykologisk tolkning af passagen i Metam. III 339-510.

Panaitios

228 Engberg-Pedersen, Troels: Panaitios fra Rhodos : individ og samfund i hellenistisk tid. - s. 69-90. - i: Hellenismestudier 5, 1991. Litteraturhenvisninger.

Petronius Arbiter

229 Festen hos Trimalchio / oversat af Hans Henning Ørberg. - Grenå : Eget forlag, 1986. - 88 s. : kort. *(88.2)*

Anmeldt i: Klass.Medd. 103 (1986), s. 61-62 (Ole Wagner); Rostra 17 (1986), s. 49-54 (Kristian Olsen); GS 1986, s. 256 (Chr. Gorm Tortzen).

Phaedrus

230 Phaedrus fabler / ved Erik Jensen og Sv. Aa. Outzen. - [København] : Sommer & Sørensen, 1982. - 94 s. : ill. - (Latinserien ; 2). *(88.1; 88.2)*
Latinsk og dansk tekst, glossering.
Dansk tekst efter M.R. Thaarups oversættelse (1826).
Litteraturhenvisninger s. 94.

Anmeldt i: Rostra 12 (1985), s. 17 (Hans Christophersen); Klass.Medd. 97 (1985), s. 46-47 (Kirsten Jungersen); GS 1983, s. 36 (Ole Balslev).

231 Romersk digtning : Phaedrus (ca. 15 f.Kr.-50 e.Kr.). - s. 17-18. - i: Rostra 11 (1982).

Kulturtekst til undervisningsbrug.

Philostratus, Flavius

232 Apollonios af Tyanas levned / oversat og i uddrag af Chr. L. Nielsen; [med forord og let bearbejdet til nu-dansk af Sven Damsholt]. - København : Sankt Ansgar, 1989. - 160 s. - (Visdomsbøgerne). *(99.4 Apollonios fra Tyana)*
Oversættelsen først trykt (løbende) i Nordisk Månedsskrift, 1880.

233 Billedbeskrivelser / indledt og oversat af Karen Agerbæk. - Odense
: Odense Universitet, 1986. - 159 s. - (Skrifter udgivet af Institut
for Klassiske Studier). *(88.2)*
Litteraturhenvisninger s. 152-153.

Anmeldt i: GS 1987, s. 684 (Chr. Gorm Tortzen).

Pindar

234 Tretten epinikier / [oversat med indledning og noter] af Holger Friis
Johansen. - [S.l.] : Klassikerforeningen, i samarbejde med Systime, 1981. - 93 s. : 2 kort. - (Klassikerforeningens kildehæfter).
(88.2)
Corrigenda i Klass.Medd. 75 (1982), s. 50.
Litteraturhenvisninger s 22-25.

Også udsendt som særnummer af Klass.Medd., 1981.

Anmeldt i: Klass.Medd. 77 (1982), s. 44-45 (Ellen A. Madsen).

Platon

235 Ion : en dialog / ved Thure Hastrup. [København] : Gyldendal, 1980.
- 42 s. - (Klassikerforeningens udgaver). *(88.2)*
Revideret udgave af oversættelsen, Gyldendals Bibliotek (1928-1930) Bd. 3.
Litteraturhenvisninger s. 37.

Anmeldt i: Klass.Medd. 70 (1981), s. 30-32 (Anne-Geske Kristiansen).

236 Platon / med indledning, oversættelse og noter af Johannes Sløk. - 2.
udg. (fotografisk optryk). - [København] : Munksgaard, 1991. -
239 s. - (De store tænkere). *(88.2)*
1. udg. Berlingske (De store tænkere: Berlingskes filosofi bibliotek), 1964.

Tekstudvalg i oversættelse.

237 Protagoras : en dialog / ved Thure Hastrup. - 2. udg., 4. opl. -
[København] : Gyldendal, 1991. - 103 s. - (Klassikerforeningens

udgaver). *(88.2)*
1. udg. 1954; 2. udg. 1969.
Litteraturhenvisninger s. 103.

238 Sokrates' domfældelse og død / ved Hartvig Frisch. - 2. udg. / med en efterskrift af Finn Jorsal. - København : Gyldendal, 1991. - 124 s. : ill. *(88.2; 99.4* Sokrates*)*
På omslaget: Platons gengivelse af forsvarstalen.
Efterskrift: Sokratikeren Hartvig Frisch : en citatmosaik / [af] Finn Jorsal. S. 112-123, med Litteraturhenvisninger til Hartvig Frisch s. 124 (også trykt selvstændigt i Klass.Medd. 138 (1991), s. 19-22).
1. udg. Fremad 1932, 119 s.

Indhold: Apologien, Kriton, samt uddrag af Faidon.

239 Staten / oversat af Otto Foss; med et essay af Egil A. Wyller. - 2. udg., 3. opl. - [København] : Museum Tusculanum, 1990. - 478 s. - (Platonselskabets skriftserie ; 6). *(88.2)*
1. udg. 1983; 2. udg. 1985.
Litteraturhenvisninger s. 477-478.

Anmeldt i: Klass.Medd. 86 (1983), s. 78,80 (Susanne Christensen); Sfinx, Tillæg 1982, s. 7 (Bent Dalsgaard Larsen); GS 1984, s. 93 (Chr. Gorm Tortzen).

240 Staten / redigeret og oversat af Hans Ræder. - 6. opl. - København : Hans Reitzel, 1991. - 399 s. *(88.2)*
1. udg. 1975 (fotografisk optrykt efter Staten 1-2, København : Hans Reitzel, 1961).

241 Symposion (uddrag). - s. 11-15. - i: Køn og psyke i europæisk litteratur / redaktion: Jytte Lindhardtsen. - København : Munksgaard, 1990. - 375 s. : ill. *(88)*

242 Symposion / ved Per Krarup; [oversat af Per Krarup ... et al.]. - 14. opl. - [København] : Gyldendal, 1990. - 88 s. - (Klassikerforeningens udgaver). *(88.2)*

1. udg. 1955.
Litteraturhenvisninger s. 87.

243   Udvalg af Platons skrifter / ved Otto Foss og Per Krarup. - 14. opl. - [København] : Munksgaard, [1986]. - 139 s. *(88.2)* *
1. udg. 1940; 11. opl. i.e. ny udg. 1978.
Indhold: Forsvarstalen, Kriton, uddrag af Faidon, uddrag af Menon.

244   Berlitz, Charles: Atlantis - det ottende kontinent / [overs. af Hugo Truelsen]. - Lynge : Bogan, 1984. - 197 s. : ill. *(91.2)*
Originaltitel: Atlantis - the eighth continent (1984).

S. 22-38 kommenteret oversættelse af Timaios 22-25 og Kritias 113-121.

245   Bryld, Clara Elisabet: Platon og det kvindelige: Diotima i Symposion. - s. 69-81. - i: Mus.Tusc., nr. 57 (1987).
Litteraturhenvisninger.

246   Dalsgaard Larsen, Bent: Platon om sprog og virkelighed. - s. 23-35. - i: Fønix, årg. 9, 1985.

247   Engberg, Sysse: Kvinden i den antikke utopi. - s. 15-31 : ill. - i: Kvindestudier, årg. 5 (1981).
Litteraturhenvisninger.

Om antikke utopier, og om kvindens stilling i Platons Staten.

248   Erslev Andersen, Lars: Allegori og mimesis : Platon-Benjamin tur/retur. - Aarhus : Modtryk, 1989. - 92 s. *(12; 17; 99.4 Benjamin, Walter; 99.4 Platon)*
Litteraturhenvisninger s. 89-92.

Om sprogets forhold til virkeligheden.

249   Friis Johansen, Karsten: Platon. - Hjørring : Fagligt Udvalg i Græsk & Oldtidskundskab, 1989. - 44 s. - (Klassikerforeningens over-

sigter). *(99.4* Platon; *10.911)*
Litteraturhenvisninger s. 38-44.

Anmeldt i: GS 1990, s. 657-658 (Chr. Gorm Tortzen).

250 Friis Johansen, Karsten: Platons filosofi : udvikling og enhed. - 2. udg. - København : Nyt Nordisk Forlag, 1988. - 169 s. *(99.4* Platon; *10.911).* Fotografisk optryk af 1. udg. - København : Folkeuniversitetets bibliotek, 1966. Med ajourført bibliografi.
Litteraturhenvisninger s. 166-169.

251 Friis Johansen, Karsten: Sokrates hos Platon. - s. 35-49. - i: Sokrates i historiens lys : en samling nordiske studier / redigert av Egil A. Wyller. - Oslo, Solum, 1985. - 144 s. - (Platonselskapets skriftserie ; 9).
Litteraturhenvisninger. Første gang trykt i Filosofiske Studier, Bd. 6 (1983), s. 107-125, med titlen: Platons Sokrates.

Om Sokrates' udvikling set gennem de platoniske dialoger.

Anmeldt i: Klass.Medd. 107 (1986), s. 57-58, 61 (Ole Wagner).

252 Friis Johansen, Karsten: Sokrates' drøm - og erkendelsens paradox. - s. 40-50. - i: Sprogets mesterskab : festskrift til Johannes Sløks 70-årsdag / red. af Kjeld Holm og Jan Lindhardt. - [Viby J] : Centrum, 1986. - 263 s. *(04.9)*
Litteraturhenvisninger.

Erkendelsesteori, udfra Theaitetos.

253 Hass, Jørgen: 'Mimesis' og 'mathesis' : opgøret med kunsten i Platons 'Staten', bog X. - s. 83-117. - i: Mus.Tusc., nr. 40/43 (1980).
Litteraturhenvisninger.

254 Madsen, Carsten: Kvindens rolle som vogter i Platons "Staten" / [af] Carsten Madsen og Jens Åge S. Petersen. - s. 12-17. - i: 1066, årg.

20, nr. 2 (1990).
Litteraturhenvisninger.

Om Platons fastholden af den traditionelle kvinderolle.

255 Madsen, Ellen A.: Anmeldelse af Platon: Gorgias, oversat af Thure Hastrup og kommenteret af Ingemar Hedenius (Platonselskabets skriftserie ; 4). - s. 41-43. - i: Klass.Medd. 65 (1980).

256 Ostenfeld, Erik Nis: Sammenfattende redegørelse for forskningsresultater opnået i tidligere offentliggjorte arbejder. - Århus : [Aarhus Universitet, Det Humanistiske Fakultet], 1987. - 9 s. *(99.4; 10.911)*
Disputats.

Dansk resumé af Forms, matter and mind ... (Haag, 1982); Ancient Greek Psychology ... (Århus, 1987); Plato's Development ... (i: Classica et Mediaevalia 37, 1986, s. 63-87).

257 Sløk, Johannes: Opgøret mellem filosofi og retorik : Platons dialog "Gorgias". - Viby J. : Centrum, 1987. - 177 s. *(99.4 Platon; 10.911)*

258 Sparre, Johs.: Politik og forbrydelse i det klassiske Athen. - s. 37-54. - i: Tradition og antitradition ... (Nr. 1242).

Om individet kontra det kollektive i Forsvarstalen.

Plautus, Titus Maccius

259 Plautus' komedie Pseudolus : tosproget udg. / med noter og kommentar ved Ole Thomsen. - Aarhus : Aarhus Universitetsforlag, 1987. - 200 s. *(88.2; 88.1)*
Latinsk og dansk tekst.
Litteraturhenvisninger s. 195-197.

S. 145-148 Nøgle til Plautinsk latin.

Anmeldt i: Sfinx, Tillæg 1988, s. 5 (Jacob Isager), genoptr. i Medl.AV 5 (1989), s. 13; (Jacob Isager); Klass.Medd. 116 (1988), s. 30, 32 (Jens Vind).

260 Hindsholm, Søren: Komedie, penge og økonomi. - s. 99-103 : ill. - i: Sfinx, årg. 14 (1991).
Litteraturhenvisninger.

Plautus som kilde til romersk privatøkonomi.

261 Hindsholm, Søren Chr.: Plautus' verden : økonomiske og sociale relationer i komedierne. - København : Museum Tusculanum, 1990. - 128 s. - (Studier fra sprog- og oldtidsforskning ; 313). *(99.4* Plautus, T. Maccius; *81.11; 91.47)*
Litteraturhenvisninger s. 111-114.

Om den romerske verden, socialt og økonomisk, 200 f.Kr.

Anmeldt i: Klass.Medd. 135 (1991), s. 31-32, 34 (Bent Schiermer Andersen); GS 1991, s. 442-443 (Chr. Gorm Tortzen); Nyt fra Historien 40, 1991, s. 152 (Aksel Damsgaard-Madsen).

262 Terkelsen, Peter: Holbergs og Plautus' Huus-Spøgelse - nogle præliminære noter. - s. 292-302. - i: Man må studere ... (Nr. 5).
Litteraturhenvisninger.

Sammenligning af strukturen i Mostellaria og Huus-Spøgelse.

263 Thomsen, Ole: Amfitryon. - s. 81-108. - i: Komediens kraft ... (Nr. 432).
Litteraturhenvisninger.

Om Plautus' Amphitryon og stykkets eftervirkning.

264 Thomsen, Ole: Plautus : den mest efterlignede blandt Europas dramatikere. - s. 55-62 : ill. - i: Det græske teater ... (Nr. 441).
Litteraturhenvisninger.

Plinius Caecilius Secundus, Gaius

265 Fra Plinius den Yngres Epistolarum Lib. I-X / overs. fra Aldus Manuccis Venezia udg. MDVIII af Norman V. Steenstrup. - Nyborg : [privattryk], 1978. - 8 s. *(88.2; 99.4* (Plinius d. Æ.; Plinius d. Y.; Tacitus, P. Cornelius); *55.3)*
Også med omslagstitel: Epistolarum Plinii.
Heri oversættelse af Plinius Epist. VI 16.

266 Vesuvs udbrud : en øjenvidneskildring / ved Erik Jensen og Sv. Aa. Outzen. - [København] : Sommer & Sørensen, 1982. - 53 s. : ill. : kort. - (Latinserien ; 1). *(88.1; 88.2)*
Latinsk og dansk tekst, glossering.

Indhold: Epist. VI 16 og VI 20.

Anmeldt i: Klass.Medd. 76 (1982), s. 45-46 (Karen Margrethe Halstrøm).

267 Andersen, Henning: Vesuv - den udødelige vulkan. - Lynge : Bogan, 1989. - 96 s. : ill. *(55.3)*
Litteraturhenvisninger s. 96.

Om antikken s. 12-28 (med oversættelse af Plinius Epist. VI 16 og 20).

Plinius Secundus, Gaius

268 Græsk-romersk kunsthistorie : 35. (1-173) og 36. bog af Naturalis Historia / oversat af Jacob Isager. - 2. opl. - Odense : Odense Universitet, 1983. - 169 s. - (Skrifter udgivet af Institut for Klassiske Studier). *(88.2; 91.3)*
Latinsk og dansk tekst.
1. udg. 1978 (i 2 bind).

269 Isager, Jacob: Kunst og moral ifølge Plinius. - s. 15-32 : ill. - i: Klass.Medd. 132 (1991).
Litteraturhenvisninger.

270 Isager, Jacob: Plinius den Ældre som kilde til hellenistisk kunst. - s. 42-57. - i: Hellenismestudier 3, 1990.
Litteraturhenvisninger.

Om Plinius' kilder og kildeanvendelse.

271 Isager, Jacob: Pliny on art and society : the Elder Pliny's chapters on the history of art / transl. by Henrik Rosenmeier. - Odense : Odense University Press, 1991. - 263 s. - (Odense University classical studies ; 17). *(99.4* Plinius den Ældre; *81.11; 91.3)* Disputats.
Litteraturhenvisninger s. 230-243.
Dansk resumé s. 244-251.

272 Isager, Jacob: Verdens underværker - på afveje. - s. 9-15. - i: Sfinx, årg. 14 (1991).
Litteraturhenvisninger.

Om Plinius' brug af verdens og Roms underværker.

273 Pedersen, Olaf: Plinius og Hipparch: to tekstkritiske overvejelser. - s. 224-238. - i: Man må studere ... (Nr. 5).
Litteraturhenvisninger.

Om behandlingen af Hipparchos af Rhodos i Nat.Hist.

Plotin

274 Dalsgaard Larsen, Bent: Nyplatonisme og Platon-fortolkning. - s. 23-39. - i: Klass.Medd. 124 (1989).

275 Friis Johansen, Karsten: Plotins opfattelse af den menneskelige frihed. - s. 105-125. - i: Filosofiske Studier, Bd. 10 (1989).
Litteraturhenvisninger.

Om begreberne skæbne og forsyn, og forholdet mellem åndens og sjælens hypostase.

276 Jensen, Povl Johs.: Plotin. - 2. udg. (fotografisk optryk). - København : Sankt Ansgar, 1990. - 217 s. - (Visdomsbøgerne). *(10.911;*

99.4 Plotin)
1. udg. Munksgaard, 1948.

277 Larsen, Lars Steen: Plotin : en rationel mystiker. - s. 150-158. - i: Janus, årg. 6, nr. 4 (1990). Litteraturhenvisninger.

Polybios

278 Andersen, Ernst: Polybios og Livius om Hannibalhærens march Rhône-Po. - s. 89-116 : ill. - i: Mus.Tusc., nr. 44/47 (1981). Litteraturhenvisninger.
Om marchruten.

279 Saxtorph, Niels M.: Elefanter i Sydfrankrig. - s. 96 : ill. - i: Sfinx, årg. 10 (1987).
Om Hannibals elefanter.

Proklos

280 Andersen, Lene: De kykliske digte. - s. 35-44. - i: Homerstudier ... (Nr. 151).
Litteraturhenvisninger.
Indeholder oversættelse af Proklos' referater.

Propertius, Sextus

281 Isager, Jacob: Kærligheden som ideologisk opposition under Augustus : Properts og den romerske elegi. - s. 93-109. - i: Krystalgitteret : den lyriske genres funktion / redigeret af Annelise Ballegaard Petersen og Carsten Nicolaisen. - [Odense] : Odense Universitetsforlag, 1988. - 425 s. : ill. - (Odense University studies in literature ; 21). *(81.09)*
Litteraturhenvisninger.

Ptolemaios Gnost.

282 Gnostikerne og bibelen : Ptolemæus og hans brev til Flora / indledning, oversættelse og kommentar af Mogens Müller. - København : Akademisk Forlag, 1991. - 111 s. - (Tekst og tolkning ; 9). *(22.59; 20.8; 22.1)*
Oversættelse af Epiphanius' Panarion XXXIII, 3-7.

Querolus

283 Kværulanten : en senantik farce / oversat af Peter Oluf Brøndsted; indledning ved Bent Christensen og Chr. Gorm Tortzen. - [København] : Akademisk Forlag, 1990. - 114 s. *(88.2)*
Litteraturhenvisninger s. 113-115.

Anmeldt i: Klass.Medd. 129 (1990), s. 60 (Finn Hobel).

Rufinus, Tyrannius

284 Christensen, Torben: Rufinus fra Aquileia og Eusebius' "Historia ecclesiastica", lib. VIII-IX. - s. 495-519. - i: Mus.Tusc., nr. 40/43 (1980).
Litteraturhenvisninger.
Om Rufinus' interpreterende oversættelse.

Sallustius Crispus, Gaius

285 Den catilinariske sammensværgelse og Den jugurthinske krig / oversatte med indledning og noter af Mogens Leisner-Jensen / udgivet af Selskabet til historiske kildeskrifters oversættelse. - København : Museum Tusculanum, 1990. - 209 s. *(88.2; 91.47)*
Litteraturhenvisninger s. 42-46.

Anmeldt i: Klass.Medd. 135 (1991), s. 27-28 (Jens Vind); GS 1991, s. 610 (Chr. Gorm Tortzen).

286 To politiske epistler fra oldtidens Rom / [af Sallust] ; ved Franz Blatt. - Opfotograferet aftryk. - [S.l.] : Klassikerforeningen, i samarbejde med Systime, 1981. - 76 s. - (Klassikerforeningens kildehæf-

ter). *(88.1; 88.2)*
Latinsk og dansk tekst af ad Caes. ep. I - II.
1. udg. 1963.

287 Leisner-Jensen, Mogens: C. Sallustius Crispus : eller Digt og virkelighed. - s. 29-42 : ill. - i: Klass.Medd. 129 (1990).
Litteraturhenvisninger.

288 Leisner-Jensen, Mogens: Sallust i Skt. Augustins "De civitate Dei". - s. 12-35. - i: Rostra 23 (1988).
Litteraturhenvisninger.

Om Augustins brug af Sallust.

289 Smith, Hanne: Bemærkninger til Sallusts politiske sprogbrug. - s. 117-121. - i: Mus.Tusc., nr. 44/47 (1981).

Sapfo

290 Bjergene blomstrer : billedtæpper af Nulle Øigaard ; digte af Sapfo og græske folkedigte oversat af Thøger Larsen og Sysse Engberg. - København : Glyptoteket, 1984. - 23 s. : ill. *(72; 39.1; 88.2)*
Katalog til udstilling på Ny Carlsberg Glyptotek 24/5-31/8 1984.

Indeholder 5 Sapfo-digte i Th. Larsens oversættelse, samt en indledning om Sapfo af Sysse Engberg.

291 Smith, Hanne: Om Sappho : et rids fra oldtid til samtid. - s. 19-28. - i: Klass.Medd. 102 (1986).
Litteraturhenvisninger.
Først trykt s. [31-40] : ill. - i: Agora 1985, nr. 7-8 med navneform "Schmidt" og titelform "nutid".

Om opfattelsen af Sapfo.

Seneca, Lucius Annaeus

292 Apocolocyntosis / udgivet med indledning, oversættelse, kommentar og registre af Niels W. Bruun. - Aarhus : Aarhus Universitetsforlag, 1990. - 135 s. *(88.1; 88.2)*

Latinsk og dansk tekst.
Litteraturhenvisninger s. 119-125.

Anmeldt i: GS 1991, s. 864 (Chr. Gorm Tortzen); Nyt fra Historien 40, 1991, s. 216 (Erik Christiansen).

293 Epistulae morales / i udvalg ved Mogens Hindsberger. - [København] : Gyldendal, 1980. - 50 s. *(88.1; 15)*
Latinsk tekst, glossering.
Litteraturhenvisninger s. 50.

Indhold: Ep. 1-4, 7, 11-13. Sammenhørende med: Livsfilosofi ... (Se: nr. 294).

Anmeldt i: GS 1981, s. 590, 592 (Christian Iuul).

294 Livsfilosofi : udvalg af Senecas moralske breve / [udgivet af] Mogens Hindsberger. - [København] : Gyldendal, 1980. - 72 s. *(88.2; 15.2)*
Litteraturhenvisninger s. 72.

Dansk oversættelse af Ep. 1-4, 7, 11-17, 20, 53, samt Tacitus Ann. XV 62-64. Sammenhørende med: Epistulae Morales ... (Se: nr. 293).

Anmeldt i: GS 1981, s. 590, 592 (Christian Iuul).

295 Seneca : stykker om frihed / udvalgt og kommenteret af Ole Thomsen. - [Kbh.] : Akademisk Forlag, 1980. - 2 bd. (272 s.). *(88.1)*

1: Indledning og tekst. - 69 s.
2: Gloser og kommentarer. - s. 70-272.

Latinsk og dansk tekst.
Litteraturhenvisninger s. 23-27.

Indeholder også Tacitus Ann. XIV 52-57.1 og XV 60.2-65.

Anmeldt i: Klass.Medd. 65 (1980), s. 39-40 (Patrick Kragelund); GS 1980, s. 886, 888 (Christian Iuul).

296 Alenius, Marianne: Omkring den danske uroversættelse af Senecas Thyestes ved Leo Hjortsø 1977. - s. 148-169. - i: Mus.Tusc., nr. 44/47 (1981).

Bedømmelse af oversættelsen.

297 Alenius, Marianne: Senecaoversætteren Birgitte Thott : et fagligt portræt. - s. 5-47 : ill. - i: Danske Studier 1983.
Litteraturhenvisninger.

Om Thotts Seneca-oversættelse (1658) s. 31-37.

298 Alenius, Marianne: Thyestes' filosofiske valg og filologernes valg af Thyestes. - s. 403-446. - i: Mus.Tusc., nr. 40/43 (1980).
Litteraturhenvisninger.

Om samspillet mellem tekstkritik og tekstfortolkning.

299 Kragelund, A.: Holberg og Seneca. - København : Gad, 1983. - 147 s.
(99.4 Holberg, Ludvig; *81.63; 81.11; 99.4* Seneca, Lucius Annaeus*)*
Litteraturhenvisninger s. 130-133.

Om Seneca s. 9-24.

300 Sparre, Johannes: Seneca - i sin tid og i vor tid / af Johannes Sparre og Ole Thomsen. - S.l. : Klassikerforeningen, i samarbejde med Systime, 1981. - 60 s. - (Klassikerforeningens kildehæfter).
(99.4 Seneca, Lucius Annaeus; *10.911)*

Indhold:
Sparre, Johannes: Kærlighed og venskab hos Seneca, - s. 6-36.
Thomsen, Ole: Seneca om det der binder og det der kan gøre fri, - s. 37-50.

Litteraturhenvisninger s. 59-60.

Anmeldt i: GS 1981, s. 783 (Christian Iuul).

301 Sparre, Johannes: Umyndighedens bekvemmelighed og fornuftens nødvendighed : Seneca og den filosofisk-psykologiske tradition.

- s. 55-85. - i: Tradition og antitradition ... (Nr. 1242).
Det individuelle kontra det kollektive hos Seneca og senere.

302 Worm, Erik: Seneca. - København : Danmarks Radio, 1981. - 24 s.
: ill. *(91.47; 88.1; 99.4 Seneca)*
Latinsk tekst, glossering.
Elevhæfte, Skoleradioen.
Litteraturhenvisninger s. 24-25.

Om Senecas filosofiske og historiske baggrund, og om eftertidens opfattelse af Seneca.

Anmeldt i: Klass.Medd. 75 (1982), s. 20-21 (Susanne Høeg).

Sofokles

303 Aias / på dansk ved Eva Sprogøe / [udgivet af] Klassikerforeningen.
- København : Gyldendal, 1991. - 139 s. - (Klassikerforeningens udgaver). *(88.2)*
Litteraturhenvisninger s. 139.

304 Antigone / oversat af Otto Foss. - 3. opl. - København : Hans Reitzel, 1984. - 101 s. *(88.2)*
1. udg. 1977.

Anmeldt i: Klass.Medd. 66 (1980), s. 22-24 (Inger Yde).

305 Antigone / på dansk ved Eva Sprogøe. - [København] : Gyldendal, 1983. - 117 s. - (Klassikerforeningens udgaver). *(88.2)*
Litteraturhenvisninger s. 117.

Anmeldt i: Klass.Medd. 88 (1984), s. 52 (Birte Lunau Nielsen).

306 Antigone / ved Niels Møller. - 19. opl. - [København] : Gyldendal, 1982. - 100 s. - (Klassikerforeningens udgaver). *(88.2)*
1. udg. 1894.
Litteraturhenvisninger s. 99-100.

307 Electra 1-75 / oversættelse af Anders Skouvig. - s. [24-26]. - i: Agora 1986, nr. 2.

308 Electra, 1. epeisodion (250-309) / oversættelse af Anders Skouvig. - s. [15-16]. - i: Agora 1986, nr. 4.

309 Elektra / på dansk ved Eva Sprogøe. - [København] : Gyldendal, 1988. - 132 s. - (Klassikerforeningens udgaver). *(88.2)*
Litteraturhenvisninger s. 132.
Anmeldt i: Medl.AV 2 (1988), s. 17-18 (Ole Wagner); Klass.Medd. 117 (1988), s. 34,36 (samme).

310 Kong Ødipus / oversat af Otto Foss. - 2. udg. - København : Hans Reitzel, 1990. - 131 s. *(88.2)*
1. udg. 1981.
Anmeldt i: Klass.Medd. 66 (1980), s. 22-24 (Inger Yde).

311 Kong Ødipus / på dansk ved Jørgen Mejer og Søren Ulrik Thomsen ; gouacher af Nina Sten Knudsen. - København : Vindrose, 1990 - 89 s. : ill. *(88.2)*
Anmeldt i: Klass.Medd. 132 (1991), s. 51-52 (Bente Friis Johansen); GS 1990, s. 1115 (Chr. Gorm Tortzen).

312 Ødipus / ved Alex Garff og Leo Hjortsø. - 4. udg., 12. opl. - [København] : Gyldendal, 1991. - 121 s. : ill. - (Klassikerforeningens udgaver). *(88.2)*
1. udg. 1958; 4. udg. 1969.
Litteraturhenvisninger s. 121.

313 Blomqvist, Karin: Sophokles / Karin og Jerker Blomqvist. - Hjørring : Klassikerforeningen, 1991. - 30 s. - (Klassikerforeningens oversigter). *(99.4; 81.11)*
Svensksproget.
Litteraturhenvisninger s. 27-30.

314 Braad Thomsen, Christian: Sofokles, Adam og Eva. - s. 48-69,
197-198 : ill. - i: Lysten og loven : syv essays om incest-tabu og
Ødipus-kompleks. - København : Tiderne skifter, 1983. - 200 s.
: ill. *(13.6; 30.17; 77.69)*
Litteraturhenvisninger.

Om incest i Sofokles.

315 Gjørup, Ivar: Ødipus. - [København] : Danmarks Radio, 1984. - 39
s. : ill. *(81.11; 99.4* Sophokles; *99.4* Freud, Sigmund; *91.43;
13.6)*
Elevhæfte, Skoleradioen.
Litteraturhenvisninger s. 36-37.

Om såvel Sofokles som ødipuskomplekset.

Anmeldt i: Klass.Medd. 99 (1985), s. 57 (Jette Hesse); GS 1985,
s. 288-289 (Chr. Gorm Tortzen).

316 Schovsbo, Henrik: Sofokles: Ødipus, genlæst. - s. 368-371 : ill. - i:
Bogens Verden, årg. 71, nr. 5 (1989).
Litteraturhenvisninger.

317 Vernant, Jean-Pierre: Ødipus uden kompleks. - s. 31-57, noter s.
92-93. - i: Ødipus uden kompleks / oversat af Thomas Alkjær. -
Søllested : Skovlænge, 1991. - 93 s. *(91.43; 29.2)*

Om det fejlagtige i ødipal-psykologisk tolkning.
Oversat fra "Oedipe" sans complexe, i: Mythe et tragedie en
Grèce Ancienne (1972) s. 77-98 (artiklen først publiceret 1967).

Anmeldt i: Relig.Tids., nr. 19 (1991), s. 124-126 (Hans J. Lundager Jensen).

Soranos

318 Nielsen, Hanne Sigismund: Fødselslæge gennem 1400 år. - s. 131-
136 : ill. - i: Sfinx, årg. 4 (1981).
Litteraturhenvisninger.

Om Soranus' Gynækologi og Obstetrik, og om Muscios version.

Suetonius Tranquillus, Gaius

319   Romerske kejsere / overs. af A. B. Drachmann; med forord af Leo Hjortsø. - 3. opl., fotografisk (nedfotograferet) genoptryk. - [København] : Thaning & Appel, 1989. - 2 bd. *(88.2)*

1, Julius Cæsar, Augustus, Tiberius, Caligula. - 223 s.
2, Divus Claudius, Nero, Galba, Otho, Vitellius, Divus Vespasianus, Divus Titus, Domitianus. - 163 s.
1. udg. 1964.

320   Sørensen, Søren: En karakteristik af den biografiske genre hos Sueton. - s. [34-40]. - i: Agora 1986, nr. 1.
Litteraturhenvisninger.

Også med titel: Om Sueton.

Sulpicia

321   Ellerman, Karen: Sulpicia og hendes digte : (Corpus Tibullianum 4,7-12). - s. 61-90. - i: Mus.Tusc., nr. 48/51 (1982).
Litteraturhenvisninger.

Tacitus, Cornelius

322   Agricola / udgivet af Allan A. Lund. - Odense : Odense Universitetsforlag, 1981. - 141 s. : ill. *(88.1; 88.2; 99.4* Agricola, Iulius; *91.47; 91.27)*
Latinsk og dansk tekst.
Litteraturhenvisninger s. 137-141.

Anmeldt i: Klass.Medd. 76 (1982), s. 47-48 (Hanne Christiansen), med debat smst., 77 (1982) s. 19-27 (Allan A. Lund), 78 (1982), s. 19-25 (Inger Due), 79 (1982), s. 32-33 (Allan A. Lund); Mus.Tusc., nr. 48/51 (1982), s. 221-224 (Egil Kraggerud).

323   Roms brand / oversættelse af Dorith Madsen. - s. 32 : ill. - i: Sfinx, årg. 9 (1986).
Oversættelse af stykket Annales XV 44.

324 Vidén, Gunhild: Samfundets spejl : den romerske kejsertids kvinder.
- s. 139-143 : ill. - i: Sfinx, årg. 14 (1991).
Litteraturhenvisninger.

Kejserindernes funktion i Annales' beskrivelse af enevældet.

325 Ørsted, Peter: Anmeldelse af Kristensen, Anne K.G. Tacitus' germanische Gefolgschaft. - København : Munksgaard, 1983. - 93 s. - (Det Kongelige danske Videnskabernes Selskab, Historisk-filologiske Meddelelser ; 50:5). - s. 340-342. - i: Historisk Tidsskrift 84, 1984.

Også anmeldt i: Nyt fra Historien 33, 1984, s. 28 (Erik Christiansen).

Terentius Afer, Publius

326 Brødrene / oversat af Otto Steen Due. - København : Museum Tusculanum, 1986. - 83 s. - (Stemmer fra oldtiden ; 5). *(88.2)* Nyoversat udg. (tidligere oversættelse Gyldendal, 1960).

Anmeldt i: Klass.Medd. 110 (1987), s. 32-33 (Jens Vind); GS 1987, s. 158 (Chr. Gorm Tortzen).

327 Eunukken / oversat af Otto Steen Due. - København : Museum Tusculanum, 1982. - 60 s. - (Stemmer fra oldtiden ; 1). *(88.2)*

Anmeldt i: Klass.Medd. 83 (1983), s. 40-43 (Jens Vind); GS 1983, s. 331-332 (Chr. Gorm Tortzen).

328 Phormio / oversat af Otto Steen Due. - København : Museum Tusculanum, 1984. - 95 s. - (Stemmer fra oldtiden ; 3). *(88.2)*

329 Selvplageren / oversat af Otto Steen Due. - København : Museum Tusculanum, 1985. - 95 s. - (Stemmer fra oldtiden ; 4). *(88.2)*

Anmeldt i: Klass.Medd. 101 (1985), s. 78 (Jens Vind); GS 1986, s. 166 (Chr. Gorm Tortzen).

330 Høyer, Jon: Anmeldelse af Terents: Andria; Latinsk tekst med Thor Langes danske oversættelse. - København : Gyldendal, 1979 / [af] Jon Høyer og Chr. Gorm Tortzen. - s. 44-45. - i: Klass.Medd. 65 (1980).

Også anmeldt i: GS 1980, s. 605 (Christian Iuul).

Tertullian

331 Forsvarsskrift for de kristne / oversat med indledning og noter af Niels Willert. - Århus : Aarhus Universitetsforlag, 1990. - 134 s. - (Bibel og historie ; 15). *(20.8)*
Originaltitel: Apologeticum.
Litteraturhenvisninger s. 125.

Anmeldt i: Klass.Medd. 135 (1991), s. 30-31 (Johs. Thomsen); GS 1991, s. 712-713 (Chr. Gorm Tortzen); Nyt fra Historien 40, 1991, s. 216-217 (Erik Christansen).

332 Grane, Leif: Pseudo-Tertullian: Mod alle kætterier : oversættelse og bemærkninger. - s. 164-175. - i: Fønix, årg. 11, 1987, særnr.
Litteraturhenvisninger.

Kommenteret oversættelse af tillægget til De praeseriptione haereticorum.

Teofrast

333 Tortzen, Christian Gorm: Theophrast og den botaniske terminologi. - s. 36-51. - i: Hellenismestudier 2, 1990.
Litteraturhenvisninger.

Theofrast som ophavsmand til terminologien.

Theokrit

334 Jalousi og andre billeder fra hellenismen / oversat af Kai Møller Nielsen. - København : Gyldendal, 1990. - 70 s. *(88.2)*
Litteraturhenvisninger s. 70.

Indeholder idyllerne 1-4, 6-7, 10-11, 13-16, 21, 24.

Anmeldt i: Klass.Medd. 134 (1991), s. 39-40 (Henrik Haarløv); GS 1991, s. 495-496 (Chr. Gorm Tortzen).

Thomasevangeliet

335 Thomasevangeliet / oversat og med indledning af Søren Giversen. - 2. opl. - København : Gyldendal, 1990. - 128 s. *(22.8)*
1. udg. Gad, 1959 (174 s.).

Thukydid

336 Thukydid - et udvalg / med indledning og noter ved Holger Friis Johansen. - 2. udg., 2. opl. - [København] : Akademisk Forlag, 1987. - 88 s. *(88.2; 91.43)*
1. udg. med titel Thukydid, Gyldendal, 1963 (Verdensklassikere); 2. udg. 1984.

337 Montgomery, Hugo: Thukydides. - Hjørring : Fagligt Udvalg i Græsk & Oldtidskundskab, 1991. - iv + 28 s. - (Klassikerforeningens oversigter). *(99.4* Thukydid; *90.9)*
Svensksproget.
Litteraturhenvisninger s. 27-28.

Anmeldt i: GS 1991, s. 976 (Chr. Gorm Tortzen).

338 Skov, Gert E.: Thukydid I 73-78 : Athens gesandters tale på det peloponnesiske forbunds møde i Sparta i sommeren 432 f. Kr. - s. 261-266. - i: Man må studere ... (Nr. 5).

[Valentinus]

339 Sandhedens evangelium / oversat og indledt ved Søren Giversen. - København : SphinX, 1990. - 63 s. - (Gnostisk BblioteK ; 1). *(20.8)*
Oversat på grundlag af Nag Hammadi Codex I.
Revideret nyoversættelse af udgaven, Gad, 1957.
Litteraturhenvisninger s. 63.

Vergilius Maro, Publius

340 Mathiassen, Svend Erik: Eskatologien i tidlig romersk kejsertid : omkring Vergils fjerde ekloge. - s. 3-26. - i: Relig.Tids., nr. 10 (1987).
Litteraturhenvisninger. - Summary in English.
Om det cykliske forløb og guldalderen i Vergils historiesyn.

341 Mathiassen, Svend Erik: Eskatologiske træk i Vergils forfatterskab. - s. 3-23. - i: Rostra 24 (1988).
Litteraturhenvisninger.

342 Nielsen, Erik A.: Æneiden som historiefilosofisk komposition. Æneiden som sentimentalt kunstværk. Æneiden som parodierbart værk. - s. 61-71. - i: Holbergs komik ... (Nr. 75).
Litteraturhenvisninger. - Summary in English.

343 Petersen, Erik: "Vis den ypperligste digter ære" : i 2000-året for Vergils død. - s. 41-44 : ill. - i: Sfinx, årg. 4 (1981).
Vergil i efterantikkens syn.

Vitruvius

344 Rønne, Christian: Træk af teaterbygningens historie. - s. 9-21. - i: Rostra 22 (1987).
Litteraturhenvisninger.
Om Vitruv s. 10-13.

Xenofon

345 Indtægtskilder = Poroi / indledning og oversættelse ved Signe Isager. - Nyt opl. - København : Museum Tusculanum, 1980. - 56 s. - (Opuscula Graecolatina ; 19). *(88.1; 88.2; 91.43)*
Græsk og dansk tekst.
1. udg. 1979.
Litteraturhenvisninger s. 9-10.

346 Oikonomikos / ved Signe Isager. - 2. opl. - [Fredensborg] : Klassikerforeningen, i samarbejde med Systime, 1988. - 80 s. : ill. - (Klassikerforeningens kildehæfter). *(88.2)*
1. udg. 1986.
Litteraturhenvisninger s. 73.

Anmeldt i: Klass.Medd. 109 (1987), s. 56-57 (Inger Jorsal); GS 1986, s. 694 (Chr. Gorm Tortzen).

347 Pantheia og Abradatas : en opbyggelig, men sørgelig kærlighedshistorie fra Xenofons Kyropædi / tekst, oversættelse og kommentar ved Bodil Due. - Århus : Aarhus Universitetsforlag, 1989. - 64 s. *(88.1; 88.2)*
Græsk og dansk tekst.
Litteraturhenvisninger s. 64.

Uddrag fra Kyru paideia.

Anmeldt i: Klass.Medd. 126 (1989), s.36,38 (Hanne Tommerup), genoptr. i Medl.AV 9 (1990), s. 12-13; GS 1990, s. 164-165 (Chr. Gorm Tortzen).

348 Due, Bodil: Græsk og Persisk herskerideologi. - s. 188-191 : ill. - i: Hvad nu hvis ... (Nr. 56).
Litteraturhenvisninger.

Kyropædiens billede af Kyros som ideel hersker.

349 Due, Bodil: Historikeren og essayisten Xenofon. - s. 237-244 : ill. - i: Det athenske demokrati I ... (Nr. 555).
Litteraturhenvisninger.

Demokratiets fremstilling i de historiske skrifter.

350 Due, Bodil: The Cyropaedia : Xenophon's Aims and Methods. - Aarhus : Aarhus University Press, 1989. - 264 s. *(99.4* Xenophon; *81.11)*
Disputats.
Litteraturhenvisninger s. 245-250.
Dansk resumé i bilag (4 s.).

Anmeldt i: Nyt fra Historien 40, 1991, s. 209 (Aksel Damsgaard-Madsen).

351 Due, Bodil: Xenophon. - Hjørring : Fagligt Udvalg i Græsk & Oldtidskundskab, 1989. - 24 s. - (Klassikerforeningens oversigter). *(99.4* Xenophon; *81.11)*
Litteraturhenvisninger s. 23-24.
Anmeldt i: GS 1990, s. 657-658 (Chr. Gorm Tortzen).

352 Due, Bodil: Xenophon som hellenist. - s. 7-17. - i: Hellenismestudier 3, 1990.
Litteraturhenvisninger.
Proto-hellenistisk tankegods hos Xenofon.

353 Winsløw, Minna: Anabasis. - Odense : Odense Universitetsforlag, 1991. - 32 s. : ill. - (Odense University classical studies ; 16). *(88.1; 86.4)*
Tegneserieversion (med græsk tekst) af 1. bog.
Anmeldt i: GS 1991, s. 610 (Chr. Gorm Tortzen).

[Xenofon]

354 Thomsen, Rudi: Den gamle Oligark. - s. 167-190. - i: Det athenske demokrati I ... (Nr. 555).
Litteraturhenvisninger.
Demokratikritikken i Athenaion politeia.

EPIGRAFIK

Græsk

355 Due, Otto Steen: Epigram på græsk krigergrav. - s. 111-115 : ill. - i: Sfinx, årg. 9 (1986).
Litteraturhenvisninger.

Om indskriften SEG X, 410 vedrører slaget ved Koroneia (447) eller ved Delion (424).

356 Hallager, Erik: En glædelig overraskelse. - s. 110-113 : ill. - i: Sfinx, årg. 13 (1990).
Litteraturhenvisninger.

Om en hjultavle fra Khania.

357 Hallager, Erik: Paladstidens Kreta - fra skriftens og arkivernes verden. - s. 57-64 : ill. - i: Bag Moesgårds maske : kultur og samfund i fortid og nutid / redigeret af Torsten Madsen. - Århus : Aarhus Universitetsforlag, 1988. - 238 s. : ill. *(90.4; 59.5)*
Litteraturhenvisninger.

358 Hallager, Erik: Skriften på tavlen : - om minoernes administration. - s. 40-45 : ill. - i: Sfinx, årg. 11 (1988).
Litteraturhenvisninger.

Om arkiver, skrift og segltyper i Liniar A.

359 Isager, Signe: Forpagtning af jord og bygninger i Athen : attiske indskrifter. - København : Museum Tusculanum, 1983. - 102 s. : ill. - (Rudimenta Graecolatina ; 8). *(91.43)*
Græsk og dansk tekst.
Litteraturhenvisninger s. 99-102.

8 forpagtningsindskrifter med kommentar.

Anmeldt i: Klass.Medd. 90 (1984), s. 44,46 (Susanne Christensen); GS 1984, s. 540 (Chr. Gorm Tortzen); Historisk Tidsskrift 86, 1986, s. 192-193 (Peter Ørsted); Nyt fra Historien 33, 1984, s. 84-85 (Aksel Damsgaard-Madsen).

Romersk

360 Almar, Knud: Latinske indskrifter : en belysning af aspekter af den romerske kultur med hovedvægt på perioden 100 f.Kr.-100 e.Kr. - [København] : Gjellerup & Gad, 1989. - 107 s. : ill. *(91.47)*

Hertil: Corrigenda, i Klass.Medd. 123 (1989), s. 64 og : Latinske indskrifter - en brugsanvisning, smst. 125 (1989), s. 17-19.

Anmeldt i: Klass.Medd. 124 (1989), s. 46-48 (Niels W. Bruun) med Corrigenda smst. 125 (1989), s. 41; GS 1989, s. 914-915 (Chr. Gorm Tortzen); Nyt fra Historien 40, 1991, s. 150-151 (Erik Christiansen).

361 Nielsen, Hanne Sigismund: Anmeldelse af Almar, Knud Paasch: Inscriptiones Latinae: Eine illustrierte Einführung in die lateinische Epigraphik. - [Odense] : Odense University Press, 1990. - s. 34-35. - i: Klass.Medd. 138 (1991).

Også anmeldt i: GS 1991, s. 249 (Chr. Gorm Tortzen).

362 Stands vandringsmand! : et udvalg af latinske gravindskrifter / med indledning og oplysninger af Palle W. Nielsen. - [København] : Munksgaard, 1981. - 62 s. *(91.47)*
Latinsk tekst, glossering.
Litteraturhenvisninger s. 61.

Anmeldt i. Klass.Medd. 72 (1981), s. 28-30 (Niels W Bruun); Sfinx, Tillæg 1981, s. 5 (Tønnes Bekker-Nielsen).

PAPYROLOGI, BOGHISTORIE, SCHOLIER m.v.

363 Bülow-Jacobsen, Adam: Niels Iversen Schow og papyrologiens fødsel. - s. 82-91 : ill. - i: Mus.Tusc., nr. 57 (1987).
Litteraturhenvisninger.

Om udgivelsen af Charta Borgiana (1788).

364 Bülow-Jacobsen, Adam: Papyrusmanuskripter fra ægyptiske mumier. - s. 165-168 : ill. - i: Humaniora, nr. 4, 1978/80 (1981).
Litteraturhenvisninger.

Om enzymbehandling af papyruskartonnage.

365 Christiansen, Erik: To danske pionerer II. - s. 9-11 : ill. - i: Sfinx, årg. 11 (1988).

Om Niels Iversen Schow.

366 Ginge, Birgitte: Linnedbogen : en ægypter i etruskisk forklædning. - s. 104-107 : ill. - i: Sfinx, årg. 14 (1991).
Litteraturhenvisninger.

Nydatering af Linnedbogen i Zagreb til 430-350 f.Kr.

367 Nielsen, Rolf Haugaard: Leder efter nyt i 2000 år gamle papyrusruller. - s. 3-5 : ill. - i: Forskningen og Samfundet, årg. 11, nr. 6 (1985).

Om papyrusforskning.

368 Petersen, Erik: Skrift og bog : oldtid, middelalder, renæssance. - København : Gyldendal, 1984. - 68 s. : ill. *(00.09)*
Hertil findes diasserie.
Litteraturhenvisninger s. 67.

Om antikken s. 13-31.

Anmeldt i: Klass.Medd. 92 (1984), s. 52,54 (Jens Vind); GS 1984, s. 805 (Chr. Gorm Tortzen).

369 Smith, Hanne: Tzetzes og biblioteket i Alexandria - kommentarer til en bogven fra en bibliotekar. - s. 267-273. - i: Man må studere ... (Nr. 5).

Om organiseringen af biblioteket i Alexandria.

370 Smith, Ole L.: Hvad er scholier og hvad kan man bruge dem til?. - s. 161-179. - i: Mus.Tusc., nr. 44/47 (1981).
Litteraturhenvisninger.

371 Thorsen, Leif: Cicero blandt bøger. - s. 152-157 : ill. - i: Sfinx, Årg. 6 (1983).

Litteraturhenvisninger.
Bogvæsen i oldtiden.

SPROG

Græsk

372 Christensen, Johnny: Diamnemoneuein - et "mot propre" for mundtlig tradition. - s. 92-93. - i: Mus.Tusc., nr. 57 (1987).
Om ordets betydning.

373 Madsen, Ellen A.: Phthonos. - s. 13-22. - i: Klass.Medd. 114 (1987).
Nødv. corrigenda smst., 115 (1988), s. 22.
Om den rette oversættelse af ordet.

Ordbøger

374 Berg, C.: Græsk-dansk Ordbog til Skolebrug . - 2. udg., 7. opl. - København : Gyldendal, 1986. - 925 s. *(89.11)* *
1. udg. 1864; 2. udg. 1885.

Grammatik

375 Blomqvist, Jerker: Grekisk/Græsk Grammatik / af Jerker Blomqvist og Poul Ole Jastrup. - København : Akademisk Forlag, 1991. - 448 s. *(89.11)*

Syntaks

376 Hynding, H. C.: Græsk formlære : med sproghistoriske forklaringer. - 2. udg., 2. opl. - København : Gyldendal, 1985. - 252 s. *(89.11).*
1. udg. 1958; 2. udg. 1968.

Lærebøger

377 Ebbesen, Sten: Filosofgræsk. - København : Museum Tusculanum, 1982. - 2 bind. - (Rudimenta Graecolatina ; 6). *(89.11)*

1: Tekster og øvelser. - 75 s.
2: Grammatik og glossar. - 87 s.
Litteraturhenvisninger 2. del, s. 3.
Anmeldt i: Klass.Medd. 79 (1982), s. 70-71 (Ole Wagner).

378 Hesse, Rolf: Græskopgaver. - Roskilde : Klassikerforeningen, 1980. - 2 bd. - (Klassikerforeningens kildehæfter). *(89.11)*

1: Tekstsider / 60 s.
2: Opgavesider / 28 s.
Tekstsider med græsk og dansk tekst.

379 Kjær Nielsen, Helge: Nytestamentlig græsk : formlære og syntaks. - 3. opl. - Århus : Aros, 1984. - 231 s. *(22.5; 89.11)*

1. udg. 1974.

380 Laursen, Simon: To doulion emar : øvelsesopgaver til græsk sprogfærdighed. - Odense : Institut for Klassiske Studier, Odense Universitet, 1991. - 53 s. - (Skrifter udgivet af Institut for Klassiske Studier). *(89.11)*

Indeholder tekster af Platon og Lysias.

381 Mygind, Benedicte: Oversættelse af græsk stoisk terminologi hos Cicero og Seneca. - s. 52-64. - i: Hellenismestudier 2, 1990.
Litteraturhenvisninger.

Latin

382 Nielsen, Kirsten Holm: Hvorfor hedder Spanien Spanien?. - s. 35-39 : ill. - i: Sfinx, årg. 6 (1983).
Litteraturhenvisninger.

Oprindelsen af ordet Hispania.

383 Om det latinske sprog. - s. 14-16. - i: Rostra 11 (1982).

Kulturtekst til undervisningsbrug, om vulgær- og middelalderlatin.

384 Om det latinske ordforråds opbygning og om kritisk brug af ordbogen. - s. 7-12. - i: Rostra 12 (1985).

Latinsk semantik.

Ordbøger

385 Hastrup, Thure: Latin-dansk ordbog . - 7. udg., 3. opl. - København : Gyldendal, 1990. - 307 s. - (Gyldendals røde ordbøger). *(89.15; 89.63)*
1. udg. 1963; 7. udg. 1983.

Mini-grammatik s. 285-307.

Anmeldt i: Klass.Medd. 76 (1982), s. 43-44 (Erik Christoffersen).

386 Jensen, J. Th.: Latinsk-dansk ordbog / af J. Th. Jensen : 2. forøgede og forbedrede udg. ved M. J. Goldschmidt. - 10. opl. (fotografisk optryk). - København : Gyldendal, 1986. - v + 824 s. *(89.15)*
1. udg. 1886; 2. udg. 1920.

387 Nisbeth, Henrik: Den første latinske ordbog : almindelige latinske gloser. - Svendborg : Mørch & Wagner, 1989. - 40 s. *(89.15)*

Anmeldt i: Klass.Medd. 126 (1989), s. 45-46 (Peter Terkelsen).

388 Torresin, Giuseppe: Anmeldelse af Delatte, L. ... [et al.]: Dictionnaire fréquentiel et index inverse de la langue latine. - Liège, 1981.- V + 537 s. - s. [20-22]. - i: Agora 1986, nr. 1.

Grammatik

389 Hyllested, Povl: Latinsk grammatik : håndbog for gymnasiet / [af] Povl Hyllested og Ulf Østergaard. - 9. opl. - København : Gyldendal, 1987. - 218 s. *(89.15)*
1. udg. Schultz, 1966.

390 Mørch, Arne: Den første latinske grammatik / [af] Arne Mørch og Ole Wagner. - 2. udg., 7. opl. - Svendborg : Mørch & Wagner, 1990. - 55 s. : ill. *(89.15)*
1. udg. 1984; 2. udg. 1985.

Anmeldt i: Rostra 12 (1985), s. 20 (Hans Christophersen); Klass.Medd. 92 (1984), s. 48-49 (Marianne V. Hansen).

391 Olsen, Kristian: Grammatik for latinlæsende. - Herning : Systime, 1988. - 350 s. *(89.15)*

Anmeldt i: Klass.Medd. 122 (1989), s. 34-35 (Jens Vind); Rostra 27 (1990), s. 70-71 (Hans Christophersen); GS 1989, s. 313, 315 (Chr. Gorm Tortzen).

Syntaks

392 Fox Maule, Erik: Kortfattet latinsk formlære / af Erik Fox Maule og Th. Roskjær. - 6. opl. - København : Gyldendal, 1985. - 35 s. *(89.15)* *
1. udg. Schultz, 1967.

Lærebøger

393 Acunto-de Lorenzo, Elio: Porta latina : latin for begyndere / af Elio Acunto-de Lorenzo ... [et al.]. - København : Gjellerup, 1981-82. - 2 bind. *(89.15)*

Bd. 1: Grundbog. - 283 s. : ill. - (2. opl. med rettelser, 1983).
Bd. 2: Teksthæfte. - 120 s. : ill.
- - Glose- og kommentarhæfte. - 58 s.
- - Øvebog. - 1982. - 82 s.
Litteraturhenvisninger Bd. 1, s. 274-275.

Anmeldt i: Klass.Medd. 76 (1982), s. 38-42 og smst. 77 (1982), s. 33-42 (Niels W. Bruun); Rostra 17 (1986), s. 42-45 (Jarl Damgaard); Rostra 18 (1986), s. 47-51 (Jørn Namer); debat Rostra 18 (1986), s. 52-55 (Mogens Hindsberger, Svend Aa. Outzen).

394 Boserup, Ivan: Bogen om MicroTutor : et simpelt system til lærerstyret edb-anvendelse i undervisning / [af] Ivan Boserup og Jørgen Feder. - Version 2.0. - København : Museum Tusculanum, 1985. - Diskette. *(37.1489; 37,134)*

Hertil basen MTDATA, indeholdende 101 øvelser til Ørberg: Lingua latina ... (Se: nr. 414).

Version 1.0 1984. - 96 s.

Anmeldt i: Klass.Medd. 100 (1985), s. 86-92 (Hanne Bærentzen); debat i Rostra 22 (1987), s. 3-8 (Hans Christophersen).

395 Christensen, Bent: Vita romana : latinsk grundbog / Bent Christensen og Morten Stenbæk ; billedredaktør: Birgit Sylvander; kort- og stregtegninger: Alice Rosenstand. - 2. opl. - København : Gyldendal, 1989. - 2 bd. *(89.15)*

Bd. 1. - 288 s. : ill.
Bd. 2. - 171 s.

1. udg. 1987.
Litteraturhenvisninger til de enkelte afsnit i bd. 1.

Anmeldt i: Klass.Medd. 115 (1988), s. 35-39 (Johs. Thomsen); debat smst., 116 (1988), s. 8-10 (Arne Mørch; Karen Dreyer Jørgensen); GS 1988, s. 497 (Ole Balslev); Rostra 23 (1988), s. 58-60 (Hans Christophersen).

396 Christophersen, Hans: Anmeldelse af: Nisbeth, Henrik og Hansen, Niels Kjeld: Opera Latina quae tironibus facilia lectu sunt. - København : Gyldendal, 1977. - s. 17. - i: Rostra 12 (1985).

397 Dalsgaard Larsen, Bent: Diagnoselatin. - 8. opl. - København : Munksgaard, 1990. - 54 s. : 1 tavle. *(89.15)*
1. udg. 1967 (Scandinavian university books).

398 Fox Maule, Erik: Liber primus Latinus / [af] Erik Fox Maule, Th. Roskjær og Erik Tidner ; tegninger ved Åke Eriksson. - 9. opl. - København : Gyldendal, 1989. - 132 s. : ill. *(89.15)*

- - Nøgle. - 3. opl. - 1980. - 7 s.

Originaltitel: Liber primus Latinus (svensk).
Bearbejdet efter Erik Tidner: Liber primus Latinus (1962).
1. udg. Schultz, 1967 (fra 2. opl. Gyldendal).

399 Gjøng, P.: Latinsk forskole. - [Sorø] : Rostra, 1984. - 16 s. (Ej registreret i Dansk Bogfortegnelse). *

400 Gjørup, Ivar: Latinens ABC / gloser ved Steen Rønnow; tegninger: Ivar Gjørup. - København : Munksgaard, 1981. - 159 s. : ill. *(89.15)*
På omslaget: Med uddrag fra Cato's de Agri Cultura.

Cato-uddragene s. 91-96.

Anmeldt i: Klass.Medd. 74 (1982), s. 42-43 (Albert Lange); Rostra 15 (1985), s. 5-20 (Søren Hindsholm, Peter Terkelsen), med debat smst., 16 (1986), s. 36-39 (Ivar Gjørup).

401 Hansen, Gunnar: Rudimenta latina / [af] Gunnar Hansen og Per Krarup. - 2. udg., 3. opl. - København : Gyldendal, 1981. - 172 s. : ill. *(89.15)*
1. udg. 1965 ; 2. udg. 1973.
Litteraturhenvisninger s. 14.

402 Hesse, Rolf: Cursus latinus : latin for begyndere / [af] Rolf Hesse og Gudrun Haastrup ; illustreret af Clara Elisabet Bryld. - 3. udg. - København : Akademisk Forlag, 1989. - 167 s. : ill. *(89.15)*

- - Øvebog. - 1982 *

1. udg. 1981.

Anmeldt i: Klass.Medd. 72 (1981), s. 41-42 (Lone Christensen, Thomas Alkjær); Rostra 16 (1986), s. 45-51 (Lis Lei, Margrethe Wind), med debat smst., 17 (1986), s. 39-41 (Rolf Hesse, Gudrun Haastrup); GS 1981, s. 365 (Christian Iuul).

403 Hesse, Rolf: Mens docta in corpore doctoris : lærebog i latin for medicinere / illustrationer: Ellen Boen Hansen. - 5. udg., 3. opl.

- København : Akademisk Forlag, 1985. - 82, XIX, 19 s., 1 foldet tavle : ill. *(89.15)* *
1. udg. 1968; 5. udg. 1974.
Litteraturhenvisninger s. 81-82.

404 Krogh, Jette Glud: Latinbogen. - [København] : Studieskolen, 1980. - 119 s. (Ej registreret i Dansk Bogfortegnelse).
Undervisningsmateriale, multigraferet.

Hertil knyttet Rostra 9 (1980). - 19 s. (særnummer, ved Hans Christophersen).

405 Mikkelsen, Kristian: Latinsk læsebog : med et skema over formlæren og nogle syntaktiske regler. - 26. udg. / ved Aksel Strehle, ill. af Bernhard Petersen; 9. opl. - København : Gyldendal, 1988. - 205 s. : ill. *(89.15)*
1. udg. 1878; 26. udg. 1970.

406 Müller, Hanne Bech: De lingua anatomica. - København : Akademisk Forlag, 1989. - 216 s. : ill. *(89.15; 61.03)*
Litteraturhenvisninger s. 215-216.

Indeholder uddrag af Cicero, Celsus og Caelius Aurelianus.

Anmeldt i: Klass.Medd. 128 (1990), s. 35-36 (Karin Holmboe); GS 1990, s. 687 (Chr. Gorm Tortzen).

407 Møller Jensen, Brian: Latinsk begynderbog. - Århus : HOW, 1982. - 135 s. : ill. *(89.15)*
Også med rygtitel Latin og forsidetekst In principio erat verbum.

Anmeldt i: Klass.Medd. 80 (1982), s. 62-63 (Anne Wöldike Larsen).

408 Nielsen, Palle W.: Aurora grammaticae : latinsk sproglære. - 3. opl. - København : Hans Reitzel, 1990. - 88 s. *(89.15)*
1. udg. 1988.

Anmeldt i: Klass.Medd. 119 (1988), s. 46-47 (Erik Jensen); GS 1988, s. 550 (Chr. Gorm Tortzen).

409   Rem tene : latinsk begynderbog med uddrag af Terents' Eunukken /
       [udgivet af] Ivar Gjørup, Søren Hindsholm, Christian Iuul. -
       Hjørring : Klassikerforeningens Kildehæfter, 1990. - 104 s. : ill.
       (89.15)

       Indeholder korte uddrag af Eunukken.

410   Roos, Richard: Adulescens et iuvenis : en anmeldelse. - s. 55-59 : ill.
       - i: Rostra 17 (1986).

       Om to italienske sprogserier.

411   Via latina : latin for begyndere / af Elio og Jane Acunto-de Lorenzo
       ... et al. ; Grundbog / tegninger: Ebbe Sadolin og Annette Pagh.
       - 3. udg., 4. opl. - København : Gjellerup & Gad, 1989. - 248 s. :
       ill. *(89.15)*

       - - Tekstoversættelser til grundbog. - 3. udg., 5. opl. - 1991. -
       21 s.
       - - Øvebog / illustreret af Mia Okkels. - 3. udg., 5. opl. - 1986.
       - 84 s.
       - - Facit til Øvebog: 3. udg., 2. opl. - 1987. - 29 s.

       1. udg. 1975; 3. udg. 1978.
       Hertil findes lydbånd og dias.

412   Wagner, Ole: Den første latinbog. - 2. udg., 2. opl. - Svendborg :
       Mørch & Wagner, 1988. - 64 s. : ill. *(89.15)*
       1. udg. 1987; 2. udg. 1988.

       Indeholder digte af Catul som øvelser.

       Anmeldt i: Klass.Medd. 112 (1987), s. 46-48 (Jørn Namer); GS
       1987, s. 1173 (Chr. Gorm Tortzen).

413   Weber-Nielsen, Carsten: Sundhedslatin : lærebog i latin for sund-
       hedsuddannelserne : Medicin : Tandlægevidenskab : Farmaci :
       Veterinærmedicin. - København : Miffi, 1987. - 97 s. : 5 tvl. : ill.
       (Ej registreret i Dansk Bogfortegnelse).

414   Ørberg, Hans H.: Lingua latina : per se illustrata. - 3. udg. - København : Museum Tusculanum, 1989-. - Bd. : ill. *(81.15)*

Pars 1: Familia romana. - 2. udg. - 1991. - 328 s. : ill. (1. udg. 1989. - 374 s. : ill. (Baseret på 1983-udgaven)).
Pars 2: Roma aeterna. - 1990. - 423 s. : ill.
- - Indices. - 1991. - 64 s.
Til tidligere udgaver:
- - Exercitia latina. - 2. udg. - 1985. - 148 s. (1. udg. 1981).
- - Grammatica latina. - 1982. - 38 s.
- - Colloquia personarum. - 1985. - 90 s.

1. udg. 1981; 2. udg. 1983.

Anmeldt i: Klass.Medd. 72 (1981), s. 31-32 (Erik Worm), smst., 79 (1982), s. 67-68 (Erik Worm), smst., 102 (1986), s. 67-68 (Gerda Kjær); Rostra 15 (1985), s. 20-28 (Mari Ann Woll, Erik Worm), debat smst., 16 (1986), s. 40-44 (Hans H. Ørberg); GS 1983, s. 36 (Ole Balslev), smst., 1985, s. 1015 (Chr. Gorm Tortzen).

415   Ørberg, Hans Henning: Latin pr. korrespondance. - s. 3-7. - i: Rostra 20 (1987).

Om Latin efter Naturmetoden.

Andre sprog

416   Faistos-skiven : en bøn til kornets ånd?. - s. 32-33 : ill. - i: Columbus, årg. 2, nr. 3 (1988).

Tolkningsforsøg ved Vladimir Mikhailov.

417   Juhl Svendsen, Peter: Phaistos-skiven - et levn fra Atlantis?. - s. 107-109 : ill. - i: Det Ukendte, årg. 3, nr. 3 (1981).
Litteraturhenvisninger.

Om tolkningsforsøg.
Opfølgning smst., årg. 3, nr. 5 (1981), s. 210-211 (Peter Juhl Svendsen) med flere tolkninger.

MUSIK OG METRIK

418 Jankovic, Peter: Den antikke græske musik. - s. 16-18 : ill. - i: Cassandra, årg. 3, nr. 5 (1987). Litteraturhenvisninger.

419 Taisbak, Chr. Marinus: SkanLat : et pascalprogram der skanderer latinske hexametre på farveskærm. - s. 111-125. - i: Skrifter om Anvendt og Matematisk Lingvistik, nr. 14 (1989). Litteraturhenvisninger.

LITTERATURHISTORIE
(herunder teaterhistorie)

Alment

420 Brøndsted, Peter Oluf: Mimen : det antikke populærteater. - København : Museum Tusculanum, 1980. - 38 s. - (Studier fra sprog- og oldtidsforskning ; 298). *(77.0911)* Litteraturhenvisninger s. 36.

S. 21-35 kilder i oversættelse.

421 Des Bouvrie, Synnøve: Kvindelige forfattere i antikken. - s. 15-51. - i: Kvindelige forfattere : kvindernes litteraturhistorie fra antikken til vore dage / redigeret af Susanna Roxman ; oversat af Kai Bundgaard og J. William Saxtorph. - København : Blytmann, 1985. - 500 s. : ill. *(81)* Litteraturhenvisninger.

422 Europæiske teaterbilleder : Antikken / redaktion: Klaus Neiiendam. - [København] : Det Teatervidenskabelige Institut, Københavns Universitet, 1981. - 85 blade. - (Københavns Universitet. Det Teatervidenskabelige Institut. Opuscola; 6). *(77.0911; 91.3)*

- - Planchehæfte. - [14 plancher]. - 1981.

Antik opførelsespraksis ud fra billedfremstillinger.
De enkelte bidrag udspecificerede.

423 Fafner, Jørgen: Retorik : klassisk og moderne : indføring i nogle grundbegreber. - 3. opl. - København : Akademisk Forlag, 1989. - 174 s. + korrigendablad. *(80.8)* 1. udg. 1977.
Litteraturhenvisninger s. 152-164.

424 Fafner, Jørgen: Tanke og tale : den retoriske tradition i Vesteuropa. - 2. opl. - København : C.A. Reitzel, 1991. - 496 s. : ill. *(80.8)* 1. udg. 1982.
Litteraturhenvisninger til de enkelte kapitler.

Om antikken s. 13-118.

Anmeldt i: Klass.Medd. 88 (1984), s. 54-55 (Chr. Gorm Tortzen); Danske Studier 1983, s. 127-131 (Niels Haastrup).

425 Friis-Jensen, Karsten: Den klassiske græske og romerske litteratur på dansk. - s. 299-304 : ill. - i: Bogens Verden, årg. 74, nr. 4 (1991). Litteraturhenvisninger.

Oversættelser fra Bucolica 1639 til Metamorfoser 1989.

426 Juhl Jensen, Jens: I begyndelsen var tallet : pythagoræisk poesi gennem to årtusinder. - København : Hans Reitzel, 1986. - 94 s. : ill. *(81.09; 51.1)*

Talkomposition. Om antikken specielt s. 9-16, 37-52.

427 Kragelund, Patrick: Antikke drømmeteorier - og Freuds. - s. 365-402. - i: Mus.Tusc., nr. 40/43 (1980).
Litteraturhenvisninger.

Drømmescener i litteraturen.

428 Leisner-Jensen, Mogens: Retoriken historisk betragtet. - s. 269-284. - i: Interferens : om humaniora / [redigeret af] Finn Hauberg

Mortensen. - Odense Universitet, 1988. - 290 s. : ill. - (Skrifter fra Center for Kulturarbejde og Formidling ; 1). *(19.01)*
Om græsk og romersk retorik.

429 Lindhardt, Jan: Retorik. - 2. udg. - København : Munksgaard, 1987. - 175 s. *(80.8)*
1. udg. Berlinske (Berlinske Leksikon Bibliotek ; 95), 1975.
Litteraturhenvisninger s.166-171.
Om antikken s. 26-38, 100-109.

430 Petersen, Erik: Idyl og utopi. - København : Danmarks Radio, 1983. - 32 s. : ill. *(81.08; 32.1)*
Elevhæfte, Skoleradioen.
Om antikke pastoraler s. 4-9.
Anmeldt i: GS 1984, s. 274, 276 (Chr. Gorm Tortzen).

431 Reimers, Gerd: Antikkens teater. - s. 9-18. - i: Kort teaterhistorie / af Gerd Reimers / oversat og bearbejdet af Henrik Bering Liisberg og Jacob Kielland. - [Nyt oplag]. - København : Wilhelm Hansen, 1990. - 98 s. [24] tavler. *(77.09)*
Litteraturhenvisninger.
1. udg. 1979.

432 Thomsen, Ole: Komediens kraft : en bog om en genre. - København : Akademisk Forlag, 1986. - 446 s. *(81.09)*
Disputats.
Litteraturhenvisninger s. 401-415.
Summary in English p. 319-324.

S. 148-210 om det komiske og komedien i antikken, og om komedieparadigmets virkningshistorie.
Anmeldt i: Klass.Medd. 110 (1987), s. 34-37 (Birte Lunau Nielsen); Bogens Verden, årg. 70, nr. 3 (1987), s. 220-223 (Johnny Kondrup); Tusind Øjne, nr. 97 (1987) 2.sekt. s. 1-3 (Tage Hind) [denne genoptr. i Enten - Og - Eller 1988]; Nyt fra Historien 36, 1987, s. 211 (Erik Christiansen).

433 Thomsen, Ole: Tragikomedie : litterært og filosofisk. - s. 37-43. - i:
Prismer : semesterskrift for Tværfag, Aarhus Universitet, efterår
1989. *
Litteraturhenvisninger.

Om Plautus' Amphitruo, m.v.

434 Verdens litteraturhistorie / red. Hans Hertel / billedredaktion Bodil
Bierring og Hans Hertel ; Bind 1: Oldtiden / af Jørgen Mejer og
Minna Skafte Jensen / under redaktion af Bodil Bierring ... [et
al.]. - København : Gyldendal, 1985. - 398 s. : ill. *(81)*
Litteraturhenvisninger s. 381-390.

Om antikken s. 109-239, 241-343, 345-359.

Anmeldt i: Klass.Medd. 102 (1986), s. 76-80 (Bente Friis Johansen).

Græsk

435 Albeck, Lillan: Det græske teater i antikken. - s. 7-10 : ill. - i:
Cassandra, årg. 3, nr. 5 (1987).

Teatrets oprindelse, genrer og arkitektur.

436 Berg, H. Martin: Dionysos i Athen. - [Nykøbing M] : Klassikerforeningen, i samarbejde med Systime, 1982. - 136 s. : ill. - (Klassikerforeningens kildehæfter). *(29.2; 77.0911)*
Oprindelig trykt i: Teatrets Teori og Teknikk, nr. 20, 1973.
Enkelte ændringer og tilføjelser i forhold til 1. udgave.
Litteraturhenvisninger s. 134-136.

Teatrets kultiske oprindelse.

Anmeldt i: Klass.Medd. 82 (1983), s. 52-54 (Hanne Amsinck).

437 Bolt-Jørgensen, Henrik: De apostolske fædre. - s. 13-24 : ill. - i:
Klass.Medd. 108 (1986).
Litteraturhenvisninger.

I anledning af to oversættelser (Se: nr. 19 og 20).

438 Bolt-Jørgensen, Henrik: Fornyet interesse for den græske roman. - s. 18-26 : ill. - i: Klass.Medd. 81 (1983).

Præsentation af Tomas Hägg: Den antika romanen, Uppsala 1980.

439 Bryld, Clara Elisabet: Den græske tragedie : temaer i tekst og billeder / billedudvalg Mette Moltesen. - [København] : Gyldendal, 1985. - 118 s. : ill. *(81.11)*
Hertil findes diasserie.
Litteraturhenvisninger s. 114-115.

Anmeldt i: Klass.Medd. 101 (1985), s. 66,68 (Annette Sauerberg og Karin Helmer Jensen); GS 1985, s. 967 (Chr. Gorm Tortzen).

440 Bræmme, Ernst: Komedie - Pantomime - Farce. - s. 31-47 : ill. - i: Europæiske teaterbilleder ... (Nr. 422).
Litteraturhenvisninger.

Om komedie s. 31-40, om phlyakerfarce s. 41-47.

441 Det græske teater / af Bodil Due ... [et al.] / [red. og billedred. Lise Hannestad]. - Aarhus : Sfinx, 1985. - 80 s. : ill. *(77.0911)*
Udgivet til udstilling på Institut for Klassisk Arkæologi, AU.
Litteraturhenvisninger s. 76-77.

De enkelte bidrag udspecificerede.

Anmeldt i: Klass.Medd. 101 (1985), s. 74,76 (Albert Lange); GS 1986, s. 70 (Chr. Gorm Tortzen).

442 Due, Bodil: De græske historikere. - s. 141-165 : ill. - i: Det athenske demokrati I ... (Nr. 555).
Litteraturhenvisninger.

Om Herodots og Thukydids syn på Athens demokrati.

443 Due, Bodil: Olympisk festlyrik. - s. 48-48 : ill. - i: Sfinx, årg. 3 (1980).

Om Pindar og Bacchylides.

444 Due, Bodil: Tragedien og dens udvikling. - s. 23-32 : ill. - i: Det græske teater ... (Nr. 441).
Litteraturhenvisninger.

445 Due, Otto Steen: Epilog: Hellenismens Athen og den nye komedie. - s. 319-325 : ill. - i: Det athenske demokrati I ... (Nr. 555).
Litteraturhenvisninger.
Den politiske baggrund for komedierne.

446 Due, Otto Steen: Komedien efter Aristofanes. - s. 45-54 : ill. - i: Det græske teater ... (Nr. 441).
Litteraturhenvisninger.
Om mellemste og ny komedie.

447 Friis Johansen, Holger: Den attiske tragedie. - s. 89-116 : ill. - i: Det athenske demokrati I ... (Nr. 555).
Litteraturhenvisninger.
Politiske og sociale temaer hos tragikerne.

448 Friis Johansen, Holger: Teatret og samfundet. - s. 17-22 : ill. - i: Det græske teater ... (Nr. 441).
Litteraturhenvisninger.
Tragediens politiske og sociale funktion.

449 Harne, Elisabeth: Ny attisk komedie / [af] Elisabeth Harne og Mette Borg. - s. 48-61 : ill. - i: Europæiske teaterbilleder ... (Nr. 422).
Litteraturhenvisninger.

450 Hjortsø, Leo: Græsk teater. - København : Berlingske, 1980. - 83 s. : ill. - (Kultur og rejser). *(77.0911)*
Litteraturhenvisninger s. 81.

Anmeldt i: Klass.Medd. 67 (1981), s. 50,52 (Clara Elisabet Bryld); GS 1981, s. 592-593 (Christian Iuul).

LITTERATURHISTORIE

451 Isager, Signe: De attiske talere. - s. 207-218 : ill. - i: Det athenske demokrati I ... (Nr. 555).
Litteraturhenvisninger.

Talernes syn på demokratiet.

452 Isager, Signe: Det græske teater. - s. 99-103 : ill. - i: Sfinx, Årg. 7 (1984).
Litteraturhenvisninger.

453 Isager, Signe: Festerne og opførelserne. - s. 9-16 : ill. - i: Det græske teater ... (Nr. 441).
Litteraturhenvisninger.

Teateropførelserne som konkurrence og festforestilling.

454 Jacobsen, Kirsten: Satyrspil. - s. 6-15 : ill. - i: Europæiske teaterbilleder ... (Nr. 422).
Litteraturhenvisninger.

455 Jensen, Povl Johs.: Eros-skikkelsen i græsk myte og digtning. - s. 183-195. - i: Cum grano salis ... (Nr. 1).

456 Juhl Jensen, Jens: Lufthavnen i Smyrna. - s. 10-13. - i: Klass.Medd. 96 (1985).

Talkomposition hos Claudian og Theognis.

457 Kott, Jan: Orestes, Elektra, Hamlet / oversat af Nikolaj Christensen. - s. 20-23 : ill. - i: Cassandra, årg. 3, nr. 5 (1987).

Uddrag fra The Eating of the Gods.

458 Laursen, Simon: Den koiske kreds. - s. 49-62. - i: Hellenismestudier 5, 1991.
Litteraturhenvisninger.

Om førhellenistisk lyrik.

459 Laursen, Simon: Epinikiedigtningen - magtesløshedens overvindelse. - s. [11-23]. - i: Agora 1986, nr. 2.
Litteraturhenvisninger.

460 Neiiendam, Klaus: Dithyrambe. - s. 1-5 : ill. - i: Europæiske teaterbilleder ... (Nr. 422).
Litteraturhenvisninger.

461 Pedersen, Merete: Tragedie / af Merete Pedersen og Monica Folsach. - s. 16-30 : ill. - i: Europæiske teaterbilleder ... (Nr. 422).
Litteraturhenvisninger.

462 Smith, Ole Langwitz: Fra 'Tyche' til 'Eros' : den hellenistiske roman i Byzans. - s. 541-551. - i: Mus.Tusc., nr. 40/43 (1980).
Litteraturhenvisninger.

Den hellenistiske roman som forbillede i byzantinsk litteratur.

463 Thomsen, Eddy: Antikken. - s. 9-24. - i: Ideernes iscenesættelse : europæisk teaterhistorie. - Århus : Aarhus Universitetsforlag, 1991. - 195 s. *(77.09)*
Litteraturhenvisninger.

Om græsk teater.

464 Thomsen, Rudi: Dengang der var rigtige sybaritter til. - s. 96 : ill. - i: Sfinx. Årg. 9 (1986).

Om antikkens sybarithistorier.

465 Tybjerg, Tove: Religion og drama. - s. 75-92. - i: Religionssociologiske perspektiver / red. Tove Tybjerg. - Særnummer af "Chaos". Institut for Religionshistorie, KU, 1985. - 145 s.
Litteraturhenvisninger.

Om teatrets kultiske oprindelse, og Egill Rostrups: Den attiske Tragoidia i theaterhistorisk Belysning (1921).

466 Wagner, Richard: Kunsten og revolutionen. - s. 34-74. - i: Kunsten og revolutionen / udgivet af Villy Sørensen. - Gyldendal, 1983. - 105 s. *(70.1)*
Litteraturhenvisninger.

Den græske tragedie som nutidig inspiration. Oversat efter Die Kunst und die Revolution (1849).

467 Woolf, Virginia: On not knowing Greek / oversat af P. O. Brøndsted. - s. [29-36]. - i: Agora 1981, nr. 7-8.

Om den græske litteraturs relevans.

Latin

468 Grandjean, Marianne: Mime. - s. 74-82 : ill. - i: Europæiske teaterbilleder ... (Nr. 422).
Litteraturhenvisninger.

469 Helles, Knud: Anmeldelse af Ørsted, Peter: Romersk historieskrivning. - København : Gyldendal, 1978. - s. 39-40. - i: Klass.Medd. 63 (1980).

Også anmeldt i: Historisk Tidsskrift 80, 1980, s. 229-230 (Hugo Montgomery).

470 Hov, Live: Romersk komedie. - s. 62-73 : ill. - i: Europæiske teaterbilleder ... (Nr. 422).
Litteraturhenvisninger.

471 Isager, Jacob: Romerrigets synsvinkel. - s. 13-29 : ill. - i: Det athenske demokrati II ... (Nr. 555).
Litteraturhenvisninger.

Den romerske historieskrivnings demokratibegreb.

472 Morfologi og syntaks karakteristisk for latinsk poesi. - s. 13-16. - i: Rostra 12 (1985).

473 Olsen, Ann-Claire: Latinsk poesi og tyske oversættelser. - s. 20-28.
- i: Rostra 13 (1985).

474 Skydsgaard, Jens Erik: By og land, set med nogle romerske digteres
øjne. - s. 26-28 : ill. - i: Medl.AV. 3 (1988).
Litteraturhenvisninger.

Om Juvenal, Vergil, og Horats.

475 Vestergaard, Torben: Den romerske tragedie. - s. 22-43. - i: Rostra
22 (1987).
Litteraturhenvisninger.

HISTORIE

Generel, politisk

476 Aschehougs bibelatlas / redigeret af Børge Christensen. - København
: Aschehoug, 1988. - 24 s. m. 18 kort. *(22.08)*

Kort over Middelhavsområdet og Palæstina i antikken s. 8-16.

477 Basse, Søren Hetland: Videnskaben, historien og fremtiden. - København : Christian Ejlers, 1991. - 143 s. *(19.01)*
Litteraturhenvisninger s. 141-143.

Om økonomiske faktorer i antikkens samfundsudvikling s. 90-96.

478 Bilde, Per: Begrebet "hellenisme". - s. 204-215. - i: Dansk Teol.Tids.,
årg. 52, 1989.
Litteraturhenvisninger. - Summary in English.

Definitionsforsøg.

479 Bilde, Per: Hellenismen i nyere forskning. - s. 3-39. - i: Relig.Tids.,
nr. 16 (1990).
Litteraturhenvisninger. - Summary in English.

480   Busck, Steen: Antikken. - s. 64-93 : ill. - i: Verdenshistorie : jægersamfundet, bondesamfundet og kapitalismen : tiden indtil 1914.
      - 2. opl. - [København] : Munksgaard, 1980. - 334 s. : ill. *(90)*
      Litteraturhenvisninger. 1. udg. 1980.
      Anmeldt i: Nyt fra Historien 30, 1980-81, s. 29 (Erik Christiansen).

481   Carlsen, Jesper: Historikeren M. I. Rostovtzeff. - s. 7-17. - i: Hellenismestudier 2, 1990.
      Litteraturhenvisninger.

482   Christiansen, Erik: Hvor står oldtidshistorien idag?. - s. 22-34. - i:
      Historiens ansigter / redigeret af Erik Christiansen og Jens Chr.
      Manniche. - Århus : Aarhus Universitetsforlag, 1991. - 168 s.
      Litteraturhenvisninger.
      Om oldtidskulturernes plads i historieforskningen.

483   Damgaard, Jarl: Anmeldelse af Schreiner, Johan Henrik: Antikkens
      historie. - Oslo, 1985. - s. 70-72. - i: Klass.Medd. 102 (1986).

484   Europas verdenshistorie / [af] Hans Kurt Gade, Ole Jellingsø, Else
      Priisholm. - 7. opl. - København : Munksgaard, 1990. - 160 s. :
      ill. *(90)*
      1. udg. 1985.
      Om antikken s. 24-47.

485   Friisberg, Claus: Fra jægersamfund til industrisamfund : Verdenshistorie fra urtid til 1750. - Varde : Vestjydsk Kulturforlag, 1988. -
      248 s. : ill. *(90)*
      Litteraturhenvisninger s. 242.
      Om antikken s. 32-96.
      Anmeldt i: GS 1988, s. 1101-1102 (Frank Kaare Pedersen).

486   Friisberg, Claus: Kilder til Verdens Historie I : fra de ældste tider til
      1750. - Aalborg : Marko, 1988. - 259 s. : ill. *(90)*

Kilder fra antikken, s. 18-78.

Anmeldt i: GS 1990, s. 249-250 (Bent Schiermer Andersen).

487 Gads historie for gymnasier / redigeret af Johs. Hoffmeyer og Klara Struwe ; Bd. 1: Indtil år 800. - 4. udg., 3. opl. - København : Gad, 1980. - 348 s. : ill. *(90)* *
1. udg. 1963-1964; 4. udg. 1967.

Om antikken s. 86-93, 125-287.

488 Grimberg, Carl: Verdenshistorien / dansk redaktion Knud Sandvej. - 2. udg., 2. opl. - København : Politiken, 1980. - 17 bd. : ill. *(90)*

Bd. 2: Persere og grækere / oversat af Kai Petersen. - 496 s. : ill., [7] tavler.

Bd. 3: Hellenismen og det ældste Rom / oversat af Kai Petersen. - 544 s. : ill. [7] tavler.

Bd. 4: Roms storhedstid / oversat af Jørgen Sonne. - 560 s. : ill., [5] tavler.

Bd. 5: Folkevandringerne / oversat af Kai Petersen. - 480 s. : ill., [5] tavler. - Om antikken s. 9-114.

Bd. 17: Litteraturfortegnelse : historisk atlas : registre / [af] Jens Maarbjerg [et al.]. - 355 s., kort. - Litteraturhenvisninger til bd. 2-5 s. 18-36; kort til antikken nr. 10-32.

1. udg. 1958-1961; 2. udg. 1974-1977.

489 Haue, Harry: Verden gennem tiderne. - København : Gyldendal, 1986. - 396 s. : ill. *(90)*
Opr. 1982 med titlen: Historien bag os.

Om antikken s. 35-63.

Anmeldt i: Nyt fra Historien 37, 1988, s. 10 (Erik Christiansen).

490 Helles, Knud: Anmeldelse af Lund, Allan A.: Nordens barbarer. - [Århus] : Wormianum, 1979. - s. 41-43. - i: Klass.Medd. 67 (1981).

491 Henrikson, Alf: Antikkens historier / i oversættelse ved Mogens Boisen; tegninger af Håkon Bonds. - [København] : Gyldendal, 1988. - 2 bd. : ill. *(91.4)*

Bd. 1: Myter og sagn fra det gamle Hellas. - 327 s. : ill.
Bd. 2: Myter og sagn fra det gamle Rom. - 390 s. : ill.
Originaltitel: Antikens historier (norsk, 1958).
Genfortællinger af mytologi og historie.

Anmeldt i: Klass.Medd. 123 (1989), s.63-64 (Johs. Thomsen); Medl.AV 10 (1990) (Jørgen Houby-Nielsen)

492 Historisk atlas / [red. Anders Røhr ; dansk red. Jens Fleischer. - København : Politiken, 1987. - 149 s. : ill. *(90.2)*
Bearbejdet fra norsk originaludgave.
Udgivet som supplement til Politikens Verdenshistorie.

Om antikken kortene 18-39.

493 Hrolf Andersen, J.: Konger : Regenter : Statsmænd : fra 3100 fvt. til vore dage ; Bd. 1. - København : Histodan, 1984. - 484 s. *(90.3)* Årstalsliste.

S. 191-199 om oldtidens Grækenland; s. 367-374 om Romerriget.

494 Jensen, Henrik: Verdenshistorie / [af] Henrik Jensen og Ib Thiersen. - København : Gyldendal, 1980. - 480 s. *(90)*

Om antikken s. 75-122.

Anmeldt i: GS 1981, s. 228-229 (Henrik Skovgaard Nielsen).

495 Lademanns Verdenshistorie : historie og kultur / under redaktion af Henning Dehn-Nielsen ; Bd. 1 : Oldtiden. - København : Lademann, 1982. - 128 s. : ill. *(90)*

Om antikken s. 66-81, 86-111.

496 Lund, Erik: Verdenshistorie med Nordens historie : Bd. 1: Til omkring 630. - 6. udg. - København : Gyldendal, 1981. - 492 s. : ill.

(90)
1. udg. 1964.
Litteraturhenvisninger til de enkelte hovedafsnit.

Om antikken s. 136-143, 156-180, 197-453.

497 Momigliano, Arnaldo: Spilleregler for studiet af antikkens historie / oversat med et kort forord af Simon Laursen. - s. [13-22]. - i: Agora 1985, nr. 1.

Forord til Introduzione bibliografica alla storia greca fino a Socrate (Firenze, 1975).

498 Munksgaards atlas : verdenshistorie / [af] Hermann Kinder, Werner Hilgemann / oversat af Ingrid Bølling-Ladegaard / oversættelse bearbejdet af John Svendsen ; Bd. 1 : Fra de ældste tider til oplysningstiden. - København : Munksgaard, 1991. - 309 s. : ill. *(90.3; 90.2)*
Bearbejdet efter dtv-Atlas zur Weltgeschichte.

Om antikken s. 46-107 (historiske kort og årstalslister).

499 Roberts, Helle Salskov: Om kronologi. - s. 17-20. - i: Via / (1982). *

Om kronologi som et nødvendigt led af historieforskning.

500 Taisbak, Christian Marinus: År nul?. - s. 155-157 : ill. - i: Sfinx, Årg. 7 (1984).
Litteraturhenvisninger.

Om at regne henover år nul.

501 Thomsen, Rudi: Verdenshistorien / redigeret af Rudi Thomsen. - 5. opl. - København : Gyldendal, 1985. - 16 bd. *(90)*

Bind 2: Hellas / ved Rudi Thomsen. - 5. opl. - 95 s. : ill. - Litteraturhenvisninger s. 95.
Bind 3: Rom / ved Rudi Thomsen. - 5. opl. - 79 s. : ill. - Litteraturhenvisninger s. 79.

1. udg. 1973-1974 (som Verdenshistorie 1-4).

502 Tvarnø, Henrik: Indledning : om at studere antikkens historie. - s. 5-18 : ill. - i: Den Jyske Historiker, nr. 51/52 (1990). Litteraturhenvisninger.

Om kildemateriale og hjælpemidler.

503 Tvarnø, Henrik: Lille læsevejledning til antikkens historie. - s. 190-193. - i: Den Jyske Historiker, nr. 51/52 (1990).

Introduktion til en række nulevende antikhistorikere.

504 Verdens Historie : Bd. 1, Fra Oldtid til 1750 / [af] Tønnes Bekker-Nielsen, John T. Lauridsen, Niels Kayser Jensen. - København : Gjellerup & Gad, 1988. - 256 s. : ill. - (Alle tiders historie). *(90)*

Om antikken s. 35-55, 60-78 (afsnittene af Tønnes Bekker-Nielsen).

Anmeldt i: GS 1989, s. 264-265 (Frank Kaare Pedersen).

505 Verdens historie / redaktion Erling Bjøl og Knud Sandvej ; billedredaktion Knud Sandvej og Anders Røhr. - [Ny udg.]. - København : Forlaget Danmark, 1989. - 16 bd. : ill. *(90)*

Bd. 4: Hellenernes verden / Hans Furuhagen. - 335 s. : ill. - Litteraturhenvisninger s. 333-334.
Bd. 5: Romerriget / Erling Bjøl og Leo Hjortsø. - 334 s. : ill. - Litteraturhenvisninger s. 332-333.

1. udg. Politikens Forlag, 1983.

Anmeldt i: Klass.Medd. 87 (1983), s. 53-55 og 89 (1984) s. 34-36 (Henning Højlund Knap); Nyt fra Historien 33, 1984, s. 12-15 (Aksel Damsgaard-Madsen); Historisk Tidsskrift 84, 1984, s. 151-152 (Jens Erik Skydsgaard).

506 Ørsted, Peter: 500 f.Kr.-200 e.Kr. : et verdensrige af bystater. - s. 37-68 : ill. - i: Mogens Carstensen et al. (red.): Menneske Samfund Historie : kapitler af verdenshistorien. - 3. opl. - [København] : Gyldendal, 1990. *(90)*
1. udg. 1988.

Konstitutionel, administrativ, juridisk

507 Friis Johansen, Karsten: Platons og Aristoteles' statslære. - s. 7-39 : ill. - i: Politiske ideologier : fra Platon til Mao / red. tilrettelæggelse Erik Langkjær. - 4. udg. - [København] : Politiken, 1986. - 347 s. : ill. *(32.1)*
Litteraturhenvisninger.
1. udg. 1972.

508 Skydsgaard, Jens Erik: Anmeldelse af Finley, Moses I. Politics in the Ancient World. - Cambridge, 1985. - viii + 152 s. - s. 173-174. - i: Historisk Tidsskrift 85, 1985.

Social, økonomisk, kulturel

509 Antikkens pengevæsen. - s. 12-21 : ill. - i: Penge : træk af betalingsmidlernes historie / [af] Historikergruppen Fempas (red. Torben Svendrup). - [København] : Fremad, 1991. - 64 s. : ill. *(33.2)*
Litteraturhenvisninger.

510 Bager, Poul: Status og økonomi. - s. 24-33. - i: Man må studere ... (Nr. 5).

Om markedsøkonomi i oldtiden.

511 Bay, Ole: Perspektiver på oldtidens historie. - s. 61-72. - i: Mus.Tusc., nr. 44/47 (1981).
Litteraturhenvisninger.

Sammenstilling af det antikke og det præindustrielle Europa.

512 Broby-Johansen, R.: Krop og klær / [tegninger: Ebbe Sunesen]. - 3. udg., 2. opl. - København : Gyldendal, 1989. - 255 s. : ill. *(68.809)*
På omslaget: Klædedragtens kunsthistorie.
1. udg. 1966; 3. udg. 1985.

Om antikken s. 46-58, 67-75.

513 Christiansen, Erik: Marx, slaver og antikken. - s. 63-94. - i: Historisk Tidsskrift 82, 1982/83.
Litteraturhenvisninger.
Historisk materialisme og antikt slaveri.

514 De få og de mange : holdninger til fremmede, flygtninge og indvandrergrupper gennem tiden / [redaktion: Torben Holm-Rasmussen, Benedikt Otzen]. - Århus : Sfinx, 1989. - 96 s. : ill. *(91.2; 91.6)*
Heri:
s. 9-22: Romerne / Tønnes Bekker-Nielsen. - ill.
s. 23-36: Grækerne / Aksel Damsgaard-Madsen. - ill.
Litteraturhenvisninger s. 90.
Anmeldt i: Klass.Medd. 125 (1989), s. 40-41 (Gerda Kjær).

515 De gamle i antikken. - s. 9-19 : ill. - i: De gamle : træk af alderdommens historie / [af] Historikergruppen Fempas (red. Torben Svendrup). - [København] : Fremad, 1991. - 64 s. : ill. *(30.1662)*
Litteraturhenvisninger.

516 Despoina - Matrona - Slavinde. - s. 5-35 : ill. - i: Brikker til kvindens historie / [af] Tommy P. Christensen ... [et al.]. - København : SOC, 1980. 179 s. : ill. *(32.5)*
Litteraturhenvisninger.

517 Finley, Moses I.: Antikkens økonomi / oversat af Mariann Hansen og Jytte Justesen ; konsulent: Lars Haastrup. - Herning : Systime, 1982. - 188 s. - (Klassikerforeningens monografier). *(91.4; 33.18)*
Originaltitel: The Ancient Economy (1973).
Tekst og noter revideret til denne udgave af M.I.Finley.
Litteraturhenvisninger s. 139-140, og i noter s. 141-178.
Anmeldt i: Klass.Medd. 85 (1983), s. 42-44 (Erik Vinther Andersen); Historisk Tidsskrift 84, 1984, s. 152-153 (Jens Erik Skydsgaard); GS 1983, s. 232, 234 (Chr. Gorm Tortzen).

518 Galbraith, John K.: Økonomiens profeter : en kritisk historie fra Aristoteles til Milton Friedman / på dansk ved Michael Meyerheim. - København : Gyldendal, 1988. - 297 s. *(33.09)*
Originaltitel: Economics in perspective (1987).
Litteraturhenvisninger i noter og s. 291.

Om antikkens økonomiske idehistorie s. 16-24.

519 Hallager, Birgitta Pålsson: Valmuens tårer. - s. 104-109 : ill. - i: Sfinx, årg. 6 (1983).
Litteraturhenvisninger.

Om opium.

520 Hindsholm, Søren Chr.: Antikke og moderne banker. - s. 111-123. - i: Man må studere ... (Nr. 5).
Litteraturhenvisninger.

521 Idorn, John: De Olympiske Lege : oprindelse, historie, politik, professionalisme, økonomi . - [København] : Høst, 1980. - 132 s. : ill. *(79.609)*

- - De Olympiske Lege : en arbejdsbog til samtidsorientering / [af] Birger Peitersen. - 1980. - 45 s. : ill.

Litteraturhenvisninger s. 129.

Om antikken s. 8-57.

522 Isager, Signe: Anmeldelse af Meiggs, Russel, Trees and Timber in the Ancient Mediterranean World. - Oxford, 1983. - xviii + 553 s. 1 kort, 16 plancher. - s. 154-155. - i: Historisk Tidsskrift 84, 1984.

523 Jacobsen, Kurt: Det antikke slaveri : og den marxistiske historieopfattelse. - [Århus] : Historisk Revy, 1982. - 105 s. *(91.4; 90.7)*
Litteraturhenvisninger s. 100-105.

Anmeldt i: Sfinx, Tillæg 1982, s. 4 (Erik Christiansen).

524 Jacobsen, Lone Kjerulff: Dannelsesidealer / [af] Lone Kjerulff Jacobsen, Erik Petersen og Erik Worm. - [København] : Danmarks Radio, 1981. - 32 s. : ill. *(91.4; 37.9)* Litteraturhenvisninger s. 32.

Om antikken s. 2-22 (afsnit af Lone Kjerulff Jacobsen og Erik Worm).

Anmeldt i: Klass.Medd. 75 (1982), s. 26-30 (Johs. Sparre) med corrigendum 76 (1982), s. 31.

525 Jensen, Jørgen: Heliadernes tårer - Nordens guld. - s. 3-7 : ill. - i: Sfinx, årg. 6 (1983). Litteraturhenvisninger.

Ravhandel i oldtiden.

526 Jensen, Jørgen: Nordens guld : en bog om oldtidens rav, mennesker og myter. - København : Gyldendal, 1982. - 187 s. : ill. *(91.15; 55.2)* Litteraturhenvisninger s. 185-186.

Om rav i den klassiske verden især s. 85-90; 118-127; 142-154.

Anmeldt i: Historisk Tidsskrift 84, 1984, s. 336-338 (Peter Ørsted).

527 Kardel, Troels: Levergranskning i antikken. - s. 132-137 : ill. - i: Medicinsk forum, årg. 41, nr. 5 (1988). Litteraturhenvisninger.

Om levermodellen fra Piacenza samt varsler af leveren i almindelighed.

528 Krey, Inger Lise: Betalt sex i gudernes navn. - s. 56-60 : ill. - i: Fakta, 1990, nr. 4.

Om sakral prostitution i oldtiden.

529 Liversage, Toni: Den atheniensiske og den romerske kvinde. - s. 46-52. - i: Kvinden og historien : kønsroller og familiemønstre i

økonomisk belysning. - 2. udg. (= 1. Uglebogsoplag). - [København] : Gyldendal, 1980. - 104 s. - (Gyldendals Uglebøger). *(32.5; 30.17)*
Litteraturhenvisninger.
1. udg. 1972.

530 Lund, Erik: Middelhavet og antikkens kulturveje. - s. 14-21. - i: Klass.Medd. 89 (1984) *og* s. 8-15, sammesteds, 90 (1984).

531 Peacock, John: Den antikke kultur. - s. 9-32 : ill. - i: Moden gennem 4000 år / oversættelse og bearbejdelse Viben Bech. - Politiken, 1991. - 223 s. : ill. *(68.809)*
Litteraturhenvisninger.

532 Skydsgaard, Jens Erik: Fjendebilleder i den klassiske oldtid. - s. 39-48 : ill. - i: Fjendebilleder og fremmedhad / redigeret af Kristof K. Kristiansen og Jens R. Rasmussen. - FN-forbundet, 1988. - 192 s. : ill. *(30.13)*
Litteraturhenvisninger.

Anmeldt i: Historisk Tidsskrift 89, 1989, s. 183-184 (Hans Uwe Petersen).

533 Thiedecke, Johnny: Hellenismen : jordiske og himmelske tekster / udgivet af Johnny Thiedecke. - Valby : Borgen, 1987. - 96 s. : ill. - (Religion fra Borgen). *(29.2; 91.43)*
Litteraturhenvisninger s. 95-96.

Anmeldt i: Klass.Medd. 116 (1988), s. 36-38 (Gudrun Haastrup); GS 1987, s. 731 (Finn Olsen); Chaos, nr. 8 (1987), s. 117-118 (Jørgen Podemann Sørensen).

534 Torresin, Giuseppe: Subkultur. - 21 s. - i: Agora 1986, nr. 6, supplement.
Om begrebets anvendelse på antikke forhold.

535 Wiman, Ingela M. B.: "Hvis skoven tilintetgøres, forandres alt". - s. 121-126. - i: Sfinx, årg. 12 (1989). Litteraturhenvisninger.

Afskovning i Middelhavsområdet i oldtiden.

536 Zerlang, Martin: Antikken. - s. 28-64 : ill. - i: Underholdningens historie : fra antikkens gladiatorer til nutidens TV-serier. - [København] : Gyldendal, 1989. - 352 s. : ill. *(77.09; 79)* Litteraturhenvisninger.

Om teater og kamplege.

Grækenland

Generel, politisk

537 Bender, Johan: Oldtidens Grækenland : græske billeder / [af] Johan Bender og Bodil Bundgaard Rasmussen. - 5. opl. - [København]: Munksgaard, 1989. - 204 s. : ill. *(91.43)*
1. udg. 1981.
Litteraturhenvisninger s. 204.

Anmeldt i: Klass.Medd. 72 (1981), s. 39-40 (Inger Lise Krey); GS 1982, s. 174,176 (Christian Iuul).

538 Bilde, Per: Grønbechs tolkning af hellenismen. - s. 23-35. - i: Hellenismestudier 1, 1989.
Litteraturhenvisninger.

539 Bilde, Per: Om Hellenisme-Projektet. - s. 31-35. - i: Nyhedsbrev / Det teologiske Fakultet, Aarhus Universitet, årg. 7, nr. 2 (1989).

Præsentation af hellenismen.

540 Briant, Pierre: Alexander den Store / oversat af Julie Zahle. - Århus : Aarhus Universitetsforlag, 1991. - 111 s. - (Hellenismestudier ; 6). *(91.43)*
Originaltitel: Alexandre le Grand (1974, 3. udg.).
Litteraturhenvisninger s. 99-102.

541 Engberg-Pedersen, Troels: Den første internationale massekultur. -
s. 24-27 : ill. - i: Forskning & Samfund, årg. 16, nr. 3/4 (1990).
Om hellenismen og hellenismeprojektet.

542 Engberg-Pedersen, Troels: Hvorfor bør hellenismeforskningen styrkes lige nu?. - s. 13-21. - i: Hellenismestudier 1, 1989.
Om hellenismeprojektet.

543 Friisberg, Claus: Grækenland i oldtiden : politik, kultur og samfund i frihedstiden. - [Horsens] : Åløkke, 1990. - 167 s. : ill. *(91.43)*
Litteraturhenvisninger s. 160-162.
Anmeldt i: Klass.Medd. 132 (1991), s. 52,54 (Jarl Damgaard); GS 1990, s. 687 (Chr. Gorm Tortzen).

544 Kristiansen, Anne-Geske: Den græske bystat / Anne-Geske Kristiansen og Torben Melander. - København : Danmarks Radio, 1980. - 20 s. : ill. (Ej registreret i Dansk Bogfortegnelse).
Elevhæfte, Skoleradioen.
Litteraturhenvisninger s. 19.

545 Pedersen, Poul: Alkibiades. - s. 56-61 : ill. - i: Sfinx, årg. 5 (1982).
Litteraturhenvisninger.

546 Rostovtzeff, M.: Grækenlands historie / [af] M. Rostovtzeff ; forord af Mogens Herman Hansen ; [oversat af Gudrun Herman Hansen]. - 3. opl. - København : Jørgen Paludans Forlag, 1980. - 194 s. : ill., plancher. - (Paludans Fiol-bibliotek ; 13). *(91.43)*
Originaltitel: Greece (1963).
1. udg. 1967.
Litteraturhenvisninger s. 194.

547 Schreiner, Johan Henrik: Om gode og dårlige kilder til græsk historie. - s. 45-52. - i: Den Jyske Historiker, nr. 51/52 (1990).
Litteraturhenvisninger.
Om kildekonflikter, metodisk.

HISTORIE 127

548 Skydsgaard, Jens Erik: Det antikke Grækenland / kort: Ib Jørgensen.
- København : Gyldendal, 1990. - 91 s. : ill. - *(91.43)*
Litteraturhenvisninger s. 89-90.

Anmeldt i: Klass.Medd. 135 (1991), s. 23-24,26 (Sven Frøkjær-Jensen).

549 Vernant, Jean-Pierre: Krigen og bystaterne. - s. 7-30, noter s. 89-92.
- i: Ødipus uden kompleks ... (Nr. 317).

Oversat fra La guerre des cités, i: Mythe et société en Grèce Ancienne (1974) s. 31-56 (artiklen først publ. 1968).
Om krigens funktion indenfor bystatens politiske udvikling.

Konstitutionel, administrativ, juridisk

550 Beltov, Finn: Historiske eksempler danner bro til vor tids samfundsændringer. - s. 6-7 : ill. - i: Byggeforum, årg. 49, nr. 12 (1986).

Omtaler kort Solons reformer.

551 Damsgaard-Madsen, A.: Anmeldelse af Gabrielsen, Vincent: Renumeration of State Officials in Fourth Century B.C. Athens. - [Odense] : Odense University Press, 1981. - 165 s. - (Odense University Classical Studies ; 11). - s. 181-182. - i: Historisk Tidsskrift 82, 1982/83.

552 Damsgaard-Madsen, Aksel: Anmeldelse af Hansen, Mogens Herman, The Athenian Ecclesia : a Collection of Articles 1976-1983. - Copenhagen : Museum Tusculanum, 1983. - 250 s. - (Opuscula Graecolatina ; 26). - s. 176-177. - i: Historisk Tidsskrift 85, 1985.

553 Damsgaard-Madsen, Aksel: Athen : et demokrati i oldtiden. - [København] : Gyldendal, 1982. - 32 s. : ill. - (Historiske emnehæfter). *(91.43)*
Litteraturhenvisninger s. 30-31.

Anmeldt i: Klass.Medd. 84 (1983), s. 46-47 (Ivan Jensen); GS 1983, s. 371 (Harry Haue).

554 Damsgaard-Madsen, Aksel: Stat og samfund i det klassiske Athen : en kildesamling. - Århus : Aarhus Universitetsforlag, 1987. - 101 s. : ill. *(91.43)*
Litteraturhenvisninger s. 88-89.

Anmeldt i: Sfinx, Tillæg 1988, s. 2 (Signe Isager), genoptr. i Medl.AV 5 (1989), s. 12; Klass.Medd. 115 (1988), s. 39,42 (Kai Verner Nielsen); Nyt fra Historien 37, 1988, s. 83-84 (Mogens Herman Hansen); GS 1988, s. 426 (Chr. Gorm Tortzen).

555 Det athenske demokrati i samtidens og eftertidens syn / redigeret af Rudi Thomsen. - Aarhus : Sfinx, 1986. - 2 bd. *(32.15; 91.43)*

Bd. I. Samtiden. - 1986. - 347 s. : ill.
Bd. II. Eftertiden, - 1986. - 387 s. : ill.

De enkelte bidrag udspecificerede.

Anmeldt i: Klass.Medd. 109 (1987), s. 45-49 (Gerda Kjær); Sfinx, Tillæg 1986, s. 1-2 (Leo Hjortsø); GS 1986, s. 820-22 (Chr. Gorm Tortzen); Historisk Tidsskrift 87, 1987, s. 417-418 (Jens Erik Skydsgaard); Politica 1986, s. 442-453 (Palle Svensson); Noter 89 (1986), s. 48-52 (Bent Iversen); Nyt fra Historien 37, 1988, s. 21 (Jens Chr. Manniche).

556 Gabrielsen, Vincent: The Athenian trierarchy. - Odense : Eget forlag, 1991. - v, 504 s. *(32.15; 91.43)*
Disputats (København).
Litteraturhenvisninger s. i-v.
Dansk resumé i bilag (3 s.).

557 Hansen, Marianne V.: Megaradekretet og det statslige engagement i udenrigshandelen i klassisk tid. - s. 21-46. - i: Mus.Tusc., nr. 48/51 (1982).
Litteraturhenvisninger.

558 Hansen, Mogens Herman: Afstemning ved håndsoprækning. - s. 51-55 : ill. - i: Sfinx, årg. 5 (1982).
Litteraturhenvisninger.

Afstemningsprocedure i Athens folkeforsamling.

559 Hansen, Mogens Herman: Det athenske demokrati - traditionens og mytens historiske baggrund. - [Fredensborg] : Klassikerforeningen, 1986. - 88 s. : ill. - (Klassikerforeningens Kildehæfter). *(32.15; 91.43)*

Oprindelig trykt s. 13-88 : ill. i: Det athenske demokrati I ... (Nr. 555).

Litteraturhenvisninger s. 84-86.

Redegørelse for Athens forfatning.

Anmeldt i: GS 1986, s. 784 (Chr. Gorm Tortzen).

560 Hansen, Mogens Herman: Det athenske demokrati i 4. årh. f. Kr. : 1-6. - København : Museum Tusculanum, 1985. - [548] s. (flere pagineringer). - (Opuscula Graecolatina ; 15). *(32.15; 91.43)*

1: Staten, Folket, Forfatningen / 92 s. ; 1978.
2: Folkeforsamlingen / 75 s. ; 1977.
3: Nomotheterne / 55 s. ; 1977.
4: Folkedomstolen / 88 s. ; 1979.
5: Embedsmændene / 126 s. ; 1979.
6: Politikerne og guldalderdemokratiet / 92 s. ; 1981
Liste over græske fagudtryk / 23 s. ; 1985.

1. udg. 1977 - 1985 (som separate dele).

Anmeldt i: Klass.Medd. 77 (1982), s. 49-55 (Clara Elisabet Bryld); supplerende bemærkninger smst., 101 (1985), s. 15-17 (Mogens Herman Hansen).

561 Hansen, Mogens Herman: Folkestyre, folketale og feltherretalen før slaget. - s. 104-106. - i: Mus.Tusc., nr. 57 (1987).

Om sammenhængen mellem retorik og demokrati.

562 Hansen, Mogens Herman: Hvor ved vi det fra? : om kilderne til det athenske demokrati. - København : Museum Tusculanum, 1991. - 46 s. : ill. - (Studier fra sprog- og oldtidsforskning ; 317).

(32.15; 91.43)
Litteraturhenvisninger i noter s. 38-46.

563 Hansen, Mogens Herman: Hvorfor henrettede athenerne Sokrates? / Mogens Herman Hansen / Sokrates' forsvarstale / Xenofon / oversat af Chr. Gorm Tortzen. - Hjørring : Klassikerforeningens Kildehæfter, 1991. - ix + 39 s. - (Klassikerforeningens Kildehæfter). *(34.79; 99.4* Sokrates*)*

S. i-ix: Forord / Ivar Gjørup.
- Om opfattelsen af Sokrates, og I.F.Stones Retssagen mod Sokrates.
S. 1-30: Hvorfor henrettede athenerne Sokrates? / Mogens Herman Hansen.
- Kildekritisk undersøgelse og rekonstruktion af retssagen.
S. 31-39: Xenofon: Sokrates'forsvarstale / oversat af Chr. Gorm Tortzen.

S. 1-30 tidligere trykt i Mus.Tusc., nr. 40/43 (1980), s. 55-82.
Litteraturhenvisninger s. 29-30.

564 Hansen, Mogens Herman: Var det athenske demokratia et demokrati?. - s. 13-34. - i: Klass.Medd. 123 (1989).
Litteraturhenvisninger.

565 Isager, Signe: Anmeldelse af Hansen, Mogens Herman, Apagoge, Endeixis and Ephegesis against Kakourgoi, Atimoi and Pheugontes : a Study in the Athenian Administration of Justice in the Fourth Century B.C. . - [Odense] : Odense University Press, 1976. - 171 s. - s. 581-582. - i: Historisk Tidsskrift 80, 1980.

566 Isager, Signe: Dronningen blandt indskrifter. - s. 58-62 : ill. - i: Sfinx, årg. 11 (1988).
Litteraturhenvisninger.

Om Gortyn-loven.

567 Skot-Hansen, Jørgen: Anmeldelse af Hansen, Mognes Herman: Demography and democracy : the Number of Athenian Citizens in

the Fourth Century B.C. - Herning : Systime, 1986. - s. 45-46. - i: Klass.Medd. 106 (1986).

Social, økonomisk, kulturel

568 Bundgaard Rasmussen, Bodil: Arbejde og produktion i oldtidens Athen : belyst med vasemalerier. - [København] : Gyldendal, 1980. - 56 s. : ill. *(91.33; 91.43; 33.11)*
Hertil findes diasserie.
Litteraturhenvisninger s. 55.

569 Damm, Inge: Det nøgne look og frisindet. - s. 6-9 : ill. - i: Samvirke, årg. 64, nr. 3 (1991).

Om opfattelsen af nøgenhed.

570 Den græske olympiade / [af] Margit Bendtsen ... [et al.]. - [Århus] : Sfinx, 1980. - 79 s. : ill. *(79.609)*

Indhold:
Westergård-Nielsen, Nanna: Olympia, helligdom og sportscentrum, s. 7-13 : ill.
Frost Larsen, Dianne; Teglhus, Hanne; Fejfer, Jane: Sportsgrene, s. 33-51 : ill.
Klindt-Jensen, Marianne; Høeg, Susanne: Sejren, s. 52-56 : ill.
Bendtsen, Margit: Administration, s. 57-60 : ill.
Ingvordsen, Jens: Olympia i romersk tid, s. 61-63 : ill.
Poulsen, Birthe: Andre græske lege, s. 64-70 : ill.
De øvrige bidrag udspecificerede.

Hertil findes diasserie.
Litteraturhenvisninger s.71.

Anmeldt i: Klass.Medd. 67 (1981), s. 36,38-40 (Kai Verner Nielsen).

571 Gabrielsen, Vincent: Krigsskibet "Triere". - s. 23-27. - i: Medd.KAF 9 (1988).

Om kilderne til J.S. Morrisons og J.F. Coates rekonstruktion.

572 Gabrielsen, Vincent: Trieren : - grækernes krigsskib sejler igen. - s. 25-30 : ill. - i: Sfinx, årg. 11 (1988). Litteraturhenvisninger.

Om rekonstruktionen af trieren, og dens resultater.

573 Giversen, Søren: Hellenismen i Ægypten. - s. 51-66. - i: Relig.Tids., nr. 16 (1990). Litteraturhenvisninger. - Summary in English.

574 Glahn, Anne-Geske: Bystatens billeder : billeder fra den græske oldtid ca. 700-330 f.Kr. / [udgivet af] Anne-Geske Glahn ; udvalgt og redigeret i samarbejde med Jan Zahle. - København : Gyldendal, 1985. - 131 s. : ill. ; kort ; planer. *(91.33)* Litteraturhenvisninger s. 129-130.

Billedværk til belysning af græsk kulturhistorie.

Anmeldt i: Klass.Medd. 100 (1985), s. 84,86 (Lis Lei); Sfinx, Tillæg 1986, s. 2-3 (Aksel Damsgaard-Madsen); GS 1985, s. 918, 920 (Chr. Gorm Tortzen).

575 Hallager, Erik: Dyret i skålen. - s. 32 : ill. - i: Sfinx, årg. 8 (1985).

Fund af hvalpeknogler i Khania.

576 Hatting, Jørgen: Det begyndte i Olympia, og sejrens pris var æren. - s. 3-6 : ill. - i: Rostra 12 (1985).

Om de olympiske lege i oldtiden.

577 Hjortsø, Leo: Den græske olympiade. - s. 41-45 : ill. - i: Sfinx, Årg. 3 (1980).

578 Haarløv, Henrik: Kvindeopfattelsen i det antikke Grækenland. - s. 5-8. - i: Medl.AV. 8 (1989). Foredagsreferat.

Om kvindelige dæmoner.

579 Haarløv, Henrik: Mormó - et bidrag til kvindeopfattelsen i det antikke Grækenland. - s. 14-29 : ill. - i: Klass.Medd. 116 (1988).

Om kvindelige dæmoner.

580 Isager, Signe: Han og hun i Hellas / [udgivet af] Signe Isager og Margrethe Wind. - Herning : Systime, 1989. - 96 s. : ill. *(30.17)* Litteraturhenvisninger s. 88-89.

Tekstudvalg om køns-, specielt kvinderoller.

Anmeldt i: Sfinx, årg. 12 (1989), (Ole Thomsen) genoptr. i Medl.AV 9 (1990), s. 17; Nyt fra Historien 39, 1990, s. 24 (Aksel Damsgaard-Madsen); GS 1989, s. 1026-1027 (Chr. Gorm Tortzen).

581 Isager, Signe: Som guderne vil : de græske guder som jordejere. - s. 33-43, 1 kort. - i: Den Jyske Historiker, nr. 51/52 (1990). Litteraturhenvisninger.

Om gudeejet landbrugsjord. Heri oversættelse af Orgas-dekretet IG ed. minor II/III 204.

582 Jensen, Povl Johs.: Lyset fra Akropolis : Vilh. Grønbechs sidste bog om Hellas. - s. 69-77. - i: Cum grano salis ... (Nr. 1). Først trykt i Gads danske Magasin 45, 1951, 182-192.

583 Kaul, Flemming: Det græske spøgelsesskib sejler igen. - s. 48-51, 80 : ill. - i: Illustreret Videnskab, 1989, nr. 6.

Om rekonstruktionen af trieren.

584 Kiselberg, Steffen: De gamle grækere og den nye mand : græsk homoseksualisme og platonisk kærlighed i idéhistorisk og kønspolitisk belysning. - København : Museum Tusculanum, 1982. - 93 s. - (Rudimenta Graecolatina ; 4). *(91.43; 30.17)* Litteraturhenvisninger s. 89-90
Summary in English p. 90-93.

Anmeldt i: Klass.Medd. 81 (1983), s. 50-51 (Birte Lunau Nielsen); GS 1983, s. 92-93 (Chr. Gorm Tortzen); (Se også: nr. 598).

585 Larsen, Knud: Slaverne i det athenske demokrati : En problemorienteret oversigt med overvejelse om en undervisningsplan / af Knud Larsen, Marguerite Jensen og Morten Meisner. - København : Museum Tusculanum, 1980. - 110 s. - (Rudimenta Graecolatina ; 5). *(91.43)*
Projektrapport, RUC 1978.
Litteraturhenvisninger s. 109-110.

586 Lunau Nielsen, Birte: Anmeldelse af Rawson, Elisabeth: Oldtidens Grækere - Hvad vasemaleriet fortæller. - København : Schønberg, 1979. - s. 36. - i: Klass.Medd. 64 (1980).
Også anmeldt i: GS 1980, s. 162 (Palle W. Nielsen).

587 Mathiesen, Hans Erik: Grækernes penge. - s. 113-116 : ill. - i: Sfinx, årg. 11 (1988).
Litteraturhenvisninger.
Om lønninger og købekraft.

588 Mogensen, Else: Fastelavnsriset. - s. 28-30 : ill. - i: Sfinx, årg. 6 (1983).
Litteraturhenvisninger.
Om pyntede ris, eiresione, ved Pyanepia-festen for Apollon.

589 Mogensen, Else: Fødsel og moderkærlighed i det klassiske Grækenland. - s. 19-35 : ill. - i: Klass.Medd. 109 (1987).
Litteraturhenvisninger.

590 Nielsen, Ellen: Kvinden i Grækenland. - s. 98-113 : ill. - i: Kvinden i forhistorien : hvad myter og kulturbilleder fortæller. - København : Hekla, 1981. - 142 s. : ill. *(32.5)*
Litteraturhenvisninger.
Om kvindens status og om et eventuelt oprindeligt matriarkat.
Anmeldt i: Sfinx, Tillæg 1981, s. 4 (Birgitta Pålsson Hallager).

HISTORIE 135

591 Nøjgaard, Anne: Den antikke græske dans og "Antigones dans". - s. 11-13 : ill. - i: Cassandra, årg. 3, nr. 5 (1987).
Litteraturhenvisninger.

Om dansens former og funktion.

592 Rieder, Werner G.: Grækernes olympiske lege endte også som et prof-cirkus. - s. 42-47 : ill. - i: Fakta, 1988, nr. 9.

De olympiske lege i oldtiden.

593 Ring, Kristian: At elske drenge. - s. 153-157 : ill. - i: Sfinx, Årg. 14 (1991).
Litteraturhenvisninger.

Om attiske kønsnormer.

594 Roos, Paavo: Orakler og testamenter. - s. 35-40, : ill. - i: Sfinx, Årg. 3 (1980).

Om indstiftelse af sportslege.

595 Skovmand, Povl Anker: Vinde over Hellas. - s. 36-46 : ill. - i: Vejret, årg. 13, nr. 4 (1991). *

Om betegnelser for vindretninger.

596 Skydsgaard, Jens Erik: Det græske landbrug. - s. 25-27. - i: Medd.KAF 6/7 (1987).
Litteraturhenvisninger.
Foredragsreferat.

597 Skydsgaard, Jens Erik: Studiet af det oldgræske landbrug. - s. 19-32 : ill. - i: Den Jyske Historiker, nr. 51/52 (1990).
Litteraturhenvisninger.

598 Thomsen, Ole: Mandligt og kvindeligt i grækernes liv. - s. 7-36 : ill. - i: Kritik, årg. 17, nr. 65 (1983).
Litteraturhenvisninger.

Om kønssociologi; anmeldelsesartikel af Kiselberg, De gamle grækere ... (Se: nr. 584).
S. 31-34 nyoversættelse af Aristofanes' tale i Platons Symposion.
Kommentar, smst., årg. 17, nr. 66 (1984), s. 188-190 (Steffen Kieselberg).

599 Westergård-Nielsen, Nanna: Den antikke olympiade. - s. 5-13 : ill. - i: Idrætshistorisk Årbog, årg. 4 (1988).

600 Østergaard, Jan Stubbe: Allerede de gamle grækere ?. - s. 42 : ill. - i: Katalog / Museum for Fotokunst 1991, nr. 3.
English text p. 43.

Om sportens rolle i kulturbegrebet.

601 Østergaard, Jan Stubbe: Kottabos : en gammel selskabsleg. - s. 160 : ill. - i: Sfinx, årg. 7 (1984).

Etrurien

602 Damm, Inge: Arkæologer gennemhuller myten om etruskerne. s. 42-45, 81 : ill. - i: Illustreret Videnskab, 1986, nr. 2.

603 Eskesen, Ole: Etruskerne - folket der forsvandt. - s. 60-63 : ill. - i: Fakta, 1988, nr. 7.

604 Etruskerne / [af] Christian Bo Bojesen ... [et al.]. - Herning : Systime, 1983. - 160 s. : ill. *(91.45)*
Litteraturhenvisninger s. 159.

S. 120-154 udvalg af Livius, Cicero, Plinius den Yngre (latin og dansk).

Anmeldt i: Sfinx, Tillæg 1983, s. 1-2 (Mette Moltesen); Nyt fra Historien 33, 1984, s. 26 (Erik Christiansen).

605 Etruskernes verden : livet og døden hos et oldtidsfolk i Italien / [redaktion: Christian Ejlers, Birte Friis ... et al.]. - [København]

HISTORIE

: Nationalmuseet, 1982. - 112 s. : ill. *(91.45)*
Udgivet i anledning af udstilling på Nationalmuseet i Brede 20. maj-24. oktober 1982.
Indeholder korte artikler af flere forfattere.

606 Gabrielsen, P.: Etruskerne : en gåde for antikken - og for os. - s. 38-45. - i: Rostra 27 (1990).

607 Moltesen, Mette: Et folks liv og død. - s. 42-43, 45 : ill. - i: Samvirke, årg. 55, nr. 5 (1982).
Det etruskiske samfund og dets undergang.

608 Nielsen, Marjatta: Kvinden og familien i det sene etruskiske samfund : et arkæologisk-epigrafisk bidrag. - s. 12-19 : ill. - i: Medd.KAF 8 (1987).
Litteraturhenvisninger.
Foredragsreferat.

609 Rathje, Annette: Etruskerne : en antik kultur gennem 700 år. - [København] : Gyldendal, 1982. - 64 s. : ill. *(91.45; 91.35)*
Hertil findes diasserie.
Litteraturhenvisninger s. 63.

Anmeldt i: Klass.Medd. 78 (1982), s. 46-47 (Birte Lindstrøm); Sfinx, Tillæg 1982, s. 7-8 (Jørgen Christian Meyer); GS 1983, s. 37-38 (Ole Balslev).

610 Roberts, Helle Salskov: Etruskerne : mennesker i hverdagen. - [København] : Gyldendal, 1982. - 55 s. : ill. *(91.45)*
Hertil findes diasserie.
Litteraturhenvisninger s. 54.

Anmeldt i: Klass.Medd. 79 (1982), s. 74-75 (Karin Helmer Jensen); GS 1983, s. 37-38 (Ole Balslev).

611　Torresin, Giuseppe: Italiens historie uden Rom : nogle linier i den nyere forskning. - s. 9-16 : ill. - i: Klass.Medd. 76 (1982).
Litteraturhenvisninger.

Romerriget

Generel, politisk

612　Bekker-Nielsen, Tønnes: Kelternes indtræden i verdenshistorien: Romaniseringen af det nordvestlige Europa, 58 f.Kr.-70 e.Kr. - s. 43-66 : ill. - i: Piranesi, nr. 1 (1983).
Litteraturhenvisninger.

613　Bekker-Nielsen, Tønnes: Rom i Gallien. - s. 40-45 : ill. - i: Sfinx, Årg. 10 (1987).
Litteraturhenvisninger.

Om romaniseringen af Sydfrankrig.

614　Bender, Johan: Oldtidens Rom : romerske billeder / [af] Johan Bender og Gudrun Haastrup. - København : Munksgaard, 1988. - 112 s. : ill., kort. *(91.47)*
Litteraturhenvisninger s. 111.

Anmeldt i: Klass.Medd. 119 (1988), s. 48-50 (Inger Due); Rostra 25 (1988), s. 39-45 (Hans Christophersen, Ole Vincent Larsen), debat smst., s. 46-54 (Johan Bender, Gudrun Haastrup); Sfinx, Tillæg 1988, s. 1-2 (Hans Erik Mathiesen); GS 1989, s. 160-161 (Chr. Gorm Tortzen).

615　Boje Mortensen, Lars: Fra germanere til grækere og arabere : Vesteuropas fremmede fra Theodosius den Store til Karl den Store. - s. 27-39 : ill. - i: Europa og de fremmede i middelalderen / red. af Kurt Villads Jensen. - København : Center for Europæiske Middelalderstudier; C.A.Reitzel, 1989. - 234 s. : ill. *(91.6)*
Litteraturhenvisninger.

S. 28-34 om romerriget i senantik tid.

616 Bråten, Jens: Kimbrerne : historie, teorier og myter om Himmerlands kimbrere : kimbrertogtet, Borremose-fæstningen og Gundestrupkarret - en sammenhæng? / tegninger af Gert Gram; fotos ved Ejlif Holle Jørgensen. - Aars : Jens Bråten, 1988. - 138 s. : ill. *(91.155; 91.27; 91.47)*
Litteraturhenvisninger s. 134-137.

S. 11-43 og 118-133 oversættelser og referater af de klassiske kilder til Kimbrertoget og om kimbrernes hjemland.

617 Brøndegaard, V. J.: Hannibals march over alperne. - s. sektion 1, s. 16-17 : ill. - i: Ingeniøren, årg. 8, nr. 41 (1982).

Om marchruten og den puniske hærs udrustning.

618 Christiansen, Erik: Den romerske republiks sidste hundrede år / [kort: Flemming Rinds]. - 3. opl. - København : Gjellerup, 1981. - 192 spalter : ill., kort. - (Gjellerups verdenshistorie). *(91.47)*
Også med rygtitel: Den romerske republik.
1. udg. 1971.
Litteraturhenvisninger sp. 176-178.

Sp. 85-170 kilder (oversatte af Ole Jastrup).

619 Christiansen, Erik: Romersk historie : fra by til verdensrige og fra verdensrige til by / [kort: Inga Friis]. - Århus : Aarhus Universitetsforlag, 1989. - 190 s. : ill. (kort). - (JÅU bøger). *(91.47)*
Litteraturhenvisninger s. 161-169.

Anmeldt i: Klass.Medd. 128 (1990), s. 34-35 (Bent Schiermer Andersen), genoptr. i Medl.AV 10 (1990) s. 17; GS 1990, s. 630-631 (Chr. Gorm Tortzen); Historisk Tidsskrift 92, 1992, s.197-198 (Gurli Jacobsen); Noter 103 (1990), s. 35-36 (Erik Vinther Andersen); Nyt fra Historien 39, 1990, s. 84 (Anne Kromann).

620 Christiansen, Erik: Træk af nyere historieforskning om romersk historie. - s. 124-129. - i: Den Jyske Historiker, nr. 53 (1990).
Litteraturhenvisninger.

621 Damgaard, Jarl: Republikkens krise : kilder til Roms historie fra 70 f.Kr. til 44 f.Kr. / [ved] Jarl Damgaard og Christian Iuul. - [København] : Gyldendal, 1981. - 244 s. : ill. *(91.47)*
Litteraturhenvisninger s. 223-225.

Antikke (hovedsageligt Cicero) og moderne kilder.

Anmeldt i: Klass.Medd. 72 (1981), s. 34-37 (Børge Kjeldsen); GS 1981, s. 469-470 (Harry Haue).

622 Damsgaard-Madsen, Aksel: Dansk historieskrivning om Italien i de sidste 100 år. - s. 11-33, 345. - i: Italien og Danmark : 100 års inspiration / redigeret af Jørn Moestrup og Esther Nyholm. - København : Gad, 1989. - 370 s. : ill. *(96.7; 97.55)*
Litteraturhenvisninger.

Om antikhistorie s. 12-20.

623 Det europæiske hus / redigeret af Søren Mørch ; Bd. 2. Romerne og germanerne / [af] Henrik Tvarnø og Lotte Hedeager. - København : Gyldendal, 1991. - 346 s. : ill. *(90)*
Litteraturhenvisninger til romerriget s. 326-328

Om romerriget s. 22-76, 209-293 (af Henrik Tvarnø).

624 Fuglsang-Damgaard, Carl: Kejseren og den romerske grænsepolitik. - s. 25-35. - i: 1066, årg. 20, nr. 3 (1990).
Litteraturhenvisninger.

Om det kejserlige conciliums funktion.

625 Goldsmith, Edward: Det romerske riges undergang : en sociologisk og økologisk tolkning. - s. 89-94. - i: Romerriget / af Knud Helles ... (Nr. 628).
Litteraturhenvisninger.
Først trykt i The Ecologist (1975).

626 Hannestad, Niels: Nero : en kejsers propaganda. - s. 131-134 : ill. - i: Sfinx, årg. 9 (1986).
Litteraturhenvisninger.

Neros indenrigspolitik afspejlet i møntbilleder.

627 Harbsmeier, Michael: Undergang / [af] Michael Harbsmeier og Henrik Tvarnø. - s. 75-89. - i: Over hegnet / redigeret af Mogens Trolle Larsen. - København : Det Humanistiske Forskningscenter, Københavns Universitet, 1990. - 154 s. : ill. *(90.4)*
Litteraturhenvisninger.

Romerrigets undergang, set videnskabshistorisk.

628 Helles, Knud: Romerriget - et magtsystems opståen, udvikling og sammenbrud. - 2. udg., 2. opl. - København : Columbus, 1991. - 109 s. : ill. *(91.47)*
1. udg. 1987; 2. udg. 1987.
Litteraturhenvisninger s. 101-105.

Anmeldt i: Klass.Medd. 113 (1987), s. 67-68 (Eva Engelund).

629 Haarløv, Britt: Kejser Magentius. - s. 26-31 : ill. - i: Numismatisk Rapport, årg. 5, nr. 1 (1982).
Litteraturhenvisninger.
Tidligere trykt i Kristeligt Dagblad, 5/2 1981 med titel: Hilsen fra tiden for et hendøende hedenskab.

Om Flavius Magnus Magentius, kejser 350-353.

630 Jensen, Svend Arne: Romerriget : fra sagntid til kejsertid. - Herning : Systime, 1988. - 112 s. : ill. *(91.47)*
Litteraturhenvisninger s.106-107.

Anmeldt i: Medl.AV 9 (1990), s. 19-20 (Jørgen Houby-Nielsen); GS 1990, s. 629-630 (Chr. Gorm Tortzen).

631 Kromann, Anne: Et samfund i krise / [af] Anne Kromann og Otto Mørkholm. - s. 237-254 : ill. - i: Det skabende menneske : kulturhistoriske skitser tilegnet P.V.Glob, 20. februar 1981 / redaktion Robert Egevang ... [et al.]. - [København] : Nationalmuseet, 1981. - Bd. 2. - 279 s. : ill. *(99.4; 90.4; 01.2; 01.690)*
Litteraturhenvisninger.

HISTORIE

Om Valerians og Gallienus' regering.

632 Kurtén Lindberg, Birgitta: Gidslet der blev romersk kejserinde. - s. 40-43 : ill. - i: Illustreret Videnskab, 1991, nr. 7.

Om Gallia Placida.

633 Kvium, Christian: Roms grundlæggelse. - s. 53-80 : ill. - i: Den Jyske Historiker, nr. 51/52 (1990).
Litteraturhenvisninger.

Ritualet ved Roms grundlæggelse, og dets afspejling i romersk historisk tradition.

634 Meyer, Jørgen Christian: Det tidlige romerske agrarsamfund. - s. 1-18. - i: Historisk Tidsskrift, Oslo, årg. 62, nr. 1 (1983).
Litteraturhenvisninger. - Summary in English.

Arbejdskraft i præ-republikansk tid.

635 Randsborg, Klavs: Danmark og Middelhavsområdet i det første årtusind e.Kr. - s. 23-38 : ill. - i: Piranesi, m. 4 (1987).
Litteraturhenvisninger.

Om kulturkontakter mellem Romerriget og Danmark.

636 Randsborg, Klavs: Europas fødsel. - s. 18-26 : ill. - i: Skalk, 1988, nr. 5.
Litteraturhenvisninger.

Om Romerrigets rolle i Europas kulturudvikling i 1.årt. e.Kr.

637 Rostovtzeff, M.: Roms historie / oversat af Jens Vanggaard [; forord af Jens Erik Skydsgaard]. - 6. opl. - København : Jørgen Paludans Forlag, 1983. - 251 s. : [2] kort - (Paludans Fiol-Bibliotek ; 9).
(91.47)
1. udg. 1966.
Litteraturhenvisninger s. 249.

638 Skydsgaard, Jens Erik: Anmeldelse af Thomsen, Rudi: King Servius Tullius : a Historical Synthesis. - Copenhagen : Gyldendal, 1987. - 347 s. - (Humanitas ; 5). - s. 182-184. - i: Historisk Tidsskrift 82, 1982/83.

639 Stender-Petersen, Ole: Guerillaens oprindelse. - s. 105-114 : ill. - i: Krigshistorisk Tidsskrift, årg. 16, nr. 3 (1980). Litteraturhenvisninger.

Dækker perioden 218 f.Kr. til 320 e.Kr.

640 Strachan, Christian C.: Prosopografi. - s. 15-23. - i: 1066, årg. 11, nr. 2 (1981). Litteraturhenvisninger.

Om politiske eliter og om prosopografisk metode.

641 Ventegodt, Ole: Classis Britannica : - den romerske flåde i Britannien. - s. 3-14 : ill. - i: Marinehistorisk Tidsskrift, årg. 21, nr. 3 (1988). Litteraturhenvisninger.

642 Wåhlin, Birgitte: Romerne og barbartruslen fra nord. - s. 163-178 : ill. - i: Den Jyske Historiker, nr. 51/52 (1990). Litteraturhenvisninger.

Germanerne og Roms fald i den romerske selvforståelse.

643 Ørsted, Peter: Romerne og deres imperium. - København : Folkeuniversitetet, 1991. - 2 bd. (Ej registreret i Dansk Bogfortegnelse). *

1: Studievejlening. - 25 s.
2: Kursusintroduktion. - 11 s.
Materiale til Folkeuniversitetets fjernundervisning.

HISTORIE

Konstitutionel, administrativ, juridisk

644 Christiansen, Erik: Den enkelte og staten. Forbrydelse og straf. Patron og klient. - s. 37-46 : ill. - i: Rom : en antik storby ... (Nr. 882).
Litteraturhenvisninger.

645 Fenger, Ole: Romerret. - s. 102-105 : ill. - i: Sfinx, årg. 10 (1987).
Litteraturhenvisninger.

646 Jørgensen, Birgitte: Triumf : triumfbegrebets oprindelse og betydning i klassisk romersk tid. - s. 36-49 : ill. - i: Rostra 20 (1987).
Litteraturhenvisninger.

647 Nørlund, Poul: Det romerske slavesamfund under afvikling : en analyse af underklassens retskaar i oldtidens slutning / fotografisk optryk, med en forskningshistorisk efterskrift af Torben Damsholt og Niels M. Saxtorph. - Fotografisk optryk. - København : Museum Tusculanum, 1982. - 343 s. *(30.1628; 34.8)*
1. udg. 1920.
Litteraturhenvisninger s. 323-327.

Efterskrift s. 329-343 om disputatsens forudsætninger og betydning, og om forskningen i tiden 1955-1980.

Anmeldt i: Dagbladet København, 7/11 1920 (Frederik Poulsen) genoptrykt i uddrag i Sfinx, årg. 5 (1982) Tillæg til Årg. 4, s. 12; Historisk Tidsskrift 84, 1984, s. 91-95 (Erik Christiansen).

648 Skydsgaard, Jens Erik: Anmeldelse af Saller, Richard P. Personal Patronage under the Early Empire. - Cambridge, 1982. - x + 122 s. - s. 153-154. - i: Historisk Tidsskrift 84, 1984.

649 Tamm, Ditlev: Romerret. - 2. udg. - København : Juristforbundet, 1980. - 240 s. - (Skrifter fra det Retsvidenskabelige Institut ved Københavns Universitet, 35). *(34.8)*
1. udg. 1977.
Litteraturhenvisninger s. 214-216.

650 Tamm, Ditlev: Romerret. - s. 13-221 : kort. - i: Retshistorie : Bd. 2 : Romerret og europæisk retsudvikling. - Jurist- og Økonomforbundet, 1991. - 330 s. *(34.09)*
Litteraturhenvisninger.
Let revideret optryk af Romerret ... (Se: nr. 649).

651 Ørsted, Peter: Det romerske imperium - antikkens fællesmarked?. - s. 14-17 : ill. - i: Forskningen og Samfundet, årg. 12, nr. 3 (1986).
Om Romerrrigets administration.
Genoptrykt s. 95-98 i: Helles: Romerriget ... (Se: nr. 628).

652 Ørsted, Peter: Hvor mange oliven går der på et amfiteater?. - s. 5-16. - i: Medl.AV. 10 (1990).
Om sammenhæng mellem municipium-status og økonomisk funktion.

Social, økonomisk, kulturel

653 Bekker-Nielsen, Tønnes: Bydannelse i det romerske Gallien. - Århus : Historisk Revy, 1984. - 128 s. : ill. *(91.27)*
Litteraturhenvisninger s. 111-118.
Summary in English p. 99-104.
De økonomiske og geografiske betingelser for urbaniseringen.
Anmeldt i: Historisk Tidsskrift 86, 1986, 192 (Arne Søby Christensen); Nyt fra Historien 34, 1985, s. 149 (Aksel Damsgaard-Madsen).

654 Bekker-Nielsen, Tønnes: Den romerske hær som samfundsmæssig integrationsfaktor. - s. 25-42 : ill. - i: Den Jyske Historiker, nr. 31/32 (1985).
Litteraturhenvisninger.

655 Bekker-Nielsen, Tønnes: Land-by relationer i førindustrielle samfund. - s. 113-126 : ill. - i: Land og by i Middelalderen 5-6 : symposium d. 7/11-9/11, 1986, Forbundsgården, Frørup, og sym-

posium d. 30/10-1/11, 1987, Fästningen, Varberg. - Horsens : Planlægningsgruppen, 1989. - 247 s. : ill. *(96.1; 95.61)*
Litteraturhenvisninger.

Centralstedsteorien og afstandsberegninger anvendt på Romerrigets bymønster.

656 Bekker-Nielsen, Tønnes: Storbyen og omverdenen. - s. 29-36 : ill. - i: Rom : en antik storby ... (Nr. 882).
Litteraturhenvisninger.

Om byen som økonomisk center.

657 Bekker-Nielsen, Tønnes: Vejen ad hvilken : magt og fragt i oldtiden. - s. 109-122 : ill. - i: Den Jyske Historiker, nr. 51/52 (1990).
Litteraturhenvisninger.

Om romervejenes funktion.

658 Bergqvist, Stig: Produktionsudbytte og jordtilliggende : " La Villa pompeiana della Pisanella presso Boscoreale" "Region 2, insula V i Pompeji" samt Catos 100-jugera-vingård ved Casinum. - s. 46-69. - i: Rostra 27 (1990).
Litteraturhenvisninger.

Om landbrugsarealers størrelse.

659 Bro, Thyge C.: Io Saturnalia!. - s. 160 : ill. - i: Sfinx, årg. 8 (1985).

Om Saturnaliefesten.

660 Carlsen, Jesper: Dødens skueplads : amfiteatre og gladiatorer i Romerriget. - Århus : Aarhus Universitetsforlag, 1987. - 64 s. : ill. *(91.47; 91.37)*
Litteraturhenvisninger s. 58-59.

Anmeldt i: GS 1989, s. 425-426 (Chr. Gorm Tortzen), genoptr. i Medl.AV 2 (1988), s. 18-19; Nyt fra Historien 37, 1988, s. 85 (Erik Christiansen).

661 Carlsen, Jesper: Dødens skuespil. - s. 22-26 : ill. - i: Sfinx, årg. 10 (1987).
Litteraturhenvisninger.
Om gladiatorkampe.

662 Carlsen, Jesper: Et spektrum af afhængighedsformer. - s. 123-136 : ill. - i: Den Jyske Historiker, nr. 51/52 (1990).
Litteraturhenvisninger.
Produktionsforholdene i Romerrigets landbrug.

663 Carlsen, Jesper: Politik og underholdning i Romerriget. - s. 4-13, 16 : ill. - i: Medl.AV. 11 (1990).
Litteraturhenvisninger.
Foredragsreferat.
Om gladiatorforestillinger.

664 Carlsen, Jesper: Slaver i Romerriget / [ved] Jesper Carlsen og Hanne Løfholm. - 3. opl. - Herning : Systime, 1987. - 112 s. : ill. - (Systimes historiske kildehæfter). *(91.47; 30.1628)*
1. udg. 1981.
Litteraturhenvisninger s. 109-112.
Samling af antikke og moderne kilder.
Anmeldt i: Klass.Medd. 72 (1981), s. 26-27 (Henrik Nisbeth).

665 Carlsen, Jesper: Slaver og produktionsforhold i Romerriget : en antologi / redigeret af Jesper Carlsen og Henrik Tvarnø. - Herning : Systime, 1983. - 280 s. *(91.47; 30.1628)*

Indledning [om forskningshistorien] / Jesper Carlsen og Henrik Tvarnø. - s. 7-39.
De øvrige bidrag udspecificerede.

Litteraturhenvisninger s. 268-276.
Anmeldt i: Klass.Medd. 89 (1984), s. 36 (Christian Bo Bojesen); Nyt fra Historien 33, 1984, s. 26 (Erik Christiansen).

666   Christiansen, Erik: Roms slaver og bønder. - s. 110-115 : ill. - i: Sfinx, årg. 6 (1983).
Litteraturhenvisninger.

Om arbejdskraft i romerriget.

667   Christiansen, Erik: September. - s. 128 : ill. - i: Sfinx, årg. 12 (1989).

Om ændringer i den romerske kalender.

668   Dieter, Horst: Slaveriets rolle hos romerne i det 5. og 4. årh. f.v.t. / oversat af udgiverne. - s. 53-58. - i: Carlsen og Tvarnø: Slaver ... (Nr. 665).

Oversat efter Zur Rolle der Sklaverei bei den Römern im 5. und 4. Jh. v.u.Z. i: Das Altertum, Hft. 2, Bd. 27 (Berlin, 1981).

669   Finley, Moses I.: Det antikke slaveris nedgangstid / oversat af Mariann Hansen. - s. 240-267. - i: Carlsen og Tvarnø: Slaver ... (Nr. 665).
Litteraturhenvisninger.

Oversat efter Ancient Slavery and Modern Ideology, ch. 4, p. 123-149 (London, 1980).

670   Finley, Moses I.: Slaveriet / oversat af Mariann Hansen. - s. 41-52. - i: Carlsen og Tvarnø: Slaver ... (Nr. 665).
Litteraturhenvisninger.

Oversat efter artikel i International Encyclopedia of the Social Sciences, vol. 14, sp. 307-313 (New York, 1968).

671   Finley, Moses I.: Slavesamfundets opståen / oversat af Jytte Justesen. - s. 59-85. - i: Carlsen og Tvarnø: Slaver ... (Nr. 665).
Litteraturhenvisninger.

Oversat efter Ancient Slavery and Modern Ideology, ch. 2, p. 67-92 (London, 1980).

HISTORIE 149

672 Fischer-Hansen, Tobias: Fortuna maris. - s. 11-13. - i: Medd.KAF 19 (1991).
Litteraturhenvisninger.
Om romersk lastskib udstillet i Commachio.

673 Guldager, Pia: På "skønhedssalon" i Rom. - s. 144-150. - i: Sfinx, Årg. 13 (1990).
Litteraturhenvisninger.
Om tandpleje i Rom.

674 Hindsholm, Søren: Modsiger Plautus Finley?. - s. 54-68. - i: Rostra 21 (1987).
Den økonomisk/sociale baggrund for Plautus' tekster.

675 Hopkins, Keith: Et slavesamfunds udvikling / oversat af Jytte Justesen. - s. 87-104. - i: Carlsen og Tvarnø: Slaver ... (Nr. 665).
Litteraturhenvisninger.
Oversat efter Conquerors and Slaves, p. 99-115 (Cambridge, 1978).

676 Høeg Albrethsen, P.: Carnyx : en keltisk krigstrompet som møntmotiv og romersk sejrstrofæ. - s. 102-123 : ill. - i: NNUM, 1987, nr. 5.
Litteraturhenvisninger.

677 Høeg Albrethsen, P.: Hannibals og kong Pyrrhus' krigselefanter : et af oldtidens historiske "mysterier" i navnlig møntmæssig belysning. - s. 82-86 : ill. - i: NNUM, 1984, nr. 5.
Litteraturhenvisninger.
Om elefantens udbredelse.

678 Jacobsen, Gurli: Romanisering og handel i Romerriget med særligt henblik på de vestlige provinser. - s. 1-20. - i: Historisk Tidsskrift 91, 1991.
Litteraturhenvisninger.

679 Jensen, Axel K.: Lidt om romernes tidsregning. - s. 42-52. - i: Rostra 24 (1988).
Litteraturhenvisninger.
Med supplerende noter af Louis Nielsen.

680 Kolendo, Jerzy: Slaveri og arbejdsproduktivitet / oversat af Lisbeth Thybo. - s. 186-194. - i: Carlsen og Tvarnø: Slaver ... (Nr. 665).
Litteraturhenvisninger.
Oversat efter L'agricoltura nell'Italia romana, ch. IX, p. 193-200 (Roma, 1980).

681 Kromann, Anne: Da kejseren ville gøre dyre tider billigere : priser og lønninger i Romerriget. - s. 61-74 : ill. - i: Nationalmuseets Arbejdsmark, 1991.
Litteraturhenvisninger. - Summary in English.
Om dagligvarepriser og Diocletians prisedikt.

682 Kræmmer, Michael: Antikken, slaverne - og formationsteorien. - s. 3-19. - i: 1066, årg. 16, nr. 6 (1986)
Litteraturhenvisninger.

683 Kulturtekster [til undervisningsbrug i latin]. - s. 1-20. - i: Rostra 11 (1982).

Indhold:
Bonden, s. 1-2.
Veje og samfærdsel, s. 3-4.
Handel, s. 5-9.
Teater, s. 10-11.
Hestevæddeløb, s. 12-13.
Gammelromersk opdragelse, s. 19-20.
De øvrige bidrag udspecificerede.

684 Lauridsen, John T.: Hovedlinier i den nyere debat om årsagerne til den tekniske stagnation i antikken. - s. 19-60. - i: Mus.Tusc., nr.

44/47 (1981).
Litteraturhenvisninger.

685 Linton, Michael: Romersk ballast?. - s. 128 : ill. - i: Sfinx, årg. 9 (1986).

Om indicier for et romersk skibbrud på den svenske Kattegatkyst.

686 Martin, René: Familia rustica : slaverne hos de latinske landbrugsforfattere / oversat af Vivien Jakobsen. - s. 105-134. - i: Carlsen og Tvarnø: Slaver ... (Nr. 665).
Litteraturhenvisninger.

Oversat efter "Familia rustica" : Les esclaves chez les agronomes latins, i: Actes du Colloque 1972 sur l'esclavage, Centre d'Histoire Ancienne, vol. 11, p. 267-297 (Paris, 1974).

687 Mazza, Mario: Jord og afhængighedsformer i Romerriget / oversat af Lisbeth Thybo i samarb. m. Flemming Forsberg. - s. 144-185. - i: Carlsen og Tvarnø: Slaver ... (Nr. 665).
Litteraturhenvisninger.

Oversat efter Terra e forme di dipendenza nell'impero romano, i: Terre et paysans dans les sociétés antiques : Colloque international tenu à Besancon 1974, Centre de Recherches d'Histoire Ancienne, p. 441-493 (Paris, 1979).

688 Møller, Marianne: Anmeldelse af Lise Hannestad: Mad og drikke i Det antikke Rom. - København : Nyt Nordisk Forlag, 1979. - s. 41-42. - i: Klass.Medd. 63 (1980).

689 Nielsen, Hanne Sigismund: Død, begravelse og sorg. - s. 165-176 : ill. - i: Rom : en antik storby ... (Nr. 882).
Litteraturhenvisninger.

Om gravskikke og gravtyper.

690 Nielsen, Hanne Sigismund: Has primum audiet puer... : om ammeerhvervet og dets udøvere i kejsertidens Rom. - s. 183-202. - i:

Mus.Tusc., nr. 57 (1987).
Litteraturhenvisninger.

691 Nielsen, Hanne Sigismund: Levealder og familiestruktur i kejsertidens Rom. - s. 47-58 : ill. - i: Rom : en antik storby ... (Nr. 882).
Litteraturhenvisninger.

692 Nielsen, Hanne Sigismund: Moderlig omsorg. - s. 19-25 : ill. - i: Sfinx, årg. 12 (1989).
Litteraturhenvisninger.

Ammeinstitutionen i oldtidens Rom.

693 Nielsen, Inge: Fritidsaktiviteter. - s. 97-108 : ill. - i: Rom : en antik storby ... (Nr. 882).
Litteraturhenvisninger.

Især om ludi.

694 Rathje, Annette: Den nye italienske debat om slaveproduktionsmåden i antikken : arkæologi og historie. - s. 47-60 : ill. - i: Mus.Tusc., nr. 48/51 (1982).

Om de arkæologiske bidrag til debatten.

695 Skydsgaard, Jens Erik: Det romerske clientelasamfund, eller revolutionen der blev væk. - [København] : Gyldendal, 1981. - 38 s. - (Historiske emnehæfter). *(91.47)*
Litteraturhenvisninger s. 38.

Clientela-systemets funktion i republikken.

Anmeldt i: Klass.Medd. 84 (1983), s. 45-46 (Ivan Jensen); GS 1983, s. 38-39 (Henrik Skovgaard Nielsen).

696 Skydsgaard, Jens Erik: Det romerske slaveris afvikling. - s. 3-15. - i: 1066, årg. 13, nr. 4 (1983).
Litteraturhenvisninger. Indlæg på det nordiske slaveseminar i Trondhjem, d. 9.-11. maj 1983.

HISTORIE 153

697 Skydsgaard, Jens Erik: Disintegrationen af det romerske arbejdsmarked og clientela-teorien / oversat af Jarl Damgaard og Christian Iuul. - s. 216-222. - i: Republikkens krise / [ved] Jarl Damgaard og Christian Iuul.
Litteraturhenvisninger.

Oversat efter The Disintegration of the Roman Labour Market and the Clientela Theory, s. 44-47 i: Studia Romana in honorem Petri Krarup septuagenarii (Odense, 1976). Oversættelsen genoptrykt s. 195-202 i: Carlsen og Tvarnø: Slaver ... (Se: nr. 665).

698 Staerman, E.M.: Uddrag af Die Blütezeit der Sklavenwirtschaft in der römischen Republik (1969, s. 166-70) / [oversætter ikke anført]. - s. 96-100. - i: Carlsen og Løfholm: Slaver ... (Nr. 664).

699 Staerman, Elena Michajlovna: Uddrag af essay om Senrepublikken og tidlig kejsertid / oversat af udgiverne. - s. 136-143. - i: Carlsen og Tvarnø: Slaver ... (Nr. 665).
Litteraturhenvisninger.

Oversat efter s. 224-235 af Die späte römische Republik und die frühe Kaiserzeit, i Heinen, H. (red.): Die Geschichte des Altertums im Spiegel der sowjetischen Forschung, p. 199-255 (Darmstadt, 1980).

700 Thomsen, Ole: Opdragelse og uddannelse : educatio romana. - s. 153-164 : ill. - i: Rom : en antik storby ... (Nr. 882).
Litteraturhenvisninger.

Skolevæsen.

701 Tvarnø, Henrik: Ambivalens : om slaver og frigivne i den romerske elites husholdninger. - s. 93-108 : ill. - i: Den Jyske Historiker, nr. 51/52 (1990).
Litteraturhenvisninger.

Slavernes stilling i den romerske familia.

702 Tvarnø, Henrik: Det romerske slaveri : i europæisk forskning efter 2. verdenskrig. - København : Museum Tusculanum, 1982. - 91 s. - (Studier fra sprog- og oldtidsforskning ; 302). *(91.47; 30.1628)* Litteraturhenvisninger s. 89-91.

Anmeldt i: Agora 1983, nr.3, s. [27-44] (Søren Chr. Hindsholm); Klass.Medd. 85 (1983), s. 44-46 (Jarl Damgaard); Sfinx, Tillæg 1983, s. 9 (Erik Christiansen).

703 Tvarnø, Henrik: Rom i arbejde. - s. 59-74 : ill. - i: Rom : en antik storby ... (Nr. 882). Litteraturhenvisninger.

Erhvervsgrupper og -organisering.

704 Tvarnø, Henrik: Slaver og frigivne i byerne : En oversigt. - s. 203-221. - i: Carlsen og Tvarnø: Slaver ... (Nr. 665). Litteraturhenvisninger.

705 Warmind, Morten Lund: Saturnaliefesten og den romerske hær. - s. 53-64. - i: Chaos, nr. 5 (1986). Litteraturhenvisninger.

Om festen som social sikkerhedsventil.

706 Weber, Max: De sociale årsager til den antikke kulturs undergang / oversat af udgiverne. - s. 223-239. - i: Carlsen og Tvarnø: Slaver ... (Nr. 665).

Oversat efter Die soziale Gründe des Untergangs der antiken Kultur, opr. trykt i: Die Wahrheit (1896); genoptrykt i: Gesammelte Aufsätze zur Sozial- und Wirtschaftsgeschichte, p. 289-311 (Tübingen, 1924).

707 Whittaker, Charles Richard: De fattige. - s. 75-96 : ill. - i: Rom : en antik storby ... (Nr. 882). Litteraturhenvisninger.

Oversat efter Il Povero, i: A. Giardina (ed.) L'uomo romano (Roma, 1989).

708 Wiemann Eriksen, August: Krisen i det tredje århundrede e.v.t. : en historieteoretisk analyse af tre socialhistorikeres teorier om udviklingen under soldaterkejserne og deres anvendte klassebegreber. - Roskilde : Roskilde Universitetscenter, Institut for Historie og Samfundsforhold, 1981. - 76 s. - (Skrifter fra Institut for historie og samfundsforhold ved Roskilde Universitetscenter ; 7). *(91.47)*
Litteraturhenvisninger s. 75-76.

Om Rostovtzeff, Staerman, og Jean Gagé.

709 Worm, Erik: Villa rustica / [elevhæftet: Erik Worm]. - København : Danmarks Radio, 1982. - 32 s. : ill. *(63.08)*
Latinsk og dansk tekst, glossering.
Elevhæfte, Skoleradioen.
Litteraturhenvisninger s. 32.
Antikke og moderne tekster om romersk landbrug.

Anmeldt i: Klass.Medd. 79 (1982), s. 80-83 (Ivar Gjørup).

710 Ørsted, Peter: Det romerske klassesamfund : et debatoplæg om den sociale struktur i Rom på Claudius' tid. - 2. opl. - København : Suenson, 1981. - 32 s. *(30.162; 91.47)* *
1. udg. 1978 (Historie og klassekamp).
Litteraturhenvisninger s. 32.

711 Ørsted, Peter: Roman Imperial Economy and Romanization : a Study in Roman Imperial Administration and the Public Lease System in the Danubian Provinces from the first to the third Century / [translated by David Gress]. - København : Museum Tusculanum, 1985. - 415 s. : 2 foldetavler (kort). *(91.47)*
Disputats.
Litteraturhenvisninger s. 377-391
Dansk resumé i bilag (10 s.) udg. af Historisk Institut, KU.

Anmeldt i: Historisk Tidsskrift 86, 1986, 307-314 (Jens Erik Skydsgaard); Nyt fra Historien 35, 1986, s. 88 (Tønnes Bekker-Nielsen).

712 Ørsted, Peter: Romanisering og økonomi. - s. 7-26. - i: Piranesi, nr. 5 (1990).
Litteraturhenvisninger.

Om urbanisering som bevidst politik.

713 Ørsted, Peter: Romerne : dagligliv i det romerske imperium. - 3. udg. - København : Gyldendal, 1991. - 256 s. : ill. *(91.47)* 1. udg. 1989.

Anmeldt i: Klass.Medd. 125 (1989), s. 37-40 (Bent Christensen), genoptr. i uddrag i Medl.AV 8 (1989), s. 17-19; GS 1989, s. 1074 (Chr. Gorm Tortzen); Historisk Tidsskrift 91, 1991, s. 564-566 (Niels M. Saxtorph).

Oldkirkens historie

714 Balling, Jakob: Kristendommen i storbyen. - s. 189-197 : ill. - i: Rom : en antik storby ... (Nr. 882).
Litteraturhenvisninger.

Den romerske menigheds stilling og historie.

715 Balling, Jakob: Oldkirkelig kristendom : udadtil. - s. 77-101 : ill. - i: Kristendommen. - 2. opl. - [København] : Politiken, 1991. - 302 s. : ill. - (Verdens religioner). *(20)*
Litteraturhenvisninger. 1. udg. 1986.

Oldkristendommens forhold til samfundet.

Anmeldt i: Relig.Tids., nr. 10 (1987), s. 108-114 (Per Bilde og Jørgen Stenbæk); Fønix, årg. 11, 1987, s. 254-255 (Niels Tjalve); Dansk Teol.Tids., årg. 51, 1988, s. 239-240 (Leif Grane).

716 Bilde, Per: Religion og politik i antik jødedom og tidlig kristendom. - s. 23-49. - i: Relig.Tids., nr. 3 (1983).
Litteraturhenvisninger. - Summary in English.

HISTORIE 157

717 Breengaard, Carsten: De romerske kristenforfølgelser og deres betydning. - s. 221-233. - i: Præsteforeningens blad, årg. 77, nr. 12 (1987).
Debat, smst., årg. 77, nr. 23 (1987), s. 456-459 (Edvard Madsen).

718 Breengaard, Carsten: De tidlige kristenforfølgelser og de forfulgtes religion. - s. 104-120. - i: Fønix, årg. 11, 1987.
Svar til anmeldere af Er du kristen? ... (Se: nr. 720).

719 Breengaard, Carsten: Er du kristen? : de romerske kristenforfølgelser og deres betydning. - s. 27-48. - i: Piranesi, nr. 5 (1990). Litteraturhenvisninger.
Forfølgelsernes betydning for kristendommens udvikling som religion.

720 Breengaard, Carsten: Er du kristen? Romermagt og kristne fra Paulus til Ignatios af Antiokia. Et kristendomshistorisk essay. - København : Gad, 1986. - 150 s. *(27.11)*

S. 15-36 om kristenforfølgelserne i nyere historiografi og om kristen-billedet hos romerske skribenter; s. 143-147 udvalg af Tacitus, Sueton, Plinius d. Yngre (latinsk og dansk).

Anmeldt i: Tidehverv 62/2 (1988), s. 15-18, 62/3 (1988), s. 27-34 (Niels Bo Carøe); debat smst., 64/1 (1990) s.17 (Carsten Breengaard; Søren Krarup); Relig.Tids., nr. 9 (1986), 93-103 (Per Bilde); Chaos, nr. 5 (1986), s. 77-78 (Karin Weinholt); Dansk Teol.Tids., årg. 50, 1987, s. 67-68 (Gert Hallbäck); Historisk Tidsskrift 87, 1987, s. 120-123 (Arne Søby Christensen); Fønix, årg. 11, 1987, s. 121-125 (Torben Damsholt). (Se også: nr. 718).

721 Breengaard, Carsten: Kristenforfølgelser og kristendom - fra Nero til Ignatios af Antiokia. - København : Institut for Religionshistorie, Københavns Universitet, 1990. - 142 s. *(27.11)*
Omarbejdelse af Er du kristen? ... (Nr. 720).
Litteraturhenvisninger i noter.

HISTORIE

722 Christensen, Torben: Kampen mellem kristendom og hedenskab i det 4. århundrede. - s. 225-243. - i: Dansk Teol.Tids., årg. 47, 1984.

    Først trykt s. 5-25 i : Idekonfrontation under senantikken ... (Nr. 722).

723 Christiansen, Erik: Gibbons syn på forholdet mellem Rom og de kristne. - s. 21-32. - i: Relig.Tids., nr. 18 (1991).
Litteraturhenvisninger. - Summary in English.

724 Giversen, Søren: Klostrene i ørkenen. - s. 112-115 : ill. - i: Sfinx, årg. 4 (1981).
Litteraturhenvisninger.

    Om det ægyptiske klostervæsen.

725 Hansen, Ellen Margrethe: Kvindens funktion i den kristne menighed i de 4 første århundreder af kirkens historie. - København : Arken, 1987. - 26 s. - (Arken-tryk ; 66). *(27.11)*
Litteraturhenvisninger s. 25-26.

726 Harding, Merete: Martyrernes kirke : den donatistiske kirkes selvforståelse. - s. 153-161 : ill. - i: Den Jyske Historiker, nr. 51/52 (1990).
Litteraturhenvisninger.

    Om genbruget af de hedenske fjendebilleder i intern kirkekamp.

727 Haystrup, Helge: De kristne og verden. - s. 71-149. - i: Kamp og sejr : oldkristne positioner. - København : C. A. Reitzel. 1983. - 221 s. *(23; 27.11)*

728 Haystrup, Helge: Patriarkater og kirkeprovinser i oldtiden. - s. 57-62. - i: Præsteforeningens blad, årg. 76, nr. 5 (1986).
Litteraturhenvisninger.

    Oldkirkens organisation.

729 Haystrup, Helge: Stat contra kirke i oldtidens Rom og nutidens Danmark. - Værløse : Kontrast, [1983]. - 27 s. - (Serien: "Fri folkekirke"). *(27.11; 26.1)*
Litteraturhenvisninger i noter.

S. 3-23 om oldkirkens forhold til staten.

730 Madsen, Ellen A.: Riget, magten og æren. - s. 3-14. - i: Religion - Ide og Debat, 1986, nr. 2.
Litteraturhenvisninger.
Nødv. corrigenda smst., nr. 3, s. 22.

Om basilicaens ideologiske funktion.

731 McGuire, Brian Patrick: Østens ørkenfædre og Vestens efterligninger. - s. 11-25 : ill. - i: Europa og de fremmede ... (Nr. 615).
Litteraturhenvisninger.

Om det tidlige munkevæsen.

732 Olesen, Søren: Mænd og munke : dannelsestyper og mennesker i den vesteuropæiske elitekultur. - s. 44-76. - i: Den Jyske Historiker, nr. 26 (1983).
Litteraturhenvisninger.

S. 44-49 om det tidlige munkevæsen.

733 Willert, Niels: "Religion" og "politik" omkring Kalkedonsynoden. - s. 81-107. - i: Dansk Teol.Tids., årg. 48, 1985.
Litteraturhenvisninger.

Om politiske aspekter ved Kalkedonsynoden i 451.

734 Willert, Niels: Pilatusbilledet i den antike jødedom og kristendom. - Århus : Aarhus Universitetsforlag, 1989. - 409 s. - (Bibel og historie ; 11). *(22.59; 91.24; 99.4 Pilatus, Pontius)*
Litteraturhenvisninger s. 384-395.

Anmeldt i: Relig.Tids., nr. 18 (1991), s. 112-116 (Erik Christiansen).

TOPOGRAFI

Agios Kononas

735 Fejfer, Jane: Nyt fra Cypern : det danske Akamas-projekt / [af] Jane Fejfer, Niels Hannestad, Hans Erik Mathiesen. - s. 16-21. - i: Sfinx, årg. 14 (1991).

736 Fejfer, Jane: Udgravningerne ved Agios Kononas - en ufærdig historie / Jane Fejfer, Niels Hannestad, Hans Erik Mathiesen. - s. 26-30 : ill. - i: Sfinx, årg. 13 (1990).

Anemospilia

737 Hallager, Birgitta Pålsson: Afslået offer. - s. 64 : ill. - i: Sfinx, årg. 3 (1980).

Om spor efter menneskeofring.

Athen

738 Bendtsen, Margit: Niketemplet. - s. 128 : ill. - i: Sfinx, årg. 14 (1991).

Om genopførelsen.

739 Christiansen, Erik: Herre, husk Athen. - s. 35-40 : ill. - i: Sfinx, Årg. 5 (1982).
Litteraturhenvisninger.

740 Damsgaard-Madsen, Aksel: Torvet i Athen. - s. 41-45 : ill. - i: Sfinx, årg. 5 (1982).
Litteraturhenvisninger.

Om Agora og de politiske institutioner.

741 Gjørup, Ivar: Anmeldelse af The World of Athens - An Introduction to Athenian Classical Culture / Joint Association of Classical Teachers. - Cambridge, 1984. - s. 50-53. - i: Klass.Medd. 106 (1986).

Også anmeldt i: Nyt fra Historien 34, 1985, s. 147 (Aksel Damsgaard-Madsen).

742 Grønbech, Vilhelm: Akropolis : afskedsforelæsning 1943. - s. 171-189. - i: Danske essays / i udvalg ved Werner Svendsen. 2. udg., 3. opl. - Gyldendal, 1981. - 370 s. - (Gyldendals Bibliotek ; 44). *(04.61)*
Opr. trykt i Frie Ord, 1948.
1. udg. 1965; 2. udg. 1966.

Om den attiske kultur.

743 Hallager, Erik: Svenskere på Akropolis. - s. 96 : ill. - i: Sfinx, Årg. 5 (1982).

Om bombardementet af Akropolis.

744 Hannestad, Lise: Det athenske demokrati i samtidens kunst og arkitektur / [af] Lise Hannestad og Poul Pedersen. - s. 271-318 : ill. - i: Det athenske demokrati I ... (Nr. 555).
Litteraturhenvisninger.

745 Hannestad, Niels: Dette er Hadrians by. - s. 62-66 : ill. - i: Sfinx, årg. 5 (1982).
Litteraturhenvisninger.

Om Athen år 117-138.

746 Haugsted, Ida: Danskere på Akropolis. - s. 78-82 : ill. - i: Sfinx, Årg. 5 (1982).
Litteraturhenvisninger.

Om Christian Hansen og andre.

747 Houby-Nielsen, Sanne: Keramikfremstillinger af hestevæddeløb og apobatlege fra Kerameikos i Athen - myte eller virkelighed?. - s. 21-27 : ill. - i: Medd.KAF 13 (1989).
Litteraturhenvisninger.

748 Houby-Nielsen, Sanne: Magt og ritualer i 7. århundredes Athen. - s. 5-9 : ill. - i: Medl.AV. 15 (1991).

Om gravofre som statusmarkering.

749 Isager, Signe: Fra et håndværkerkvarter. - s. 46-50 : ill. - i: Sfinx, årg. 5 (1982).
Litteraturhenvisninger.

Genoptrykt i VVS-installatøren, juni 1983, s. 10-14.

750 Jeppesen, Kristian: Nogle kritiske bemærkninger til den traditionelle Erechtheionteori. - s. 105-122 : ill. - i: Mus.Tusc., nr. 56 (1984/86).
Litteraturhenvisninger. - Summary in English.

Argumenterer at Erechteion var det, som nu kaldes Arrephorernes hus.

751 Schultz, Hans Joakim: Det antikke Athen. - s. 29-48 : ill. - i: Turen går til Athen. - 2. udg. - Politikens Forlag, 1989 (1. udg. 1985). - 96 s. : ill. *(17.77 Athen)*

752 Villadsen, Villads: Nærkontakt : Theophilus Hansen - arkitekt og arkæolog i Grækenland. - s. 199-205 : ill. - i: Forblommet antik : klassicismer i dansk arkitektur og havekunst : studier tilegnede Hakon Lund 18. oktober 1988 / [redaktion Kjeld de Fine Licht]. - [København] : Arkitektens Forlag, 1988. - 233 s. : ill. *(71.6)*
Litteraturhenvisninger.

Heri om Th. Hansens arkæologiske virke, specielt opmålingen af Lysikratesmonumentet.

753 Woodford, Susan: Parthenon / oversat af Birte Lunau Nielsen. - 2. reviderede oversættelse. - Herning : Systime, 1985. - 48 s. : ill. *(91.33)*
1. udg. 1984.

Anmeldt i: Klass.Medd. 94 (1984), s. 28, 30-31 (Inge Gildberg); GS 1984, s. 964 (Chr. Gorm Tortzen).

TOPOGRAFI

754 Yde, Inger: Livet i det klassiske Athen / af Inger Yde ... [et al.]. -
Herning : Systime, 1990. - 256 s. : ill. *(91.43)*
Litteraturhenvisninger s. 249-251.

Anmeldt i: Medl.AV 13 (1991), s. 13 (Jørgen Houby-Nielsen);
GS 1991, s. 548, 551 (Chr. Gorm Tortzen).

Baiae

755 Moltesen, Mette: Skulpturer, mæcener og paladser i det mondæne
romerske Baiae. - s. 7-24 : ill. - i: Piranesi, nr. 3 (1985).
Litteraturhenvisninger.

Om skulpturer fra Baiae.

Bassai

756 Fischer-Hansen, Tobias: I ensom majestæt : - templet i Bassai. - s.
9-14 : ill. - i: Sfinx, årg. 10 (1987).
Litteraturhenvisninger.

Britannien

757 Bekker-Nielsen, Tønnes: Minedrift og metalforarbejdning i det romerske Britannien. - s. 123-146 : ill. - i: Mus.Tusc., nr. 44/47
(1981).
Litteraturhenvisninger.

Minedrift og følgeerhverv i udviklingen af det romersk-britiske
samfund.

Caesarea Maritima

758 Artzy, Michal: Dæmningen ved kibbutzen Ma'agan Michael i Israel
/ [af] Michal Artzy og Thorkild Schiøler. - s. 331-336 : ill. - i:
Mus.Tusc., nr. 56 (1984/86).
Summary in English.

759 Schiøler, Thorkild: Vandmøllerne ved Krokodillefloden. - s. 12-14,
30 : ill. - i: Sfinx, årg. 8 (1985).
Litteraturhenvisninger.

Cosa

760 Carlsen, Jesper: Cosa : - en romerbys forfald. - s. 21-26 : ill. - i: Sfinx, årg. 9 (1986).
Litteraturhenvisninger.

Cururon

761 Berg, Jacques: Romersk skib strandet i vinmark. - s. 6-7. - i: Samvirke, årg. 64, nr. 11 (1991). *
Om en romersk villa og en indridsning af fragtskib, Provence.

Dion

762 Dzieduszycki, Michele: De udgraver gudernes bolig. - s. 70-73 : ill. - i: Fakta, 1988, nr. 11.
Om udgravningerne.

Dura

763 Skydsgaard, Jens Erik: Anmeldelse af Hopkins, Clark, The Discovery of Dura-Europos : edited by Berhard Goldman. - Yale, 1979. - 265 s. - s. 300-301. - i: Historisk Tidsskrift 81, 1981/82.

Efesos

764 Ahlgren Pedersen, Birgit: Efesus. - København : Rhodos, 1986. - 50 s. : ill. *(91.23)*

Anmeldt i: Sfinx, Tillæg 1986, s. 7 (Jesper Carlsen).

Failaka

765 Jeppesen, Kristian: Ikaros - kongstankernes ø. - s. 136-143 : ill. - i: Sfinx, årg. 8 (1985).
Litteraturhenvisninger.
Om Failaka i hellenistisk tid.

Ficana

766 Ficana : en milesten på veien til Roma : en vandreudstilling om de felles italiensk-nordiske utgravningar (1975-80) utenfor Roma / arrangert av: Soprintendenza archeologica di Ostia ... [et al.] / [redaksjonskomité: Rasmus Brandt, Annette Rathje]. - 2. opl. - København : Museum Tusculanum, 1981. - 163 s., LII tav : ill. *(91.37)*

Heri:
Fischer-Hansen, Tobias: Befæstningsværker i Latium og Ficana i jernalderen, s. 51-57 : ill.
Fischer-Hansen, Tobias; Pavolini, Carlo: Ficana - indledning til udgravningerne, s. 32-43.
Nielsen, Inge; Pietilä-Castrén, Leena: Ficana under senrepublikken og tidlig kejsertid, s. 109-111.
Pavolini, Carlo; Rathje, Annette: Begyndende boligarkitektur med stenfundamenter i Latium og Ficana, s. 67-79 : ill.
De øvrige dansksprogede bidrag udspecificerede.

1. udg. 1980.
Litteraturhenvisninger s. 152-157.

Anmeldt i: Klass.Medd. 70 (1981), s. 34 (Karin Helmer Jensen).

767 Fischer-Hansen, Tobias: Ficana - en by i det gamle Latium. - s. 173-176 : ill. - i: Humaniora, nr. 4, 1978/80 (1981).

768 Fischer-Hansen, Tobias: Ficana : en milesten på vejen til Rom : udstilling om nordiske udgravninger i Italien. - s. 19-20 : ill. - i: AUDHUMLA, nr. 3 (1980). *

769 Fischer-Hansen, Tobias: Udgravningerne i Ficana. - s. 157-161 : ill. - i: Nyt fra Odense Universitet, årg. 16, nr. 11 (1982).

Gadara

770 Holm-Nielsen, Svend: Et byzantinsk badeanlæg i Gadara. - s. 9-23 : ill. - i: Teologi og tradition : festskrift til Leif Grane, 11. januar

1988 / red. Thorkild Grosbøll, Bent Hahn, Steffen Kjeldgaard-Pedersen. - Aros, 1988. - 400 s. *(20.4)*

Galilæa

771 Bilde, Per: Galilæa og galilæerne på Jesu tid. - s. 113-135. - i: Dansk Teol.Tids., årg. 43, 1980. Litteraturhenvisninger. Genoptrykt i (Nr. 198).

Om Galilæas befolkningssammensætning og kulturprofil.

Gerasa

772 Lyk-Jensen, Per: Jerash/Gerasa. - s. 46-68 : ill. - i: Jordan : en kulturhistorisk rejsefører / [tegninger: Jørgen Levinsen] . - Safra, 1988. - 158 s. : ill. *(48.285)* Litteraturhenvisninger.

S. 46-54 om det hellenistisk/romerske Gerasa. Desuden en del spredt stof om Jordan i klassisk tid.

Halikarnassos

773 Højlund, Flemming: Offerslagtningen ved Mausollos' grav. - s. 16-20 : ill. - i: Sfinx, årg. 3 (1980).

Om fund af hesteofring ved Mausolæet.

774 Jeppesen, Kristian: Et verdensvidunders endeligt. - s. 144-145 : ill. - i: Sfinx, årg. 14 (1991).

Om Mausolæets ødelæggelse.

775 Jeppesen, Kristian: Mausolleion i Halikarnassos : et klassisk verdensvidunder og dets arkæologiske genopstandelse. - s. 30-37 : ill. - i: Årsskrift / Carlsbergfondet, 1980.

776 Jeppesen, Kristian: Mausolæet i Halikarnassos. - s. 78-82 : ill. - i: Sfinx, årg. 3 (1980).

777 Pedersen, Poul: Halikarnassos - nye udgravninger i Mausollos' by. - s. 25-30 : ill. - i: Sfinx, årg. 14 (1991). Litteraturhenvisninger.

778 Pedersen, Poul: The Mausolleion at Halikarnassos : reports of the Danish archaeological expeditions to Bodrum ; vol. 3 : The Maussolleion terrace and accessory structures / transl. by P.J.Crabb. - Højbjerg : Jutland Archaeological Society, 1991. - 2 bd. : ill, 1 bilag - (Jysk Arkæologisk Selskabs skrifter ; 15:3). *(91.33)*

1: Text and appendices.
2: Catalogue.

Disputats (Aarhus).
Litteraturhenvisninger bd. 1, s. 203-205.
Dansk resumé i bilag (4 s.).

Herculaneum

779 Bro, Thyge C.: Fanget i flugten fra Vesuvs lava. - s. 68-71, 78 :ill. - i: Illustreret Videnskab, 1991, nr. 6.

780 Nielsen, Palle: Historien omkring Vesuv. - Århus : Nielsen og Munch, 1985. - 144 s. : ill. *(91.37)*
Litteraturhenvisninger s. 143-144.

Heri s. 10-14 og 123-126 oversættelse af Plinus den Yngre Epist. VI 16 og 20.

Anmeldt i: Klass.Medd. 103 (1986), s. 47-50 (Morten Stenbæk); Sfinx, Tillæg 1985, s. 7 (Erik Christiansen); GS 1986, s. 214 (Lis Holck).

Istria

781 Labud, Giordano: Det romerske Istrien. - s. 39-42 : ill. - i: Sfinx, Årg. 13 (1990).

Jerusalem

782 Strange, John: Jerusalems topografi i hasmonæisk tid : Akra-problemet. - s. 81-94 : ill. - i: Dansk Teol.Tids., årg. 54, 1991. Litteraturhenvisninger.

Om hvor den syriske borg Akra var beliggende.

Karanis

783 Bülow-Jacobsen, Adam: Karanis : en døende landsby i det romerske Ægypten. - s. 28-34 : ill. - i: Årsskrift / Carlsbergfondet, 1983.

Om P. Haun. III 58 om vandforsyning til Karanis 439 e.Kr.

Karthago

784 Andersen, Elga: Romernes Karthago : - udgravninger i en storby / [af] Elga Andersen og Søren Dietz. - s. 109-116 : ill. - i: Nationalmuseets Arbejdsmark, 1985. Litteraturhenvisninger.

785 Lund, John: Danske arkæologer i Karthago. - s. 58-62 . ill. - i: Klass.Medd. 86 (1983).

Knossos

786 Hallager, Erik: Knossos : historien om et problem. - s. 7-13, : ill. - i: Sfinx, årg. 3 (1980).

Om dateringen af ødelæggelsen.

787 Johansson, Fredrik: Knossos i pomp og pragt. - s. 54-58, 76 : ill. - i: Illustreret Videnskab, 1984, nr. 10.

788 Roed, Susan: Kreta. - s. 4-41 : ill. - i: Dionysos ... (Nr. 1238).

S. 19-29 om Knossos og om chtonisk religion.

Konstantinopel

789 Gravgaard, Anne-Mette: Byen. - s. 35-41 : ill. - i: Sfinx, årg. 7 (1984).
Litteraturhenvisninger.

Kourion

790 Lund, John: På sporet af et nyt Pompeji / [af] John Lund og Lone Wriedt Sørensen. - s. 46-49 : ill. - i: Illustreret Videnskab, 1988, nr. 1.

Om boligudgravning og om jordskælvet i 365 e.Kr.

791 Nielsen, Anne Marie: Kourions sidste dag. - s. 110-114 : ill. - i: Sfinx, årg. 10 (1987).
Litteraturhenvisninger.

Om jordskælvet i 365 e.Kr.

Kreta

792 Frimodt, Steen: Kreta rundt / fotos: Steen Frimodt. - 2. opl. - Holte : Skarv, 1988. - 160 s. : ill. - (En skarv-guide). *(47.77)*
1. udg. 1987.

Om antikken s. 23-35.

Anmeldt i: Medl.AV 6 (1989), s. 24-25 (Jørgen Houby-Nielsen).

793 Hallager, Birgitta Pålsson: Udarmet og hensunket? : - Kreta i den sidste del af bronzealderen. - s. 46-52 : ill. - i: Sfinx, årg. 11 (1988).
Litteraturhenvisninger.

794 Holm-Nielsen, Svend: Hvad var Kaftor? : John Stranges disputats om Kaftor. - s. 153-164. - i: Dansk Teol.Tids., årg. 45, 1982.

Kommentar til nr. 798.

TOPOGRAFI

795 Hopkins, Adam: Kreta / på dansk ved Per-Oluf Avsum. - København : Gad, 1991. - 127 s. : ill. - (Gad guide). *(47.77)*
Originaltitel: Essential Crete (1990).
Om den minoiske kultur s. 9-16.

796 Hägg, Robin: Kreta som foregangsland. - s. 53-57 : ill. - i: Sfinx, Årg. 11 (1988).
Litteraturhenvisninger.
Om Kreta i geometisk og arkaisk tid.

797 Nielsen, Anne Marie: Tyren og det minoiske Kreta. - s. 48-61 : ill. - i: Dyredage : en temabog / red.: Flemming Johansen. - København : Ny Carlsberg Glyptotek, 1984. - 120 s. : ill. *(70.99)*
Om minoisk religion og ikonografi.

798 Strange, John: Caphtor/Keftiu : a new investigation. - Leiden : Brill, 1980. - 227 s. : ill. - (Acta Theologia Danica ; XIV). - *(91.2; 91.24)*
Disputats (København).
Litteraturhenvisninger s. 191-206
Dansk resumé s. 185-189.
Plæderer, at Keftiu ikke er Kreta, men Cypern.
(Se også nr. 794).

799 Watrous, Vance: Kreta før paladserne. - s. 35-39 : ill. - i: Sfinx, Årg. 11 (1988).
Litteraturhenvisninger.
Kretisk kultur i tidligminoisk tid.

Kypern

800 Kypern fra stenalder til romertid : temahæfte og katalog / [red.af] Anne Marie Nielsen og Mette Moltesen. - København : Ny Carlsberg Glyptotek, 1983. - 63 s. : ill. *(91.23)*
Litteraturhenvisninger i katalogposter.

Til udstilling Ny Carlsberg Glyptotek 30.9-31.12 1983.
Katalog s. 41-62.

Latium

801 Bartoloni, Gilda: Arkæologisk forskning i Latium. - s. 12-16 : ill. - i: Ficana ... (Nr. 766).
Litteraturhenvisninger.

802 Bartoloni, Gilda: Gravskikke i Latium i jernalderen. - s. 123-128 : ill. - i: Ficana ... (Nr. 766).
Litteraturhenvisninger.

803 Rathje, Annette: Nogle betragtninger over arkæologi og historie og forsvundne latinske byer. - s. 27-41 : ill. - i: Piranesi, nr. 1 (1983).
Litteraturhenvisninger.

Om udgravninger i Latium.

804 Rathje, Annette: Urbaniseringsprocessen i Latium og Rom til 7.årh f.Kr. - s. 23-31 : ill. - i: Ficana ... (Nr. 766).
Litteraturhenvisninger.

London

805 Herrmann, Richard: Londonium : et lille Rom i ødemarken. - s. 18-29. - i: London gennem 2000 år / oversat fra norsk af Ejler Hinge-Christensen. - [København] : Politiken, 1991. - 336 s. : ill. *(43.7)*
Originaltitel: Mine gleders by (1983).

Lykien

806 Zahle, Jan: Arkæologiske studier i lykiske klippegrave og deres relieffer fra ca. 550-300 f. Kr. : sociale og religiøse aspekter. - København : Museum Tusculanum, 1983. - ix, 174 s. : ill., [8] tavler. *(91.23)*
Disputats.

Litteraturhenvisninger s. 119-131.
Deutsche Zusammenfassung S. 160-166.

807 Zahle, Jan: Klippegrave og kulturhistorie. - s. 169-172 : ill. - i: Humaniora, nr. 4, 1978/80 (1981).
Præsentation af forskningsprojekt.

808 Zahle, Jan: Om Lykiens udforskning. - s. 71-77, : ill. - i: Sfinx, Årg. 3 (1980).

Marathon

809 Hallager, Erik: Marathon. - s. 3-7 : ill. - i: Sfinx, årg. 5 (1982).
Udgravninger på Marathonsletten, fund af grave.

Marseille

810 Hannestad, Lise: Grækerne i Sydfrankrig. - s. 35-39 : ill. - i: Sfinx, årg. 10 (1987).
Litteraturhenvisninger.
Om græske fund fra kolonitiden.

Mazi

811 Nielsen, Kirsten Holm: Historien om et dorisk tempel og Xenophons Skillous. - s. 124-138. - i: Man må studere ... (Nr. 5).
Litteraturhenvisninger.
Om hvorvidt templet er det Artemistempel, Xenofon byggede i sit eksil.

Mons Claudianus

812 Bülow-Jacobsen, Adam: Mons Claudianus - et stenbrud i Ægypten. - s. 10-15 : ill. - i: Sfinx, årg. 13 (1990).
Litteraturhenvisninger.

813 Haugaard Nielsen, Rolf: Breve fra en stenhugger. - s. 38-39, 76 : ill.
- i: Illustreret Videnskab, 1988, nr. 6.

Om stenbruddets drift, og om ostrakafund.
Debat, smst., 1988, nr. 10, s. 4 (Elof Åsman).

Murlo

814 Damgaard Andersen, Helle: De amerikanske udgravninger i Murlo (Poggio Civitate) : den såkaldte "South East Building". - s. 30-33 : ill. - i: Medd.KAF 6/7 (1987).

Opfølgende note om udgravningernes fortsættelse, smst., 9, (1988), s. 30-31.

Nemi

815 Guldager Bilde, Pia: Dianahelligdommen ved Nemisøen. - s. 4-7. - i: Medd.KAF 19 (1991).
Litteraturhenvisninger.
Foredragsreferat.

Nîmes

816 Hansen, Jørgen: Broen, der holdt i 2000 år. - Sek. 1, s. 10-11 : ill. - i: Ingeniøren, årg. 15, nr. 37 (1989).

Om Pont du Gard og Nîmes vandforsyning.

817 Hansen, Jørgen: Pont du Gard : vand til Nîmes. - s. 46-50 : ill. - i: Sfinx, årg. 10 (1987).
Litteraturhenvisninger.

Om Nîmes vandforsyning.

Olympia

818 Nielsen, Inge: Sportsanlæg. - s. 24-32 : ill. - i: Den græske Olympiade ... (Nr. 570).
Litteraturhenvisninger.

Genoptrykt i: Noget om idræt : Aarhus Universitetssports 50 års jubilæumsskrift. - 1981.

819 Pedersen, Poul: Olympia som helligdom. - s. 14-23 : ill. - i: Den græske Olympiade ... (Nr. 570).
Litteraturhenvisninger.

Oplontis

820 Jørgensen, Jørn Th.: En herskabsvilla ved Napoli-bugten. - s. 118-122 : ill. - i: Sfinx, årg. 5 (1982).
Litteraturhenvisninger.

Ostia

821 Faldager, Inge: Romernes kloak / [af] Inge Faldager og Knud Høyer. - s. 149-151. - i: Sfinx, årg. 12 (1989).
Litteraturhenvisninger.

Om Ostias kloaksystem.

Oued Seda

822 Schiøler, Thorkild: Strøtanker omkring tegning på computer. - s. 20-27 : ill. - i: Medd.KAF 16 (1990).
Litteraturhenvisninger.

Om stigbordskonstruktion i Oued Seda, Tunesien.

Palmyra

823 Ploug, Gundhild: Palmyra : ørkenens brud : palmyrensk skulptur i Ny Carlsberg Glyptotek. - København : Ny Carlsberg Glyptotek, 1985. - 8 s. : ill. - (NCG informationsark, nr. 16 : Antike samling).
(Ej registreret i Dansk Bogfortegnelse).
Litteraturhenvisninger s. 8.

Heri også om Palmyras historie.

Anmeldt i: Klass.Medd. 105 (1986), s. 58 (Birte Lunau Nielsen).

824 Ploug, Gundhild: Supplement til Ny Carlsberg Glyptoteks informationsark om Palmyra. - s. 45-52 : ill. - i: Klass.Medd. 104 (1986).

Palæstina

825 Bilde, Per: Palæstina som romersk provins. - s. 16-35 : ill. - i: Klass.Medd. 120 (1988).
Litteraturhenvisninger.

826 Bilde, Per: Tradition og nybrud i det jødiske Palæstina i hellenistisk tid. - s. 11-64 : ill. (kort). - i: Tradition og nybrud : jødedommen i hellenistisk tid / redaktion: Troels Engberg-Pedersen og Niels Peter Lemche. - [København] : Museum Tusculanum, 1990. - 240 s. - (Forum for bibelsk eksegese ; 2). *(29.6; 22.8)*
Litteraturhenvisninger.

Om historiske, geografiske, og sociologiske faktorer i det hellenistiske Palæstina.

Anmeldt i: Dansk Teol.Tids., årg. 54, 1991, s. 228-229 (Kirsten Nielsen).

827 Hyldahl, Niels: Jøderne og seleukiderne. - s. 65-92. - i: Tradition og nybrud ... (Nr. 826).
Litteraturhenvisninger.

Om Palæstinas kultur i seleukidisk tid.

828 Otzen, Benedikt: Den politiske udvikling. - s. 14-39. - i: Den antike jødedom : politisk udvikling og religiøse strømninger fra Aleksander den Store til Kejser Hadrian. - 2. opl. - København : Gad, 1989. - 202 s. *(29.6; 91.24)*
Litteraturhenvisninger.
1. udg. 1984.

Anmeldt i: Relig.Tids., nr. 7 (1985), s. 99-104 (Peter Steensgaard); Dansk Teol.Tids., årg. 49, 1986, s. 77-78 (Niels Hyldahl).

829 Uglem, Olav: På Jesu tid : nytestamentlig samtidskundskab / [oversættelse: Brita og Hans Ekberg]. - [S.l.] : Luthersk Missionsfor-

enings Bibelskoles Elevforening, 1983. - 106 s. : ill. *(22.59)*
Originaltitel: På Jesu tid (norsk, 1970 [1971]).

Om Palæstina i romersk tid s. 7-54.

Peleponnes

830 Goldschmidt, Martin Julius: Med Professor Dörpfeld på Peloponnes 1893 : Et foredrag af M. J. Goldschmidt (1854-1924) / udgivet og kommenteret af Lone Wriedt Sørensen. - s. 5-50 : ill. - i: Mus.Tusc., nr. 52/55 (1983).
Litteraturhenvisninger.
Foredrag holdt i Filologisk-historisk Samfund 14/12 1893.
Trykt efter manuskrift.

Tekst s. 5-25. Arkæologihistorisk kommentar s. 25-46.

Pergamon

831 Bro, Thyge C.: Der var tryk på vandet i Pergamon / [af] Thyge C. Bro og Inge Damm. - s. 42-45 : ill. - i: Illustreret Videnskab, 1987, nr. 3.

Vandledningen fra Madradag til Pergamon.

Perugia

832 Nielsen, Marjatta: En julegave fra Perugias fortid. - s. 131-133 : ill. - i: Sfinx, årg. 7 (1984).

Om en senetruskisk grav (Cutu-familien).

Petra

833 Andersen, Flemming Gorm: Petra levede af røgelse og myrra. - s. 40-43, 81 : ill. - i: Illustreret Videnskab, 1990, nr. 8.

834 Nielsen, Palle: Petra - nabatæernes hovedstad. - s. 114-118 : ill. - i: Sfinx, årg. 13 (1990).
Litteraturhenvisninger.

835 Nielsen, Palle: Petra : røgelsesbyen i ørkenen. - Århus/Lystrup : Nielsen & Munch, 1988. - 135 s. : ill. *(91.25)* Litteraturhenvisninger s. 133-135.

Om nabatæerriget i hellenistisk-romersk tid specielt s. 11-24.

Anmeldt i: GS 1989, s. 262 (Chr. Gorm Tortzen).

836 Uhre, Jan: Fortiden. - s. 7-17 : ill. - i: Et sted i Wadi Mousa : Petra : den glemte by. - Thaning og Appel, 1982. - 70 s. : ill. *(91.25; 48.255)*

Om det nabatæiske og romerske Petra.

Piazza Amerina

837 Hannestad, Niels: Piazza Armerina. - s. 56-59 : ill. - i: Sfinx, Årg. 9 (1986). Litteraturhenvisninger.

Om Maxentius' villa.

Pompeji

838 Andersen, Flemming Gorm: En dag i Pompeji : en arkæologisk byvandring / ill. af forfatteren. - København : Museum Tusculanum, 1980. - 135 s., [1] tav. : ill. *(91.37)* Litteraturhenvisninger s. 134-135.

Anmeldt i: Klass.Medd. 70 (1981), s. 33 (Karin Helmer Jensen).

839 Rasmussen, Per Mathner: Campanien, Pompeji og "Menander-karreen". - s. 10-29 : ill. - i: Rostra 21 (1987). Litteraturhenvisninger.

840 Schiøler, Thorkild: Pompejis vandtårne. - s. 112-116 : ill. - i: Sfinx, årg. 8 (1985). Litteraturhenvisninger.

Genoptrykt i VVS-Installatøren, december 1985, s. 16-21 med 2 suppl. illustrationer.

Foreslår brug af flydere.

841 Spore, Palle: Pompeji. - s. 280-286 : ill. - i: Syditalien - en guide / kort tegnet af Ulla Bergqvist. - København : Nyt Nordisk Forlag, 1991. - 346 s. : ill. *(47.5)*
Miniguide.

Pontecagnano

842 Strøm, Ingrid: Pontecagnano : udgravningen i det antikke byområde / [af] Ingrid Strøm og Marjatta Nielsen. - s. 27-30. - i: Medd.KAF 6/7 (1987).
Litteraturhenvisninger.

Portugal

843 Hannestad, Niels: Minedrift og fiskesovs. - s. 35-39 : ill. - i: Sfinx, årg. 14 (1991).
Litteraturhenvisninger.
Om Portugal i romersk tid.

Priene

844 Borup, Rikke: Grækernes huse. - s. 119-122 : ill. - i: Sfinx, årg. 13 (1990).
Litteraturhenvisninger.
Om hustyper.

Rhodos

845 Dietz, Søren: Carlsbergfondets ekspedition til Rhodos, 1902-1914 / [af] Søren Dietz og Steffen Trolle. - s. 9-15 : ill. - i: Årsskrift / Carlsbergfondet, 1986.
Om udgravningerne Lindos 1902-05, Vroulia 1907-08, Exochi 1914.

846 Gabrielsen, Vincent: Det rhodiske flådearistokrati. - s. 5-24. - i: Hellenismestudier 5, 1991.
Litteraturhenvisninger.

847 Lund, John: Rhodiske amforer som kilde til øens fjernhandel i hellenistisk tid. - s. 25-47 : ill. - i: Hellenismestudier 5, 1991.
Litteraturhenvisninger.

848 Rhodos i hellenistisk tid / redigeret af Per Bilde ... [et al.]. - Århus : Aarhus Universitetsforlag, 1991. - 109 s. - (Hellenismestudier ; 5). *(91.43)*
Litteraturhenvisninger til de enkelte afsnit.

De enkelte bidrag udspecificerede.

849 Serritslev, Lars: Rhodos rundt / [fotos og kort: forfatteren]. - København : Skarv, 1989. - 176 s. [8] tav. : ill. - (En skarv-guide). *(47.77)*
Litteraturhenvisninger s. 175.

Om Lindos akropolis s. 86-93.

Rom

850 Ankerfeldt, Carl: Romerske heltegerninger / tegninger af K. Lyngfeldt Larsen. - Herning : Poul Kristensen, 1983. - 65 s. : ill. *(91.47)*

Genfortællinger af (mest) sagnhistorie med tilknytning til lokaliteter i Rom.

Anmeldt i: Nyt fra Historien 33, 1984, s. 86 (Tønnes Bekker-Nielsen).

851 Cataldi Dini, Maria: Rom og Latium i 500- og 400-tallet f.Kr. - s. 80-88 : ill. - i: Ficana ... (Nr. 766).
Litteraturhenvisninger.

852 Dörrzapf, Reinhold: Colosseum - arenaen der gjorde mennesker til dyr. - s. 46-51 : ill. - i: Fakta, 1987, nr. 6. *

853 Gregorius: Magister Gregorius' beretning om Roms underværker / [ved] Erik Worm. - Århus : Sfinx, 1988. - 2 bd. : ill. *(91.37)*

Bd. 1: En lærd brites optegnelser fra et ophold i Rom omkring år 1200 / oversat med indledning og kommentar. - 80 s. : ill.
Bd. 2: Magister Gregorius, narracio de mirabilibus urbis Romae : den latinske tekst / med indledning og gloser. - 32 s.

Anmeldt i: Sfinx, Tillæg 1988 3-4 (Niels Hannestad), genoptr. i Medl.AV 5 (1989), s. 12-13; GS 1989, s. 469 [(Chr. Gorm Tortzen)].

854 Grønne, Claus: De skandinaviske udgravninger på Forum Romanum. - s. 3-5 : ill. - i: Sfinx, årg. 7 (1984).
Litteraturhenvisninger.

855 Guldager, Pia: Aktuelt i Rom : Nyt fra udgravningerne af Castor og Pollux-templet på Forum. - s. 29-33 : ill. - i: Medd.KAF 2 (1985).

856 Guldager, Pia: De skandinaviske udgravninger af Castor og Pollux templet / [af] Pia Guldager og Karen Slej. - s. 9-24 : ill. - i: Klass.Medd. 106 (1986).
Litteraturhenvisninger (ved Jan Zahle).

857 Guldager, Pia: De skandinaviske udgravninger på Forum Romanum II / [af] Pia Guldager og Karen Slej. - s. 9-11 : ill. - i: Sfinx, årg. 8 (1985).

Fortsættelse af Grønne (1984) ... (Se: nr. 854).

858 Guldager, Pia: Interim rapport over arbejdet på Castor og Pollux templet efter afslutningen af udgravningssæsonen i foråret 1985. - s. 7-11 : ill. - i: Medd.KAF 5 (1986).
Foredragsreferat.

859 Hannestad, Niels: Pantheon. - s. 14-16 : ill. - i: Medl.AV. 3 (1988).

860 Hansen, Jørgen: Frisk vand i 2000 år. - s. 10-16, 81 : ill. - i: Illustreret Videnskab, 1988, nr. 10.

Om Roms akvædukter og Frontinus.

861 Harder, Thomas: Rom / Thomas Harder, Hans Scheving ; ill. af Hans Scheving. - 3. opl. - [København] : Gyldendals Bogklubber, 1991. - 309 s. : ill. - (Byernes bog). *(47.57)*
1. udg. Samlerens Forlag 1989; 1. bogklubudgave (= 2. udg.) 1990.
Litteraturhenvisninger s. 283-284.
Om antikkens historie s. 12-20.

Anmeldt i: Klass.Medd. 132 (1991), s. 54-56 (Uffe Østergaard).

862 Høeg, Ole: Oldtidens Rom. - s. 30-51 : ill. - i: Turen går til Rom / af Ole Høeg og Alfredo Tesio. - 17. udg. - [København] : Politiken, 1991. - 144 s. : ill. *(47.57 Rom)*

Guidebogsgennemgang.

863 Isager, Jacob: Forum Romanum. - s. 5-10 : ill. - i: Medl.AV. 3 (1988).
Litteraturhenvisninger.

864 Isager, Jacob: Forum Romanum : magtens centrum - magtens symbol. - [København] : Gyldendal, 1983. - 96 s. : ill. *(91.37; 91.47)*
Hertil findes diasserie.
Litteraturhenvisninger s. 92-93.

Anmeldt i: Klass.Medd. 89 (1984), s. 37-38 (Erik Vinther Andersen).

865 Isager, Jacob: Storbymentalitet og fremmedgørelse. - s. 9-27 : ill. - i: Rom : en antik storby ... (Nr. 882).
Litteraturhenvisninger.
Heri s. 20-27 optryk af Juvenals 3.satire (Garffs og Hastrups oversættelse).

Bysociologi.

866 Kronman, Christian: Terningerne er kastet på Forum Romanum. - s. 20-23 : ill. - i: Forskning & Samfund, årg. 16, nr. 5 (1990).

Om Castor og Pollux -udgravningen s. 20-22.

867 Landgren, Lena: "Det smukkeste sted" / [af] Lena Landgren, Lena Larsson. - s. 105-109 : ill. - i: Sfinx, årg. 13 (1990).
Litteraturhenvisninger.
Om Palatinerhøjen.

868 Larsen, Jens Dybkjær: Roms vandforsyning. - s. 22-26 : ill. - i: Sfinx, årg. 3 (1980).
Litteraturhenvisninger.
Om akvædukterne.

869 Licht, Kjeld de Fine: Nye udgravninger ved Forum Romanum. - s. 108-109 : ill. - i: Arkitekten, årg. 83, nr. 5 (1981).
Planerne om en arkæologisk park.

870 Lundgreen, Birte: Den italienske udgravning på Palatins nordlige skråning. - s. 17-21 : ill. - i: Medd.KAF 10 (1988).

871 Meyer, Jørgen Christian: Pre-Republican Rome : an analysis of the cultural and chronological relations 1000-500 BC. - [Odense] : Odense University Press, 1983. - 210 s., [2] tavler : ill. - (Analecta Romana Instituti Danici, Supplementum ; 11). *(91.47)*
Disputats (Aarhus).
Litteraturhenvisninger s. 194-202.
Dansk resumé s. 170-173.

872 Moltesen, Mette: Marcus Aurelius sidder af. - s. 28-30 : ill. - i: Sfinx, årg. 4 (1981).
Forberedelse til restaurering af rytterstatuen i Rom.

873 Nedergaard, Elisabeth: Augustusbuerne på Forum Romanum. - s. 11-15. - i: Medd.KAF 5 (1986).
Foredragsreferat.

874 Nielsen, Anne Marie: Triumfbuer i Rom. - s. 11-13 : ill. - i: Medl.AV. 3 (1988).
Litteraturhenvisninger.
Om de tre bevarede.

875 Nielsen, Hjørdis: Forum Romanum / [af] Hjørdis Nielsen, Inge Nielsen og Annette Rathje. - [København] : Danmarks Radio, 1987. - 65 s. : ill. *(91.37; 91.47)*
Anmeldt i: Medl.AV 3 (1988), 33-34 (Jørgen Houby-Nielsen); GS 1988, s. 846 (Chr. Gorm Tortzen).

876 Nielsen, Inge: De skandinaviske udgravninger på Forum Romanum III. - s. 14-18 : ill. - i: Sfinx, årg. 9 (1986).
Fortsætter Grønne (1984) og Guldager & Slej (1985). (Se: nr. 854 og 857).

877 Nielsen, Inge: Thermeanlæg i det antikke Rom. - s. 17-21. - i: Medl.AV. 3 (1988).
Hertil knyttet Houby-Nielsen, Jørgen: Roms rindende vande, smst., s. 22-25, med litteraturhenvisninger (om vandforsyning).

878 Olsen, Kristian: Et hæderkronet navn. - s. 29-34 : ill. - i: Rostra 13 (1985).
Om Rostra i Rom, og ordets etymologi.

879 Perniola, Mario: Ars og urbs. - s. 13-26. - i: Blændværker / på dansk ved Carsten Juhl. - Århus : Sjakalen, 1982. - 89 s. - (Sjakalens ørkenserie). *(17)*
Litteraturhenvisninger.
Om Roms oprindelse som by.

880 Poulsen, Birte: Augustus, Dioskurerne og de hellenistiske herskere. - s. 58-72. - i: Hellenismestudier 3, 1990.
Litteraturhenvisninger.

Den ideologiske brug af Dioskurerne.

881 Rathje, Annette: Det moderne Roms bymidte og Forumprojekterne : de fælles-nordiske udgravninger på Forum Romanum / [af] Annette Rathje og Jan Zahle. - s. 7-16 : ill. - i: Piranesi, nr. 2 (1984).
Litteraturhenvisninger.

882 Rom : en antik storby / redigeret af Hanne Sigismund Nielsen og Hans Erik Mathiesen ; billedredaktion og -tekster Ittai Gradel. - Århus : Sfinx, 1991. - 208 s. : ill. *(91.47)*
De enkelte bidrag udspecificerede.

883 Skydsgaard, Jens Erik: Bebyggelseshistoriske undersøgelser nord for Rom i oldtiden. - s. 568-583 : ill. - i: Fortid og Nutid, Bd. 29, hft. 4 (1982).
Litteraturhenvisninger.
Med udgangspunkt i de britiske surveys.

884 Zahle, Jan: Dioskurerne og de skandinaviske udgravninger på Forum Romanum. - s. 22 : ill. - i: NNUM, 1986, nr. 2.

Salona

885 Torp, Hjalmar: En dansk pionerindsats - med Dyggve i Salona. - s. 48-52 : ill. - i: Sfinx, årg. 13 (1990).
Litteraturhenvisninger.
Uddrag af Hj. Torps dagbog fra udgravningerne 1949.

Samos

886 Bjerregaard, Jørgen O.: Over bjerget efter vand. - s. 105-111 : ill. - i: Sfinx, årg. 8 (1985).
Litteraturhenvisninger.
Eupalinos' tunnel og vandledning.

Sardinien

887   Frizell, Barbro Santillo: Sardiniens nuragher : - fårehyrdens tilholdssted. - s. 14-19 : ill. - i: Sfinx, årg. 11 (1988).
Litteraturhenvisninger.
Om Sardinien i førromersk tid.

888   Rathje, Annette: Det arkæologiske Sardinien. - s. 27-47 : ill. - i: Piranesi, nr. 6 (1991).
Litteraturhenvisninger.
Om Sardinien i førromersk tid.

Satricum

889   Ginge, Birgitte: Nyere fund og forskning fra det antikke Satricum. - s. 4-20 : ill. - i: Medd.KAF 13 (1989).
Litteraturhenvisninger.

Segermes

890   Carlsen, Jesper: På markvandring i Tunesien / [af] Jesper Carlsen, John Lund, Leila Ladjimi Sebai. - s. 142-147 : ill. - i: Sfinx, årg. 12 (1989).
Litteraturhenvisninger.

891   Carlsen, Jesper: Quid novi ex Africa? / [af] Jesper Carlsen, John Lund, Leila Ladjimi Sebai. - s. 123-126 : ill. - i: Sfinx, årg. 13 (1990).
Litteraturhenvisninger.

892   Ørsted, Peter: ... men i Africa er det anderledes. - s. 13-17 : ill. - i: Forskning & Samfund, årg. 14, nr. 7 (1988).

893   Ørsted, Peter: Project Africa Proconsularis : en undersøgelse af de økonomiske relationer mellem by og land i det romerske Tunesien. - s. 8-15 : ill. - i: Årsskrift / Carlsbergfondet, 1990.

Selinunt

894 Fischer-Hansen, Tobias: Frugtbarhedsgudindens tempel. - s. 46-50 : ill. - i: Sfinx, årg. 9 (1986).
Litteraturhenvisninger.

Om Maloforos-templet.

Séviac

895 Roos, Richard: Séviac : en romersk villa (guvernørbolig) i regionen Gascogne. - s. 44-51 : ill. - i: Rostra 15 (1985).

Siwa

896 Øster-Mortensen, Jens: Siwa-oasen : før og nu. - s. 99-101 : ill. - i: Sfinx, årg. 10 (1987).

Heri aftrykt Arrians beskrivelse.

Spanien

897 Nielsen, Kirsten Holm: Spanien i oldtiden : - en bibliografi. - s. [13-44] (med selvstændig paginering 1-26). - i: Agora 1983, nr. 4.

Kommenteret bibliografi.

898 Trolle, Steffen: Hinsides Herakles' støtter. - s. 44-48 : ill. - i: Sfinx, årg. 6 (1983).
Litteraturhenvisninger.

Om græsk kontakt til Spanien i kolonitiden.

Sparta

899 Haastrup, Lars: Sparta / Lars Haastrup ; i samarbejde med Gudrun Haastrup. - København : Akademisk Forlag, 1990. - 176 s. : ill. *(91.43)*
Litteraturhenvisninger s. 169-171.

Behandling og tekstudvalg.

Anmeldt i: Klass.Medd. 135 (1991), s. 26 (Thomas Alkjær); Medl.AV 15 (1991), s. 21-22 (Jørgen Houby-Nielsen); GS 1991, s. 203-204 (Chr. Gorm Tortzen).

900 Rieder, Werner G.: Sparta - en kulturinteresseret krigerstat. - s. 56-61 : ill. - i: Videnskab for Alle, 1987, nr. 4.

Om samfundsforhold.

Split

901 Hannestad, Niels: Kejserpaladset i Split. - s. 43-47 : ill. - i: Sfinx, årg. 13 (1990).
Litteraturhenvisninger.

Om Diocletians palads.

Thera

902 Friedrich, Walter L.: Kulturplanter fra Santorins bronzealder. - s. 234-245 : ill. - i: Naturens Verden, 1983, nr. 6/7.

Plantefund fra Akrotiri.

903 Friedrich, Walter L.: Santorin : et bronzealder-Pompeji. - s. 44-51 : ill. - i: Årsskrift / Carlsbergfondet, 1981.
Litteraturhenvisninger.

904 Friedrich, Walter L.: Santorin og indlandsisen : nye dateringer / [af] Walter L. Friedrich og Erik Hallager. - s. 20-24 : ill. - i: Sfinx, Årg. 11 (1988).
Litteraturhenvisninger.

Vulkanologisk datering af udbruddet til 1645 f.Kr.

905 Johansson, Fredrik: Kan det være Atlantis. - s. 54-58 : ill. - i:
Illustreret Videnskab, 1985, nr. 1.

Heri også resuméer af Platons Atlantisberetninger.

906 Marinatos, Nanno: "Det græske Pomeji" : en 3500 år gammel by genopstår af asken. - s. 131-138 : ill. - i: Sfinx, årg. 5 (1982).
Litteraturhenvisninger.
Udgravningen af Akrotiri.

907 Nielsen, Palle: Thira : en græsk vulkanø med minoisk fortid / [tegninger af Kirsten Munch og forfatteren]. - Århus : Nielsen & Munch, 1983. - 80 s. : ill. *(91.33; 91.43)*
Litteraturhenvisninger s. 79-80.

Tivoli

908 Silding, Grethe: Hadrians villa Canopus. - s. 12-13. - i: Blød by, 1986, nr. 33/34. *
Om Villa Adriana.

Tunesien

909 Koch, Kirsten Elers: Da ørkenen blomstrede. - s. 18-23 : ill. - i: Sfinx, årg. 8 (1985).
Litteraturhenvisninger.
Om landbrug og forpagtning i romersk tid.

910 Liventhal, Viveca: C.T. Falbe - søofficer og arkæolog : en dansk mandsskæbne fra det forrige århundrede. - s. 337-361 : ill. - i: Mus.Tusc., nr. 56 (1984/86).
Litteraturhenvisninger.

911 Lund, John: Vejen til Segermes : C.T. Falbes rejse gennem Tunesien / [af] John Lund og Lone Wriedt Sørensen. - s. 9-23 : ill. - i: Nationalmuseets Arbejdsmark, 1988.
Litteraturhenvisninger. - Summary in English.

Tymnessos (Lykien)

912 Zahle, Jan: Den lykiske by Tuminehi. - s. 98-104 : ill. - i: NNUM, 1988, nr. 5.

ARKÆOLOGI OG KUNST

Litteraturhenvisninger.
Corrigenda smst., 1988, nr. 8, s. 171.

Identifikation af Tuminehi/Tymnessos = Köybasi i Lykien udfra mønt, (jævnfør nr. 1122).

Ulu Burum

913 Liversage, Anika: Arkæologisk skattejagt på havets bund. - s. 10-17, 78. - i: Illustreret Videnskab, 1990, nr. 10.

Om udgravningen af et vrag fra bronzealderen.

Vergina

914 Bro, Thyge C.: Kronen over Europas første stormagt. - s. 40-45, 80 : ill. - i: Illustreret Videnskab, 1990, nr. 6.

Om Filip II's grav.

Vroulia

915 Dietz, Søren: Vroulia - en garnisonsby på Rhodos. - s. 122-126 : ill. - i: Sfinx, årg. 14 (1991).
Litteraturhenvisninger.

ARKÆOLOGI OG KUNST

Alment

916 Angel, J. Lawrence: Det mykenske menneske / [af] J. Lawrence Angel, Sarah Bisel og Søren Dietz. - s. 5-24 : ill. - i: Nationalmuseets Arbejdsmark, 1980.

Fysisk antropologi byggende på skeletundersøgelser.

917 Bech, Birgitte: Kristendommens billeder : en symbolverden. - Herning : Systime, 1991. - 175 s. : ill. *(24.5; 71.8)*
Litteraturhenvisninger s. 174-175.

Om oldkristen kunst s. 12-17.

Anmeldt i: GS 1991, s. 818-818, 823 (Finn Olsen); Historisk Tidsskrift 91, 1991, s. 566-567 (Axel Bolvig).

918 Bekker-Nielsen, Tønnes: Vore naboer romerne. - s. 58-61 : ill. - i: Motor, årg. 83, nr. 7 (1988).

Romerske levn i BRD, Holland, Belgien.

919 Broby-Johansen, Rudolf: Hverdagskunst - verdenskunst : en oversigt over Europas kunsthistorie. . - 3. udg., 2. opl. - [København] : Gyldendal, 1988. - 215 s. : ill. *(70.9)*
1. udg. 1966; 3. udg. 1987.

Om antikken s. 40-44, 49-75.

920 Bundgaard Rasmussen, Bodil: Leagros kalos - og hvad deraf fulgte. - s. 73-87 : ill. - i: Mus.Tusc., nr. 44/47 (1981).
Litteraturhenvisninger.

De skiftende dateringer af Leagros-tiden.

921 Bundgaard, J.A.: Den græske kunsts historie : fremstillet i omrids. - 8. udg., 5. opl. - København : Gyldendal, 1980. - 127 s. : ill. *(91.33)* *
1. udg. 1932; 8. udg. 1968.

922 Carlsen, Jesper: Fremtidsudsigter : eller arkæologi og historie. - s. 119-124. - i: Piranesi, nr. 2 (1984).
Litteraturhenvisninger.

Om forholdet mellem arkæologi og historie.

923 Christiansen, Erik: To danske pionerer I. - s. 152-155 : ill. - i: Sfinx, årg. 10 (1987).
Litteraturhenvisninger.

Om Georg Zoëga.

ARKÆOLOGI OG KUNST

924 Christiansen, Jette: En Bonaparte som arkæolog. - s. 96 : ill. - i: Sfinx, årg. 12 (1989).

Om Lucien Bonapartes samlervirksomhed.

925 Dietz, Søren: Det ægæiske område i tiden omkring den trojanske krig - en skitse. - s. 47-66 : ill. - i: Mus.Tusc., nr. 56 (1984/86). Litteraturhenvisninger. - Summary in English.

926 Dietz, Søren: En aktuel sag med gamle rødder. - s. 147-151 : ill. - i: Sfinx, årg. 6 (1983). Litteraturhenvisninger.

Om UNESCO-konventionen af 1970 vedr. illegal kunstimport.

927 Dietz, Søren: The Argolid at the transition to the Mycenaean age : studies in the chronology and cultural development in the shaft grave period / [drawings ... by Johs. Frederiksen]. - Copenhagen : National Museum of Denmark, Dept. of NE and Class. Antiquities, 1991. - 336 s. : ill. - (Publications of the Department of Near Eastern and Classical Antiquities). *(91.33)*
Disputats.
Litteraturhenvisninger s. 12-19.
Dansk resumé s. 327-334.

928 Ebbesen, Klaus: Nordens bronzealder-høvdinge handlede med de gamle grækere. - s. 64-66 : ill. - i: Fakta, 1989, nr. 1.

Om kontakter mellem den mykenske verden og Norden.

929 Frank-Gopolos, Vasili: En studierejse gennem Grækenlands kulturrester på det sydlige fastland / medarbejdere: Nick Larsen, Lisbeth Skou Sørensen. - [Århus] : [Arkitektskolen i Århus], [1982]. - 59 s. : ill. *(91.33)*

Arkæologisk og kultuhistorisk rids.

930 Frimodt, Steen: Delfi og Peloponnes / [fotos: forfatteren]. - Holte : Skarv, 1988. - 168 s. [8] s. tavler : ill. - (En skarv-guide). *(47.77)*

På titelbladet: Delfi og Peloponnes rundt.
Litteraturhenvisninger s. 166.

Generelt om antikken s. 28-32; dertil store afsnit om div. ruinsteder.

931 Gombrich, E.H.: Kunstens historie / oversat af Palle Lauring og Hannemarie Ragn Jensen ; oversættelse af tilføjelser ... Ernst Jonas Bencard. - 4. udg. - København : Gyldendal, 1990. - 546 s. : ill. *(70.9)*
Originaltitel: The story of art (1950).
1. udg. 1953.
Litteraturhenvisninger s. 510-518.

Om antikken s. 46-93.

932 Guldager, Pia: Klassisk arkæologiske studier / redaktion: Pia Guldager ... [et al.]. - København : Museum Tusculanum, 1986. - 391 s. : ill. - (Museum Tusculanum ; 56). *(91.3)*
With summaries in English or German.

De enkelte bidrag udspecificerede.

933 Hallager, Birgitta Pålsson: De første grækere i Italien. - s. 35-39 : ill. - i: Sfinx, årg. 9 (1986).
Litteraturhenvisninger.

Om minoiske og mykenske fund i Syditalien/Sicilien.

934 Hannestad, Lise: Etruskerne og deres kunst. - [Århus] : Sfinx, 1982. - 96 s. : ill. *(91.35)*
Litteraturhenvisninger s. 93.

Anmeldt i: Klass.Medd. 78 (1982), s. 44-45 (Erik Worm); GS 1983, s. 997 (Chr. Gorm Tortzen).

935 Hannestad, Lise: Hellenismen i arkæologisk lys. - s. 37-48. - i: Hellenismestudier 1, 1989.

936 Hannestad, Niels: Roman art and imperial policy / [translation ...:
P.J. Crabb]. - 2. udg. - Højbjerg : Jutland Archaeological Society,
1988. - 485 s. : ill. - (Jysk Arkæologisk Selskabs skrifter ; 19).
(91.37)
1. udg. 1986.
Bygger på hans Romersk kunst som propaganda.
Disputats (Aarhus).
Litteraturhenvisninger s. 423-458
Dansk resumé: s. 475-478.

Anmeldt i: Historisk Tidsskrift 89, 1989, 128-137 (Bengt Malcus); NNUM, 1987, nr. 5, s. 127-129 (Anne Kromann); Nyt fra Historien 35, 1986, s. 85-86 (Erik Christiansen).

937 Helsted, Dyveke: Er det Zoëga?. - s. 104-106 : ill. - i: Sfinx, årg. 9 (1986).
Litteraturhenvisninger.

Om at det såkaldte Zoëga-portræt på Frederiksborgmuseet afbilder Giuseppe Benedetto Labre.

938 Hjortsø, Leo: Antikkens kunst, Grækenland. - [København] : Gyldendal, 1982. - 158 s. : ill. *(91.33)*
Billedværk.
Litteraturhenvisninger i noter.

939 Hoffmeyer, Ada Bruhn: Klassisk kunst : til studie- og undervisningsbrug / Bd. 3 : Tekst og billeder / [af] Ada Bruhn, Leo Hjortsø, Vagn Poulsen. - 5. opl. - København : Gyldendal, 1980. - 121 s. : ill. *(91.3)* *
1. udg. 1966.
Billedværk.

940 Holm-Nielsen, Svend: Historie og tradition. - s. 3-15. - i: Medd.KAF 6/7 (1987).
Også om forholdet mellem arkæologi og historie.

941 Jensen, Steen Ole: Verdens rigeste museum. - s. 51-55 : ill. - i: Sfinx, årg. 10 (1987).
Litteraturhenvisninger.
Om skibsfund langs Rivieraen.

942 Johansen, Flemming: Naar Crocodillen ynksomt græder den allersnarest Folk opæder. - s. 62-71 : ill. - i: Dyredage ... (Nr. 797).
Litteraturhenvisninger.
Om krokodiller i oldtidskunst.

943 Kiilerich, Bente: Kunsten omkring 400 e.Kr. - s. 9-10 : ill. - i: Medl.AV. 5 (1989).
Foredragsreferat.
Også kort referat i Medd.KAF 12 (1989), s. 9-10 med litteraturhenvisninger.

944 Kofoed, Aase: Begrebet frelse udtrykt i billeder i kejsertidens Rom. - s. 71-84 : ill. - i: Chaos, nr. 6 (1986).
Litteraturhenvisninger.

945 Lange, Julius: Til Sammenligning mellem antik og modern Figurstil (1879) / indledende bemærkninger af Jan Zahle. - s. 2-11. - i: Medd.KAF 8 (1987).
Først trykt i Filologisk-Historisk Samfunds Mindeskrift i Anledning af dets 25-årige Virksomhed (1879); genoptrykt i Brandes, G. og Købke, P. (red.): Udvalgte Skrifter af Julius Lange (1901), Bd. II, s. 1-9.

946 Lilli Latino, Giorgio: Italiens kunst / [kronologisk oversigt: Anna Lo Bianco] ; [essay: Gertrud Købke Sutton]. - [Rom] : Servizio Edizioni dell' E.N.I.T., [1981]. - 77 s. : ill. *(70.975; 91.37)*
Om antikken s. 15-32.

947 Lloyd, Christopher: Vestens kunst gennem årtusinder / [red. af: Christopher Lloyd ; dansk redaktion ved Jens Bing]. - [Køben-

havn] : Lademann, 1980. - 324 s., [2] tavler : ill. *(70.9)*
Litteraturhenvisninger s. 307-309 (om antikken s. 307).

Om antikken s. 25-44.

948 Melander, Torben: Billeder fra Grækenland 700-300 f. Kr. : en introduktion til billedforståelse / [tegninger: Thora Fisker]. - [København] : Gyldendal, 1986. - 134 s. : ill. *(91.33)*
Rettelsesblad i Klass.Medd. 108 (1986) s. 74 (til s. 23).
Litteraturhenvisninger s. 123-125.

Indeholder arkæologisk baggrundsstof til forståelse af undervisningsmaterialer.

Anmeldt i: GS 1986, s. 1006 (Chr. Gorm Tortzen); Klass.Medd. 108 (1986), s. 72-73 (Birte Lunau Nielsen); Sfinx, Tillæg 1986, s. 6 (Poul Pedersen).

949 Moltesen, Mette: Danske udgravningsprojekter i Italien. - s. 96-107, 348-349 : ill. - i: Italien og Danmark ... (Nr. 622).
Litteraturhenvisninger.

950 Nielsen, Anne Marie: Kreta, Thera og Mykene. - [København] : Berlingske, 1980. - 100 s. : ill. - (Kultur og rejser). *(91.33)*
Litteraturhenvisninger s. 97.

Om ægæisk kunst og arkitektur.

Anmeldt i: Klass.Medd. 70 (1981), s. 29 (Annette Sauerberg); Sfinx, årg. 3 (1980), s. 131 (Erik Hallager); GS 1981, s. 593 (Christian Iuul).

951 Nielsen, Anne Marie: Øjebliksbilleder fra antikken. - [København] : Gyldendal, 1988. - 135 s. : ill. *(91.3)*
Litteraturhenvisninger s. 130-132.

Antikke natur- og menneskeskabte katastrofer, arkæologisk set.

Anmeldt i: Medl.AV 3 (1988), s. 32-33 (Jørgen Houby-Nielsen); Klass.Medd. 117 (1988), s. 37-38 (Erik Vinther Andersen); Sfinx, Tillæg 1988, s. 4-5 (Erik Hallager); Nyt fra Historien 37, 1988,

s. 80 (Erik Christiansen); debat i Medd.KAF 10 (1989), s. 15-16 (Anne Marie Nielsen), smst., 11 (1989), s. 8-9 (Jørgen Houby-Nielsen).

952 Persson, Lars: Elektronisk tekstbehandling for arkæologer - 1 / [af] Lars Persson og John Lund. - s. 21-26. - i: Medd.KAF 5 (1986).

953 Poulsen, Birte: Aspekter af kentaurfiguren i hellenistisk og romersk periode. - s. 213-227 : ill. - i: Mus.Tusc., nr. 56 (1984/86).
Litteraturhenvisninger. - Deutsche Zusammenfassung.

954 Poulsgaard Markussen, Erik: EDB og klassisk arkæologi : en oversigt. - s. 3-22 : ill. - i: Medd.KAF 3 (1985).
Litteraturhenvisninger.
Foredragsreferat.

955 Rasmussen, Birgit: Arkæologi. - København : Gad, 1979. - 207 s. : ill. - (Gads fagleksikon). *(91.2; 90.72; 91.1)*
Arkæologisk leksikon.

Anmeldt i: Sfinx, årg. 3 (1980), 133 (Geoffrey Bibbey).

956 Rathje, Annette: Kulturhistorie contra antiquaria : de nye udgravninger i Italien, eller Kulturhistoriske landvindinger ved arkæologiens hjælp / [af] Annette Rathje og Inge Nielsen. - s. 54-56. - i: Klass.Medd. 101 (1985).

Om arkæologi som kulturhistorisk kilde.
Debat smst., 102 (1986), s. 14-15 (Hans Erik Mathiesen).

957 Riis, P.J.: 200 års danske arkæologiske studier af orientalsk kulturpåvirkning i den græsk-romerske verden. - s. 3-17. - i: Medd.KAF 9 (1988).
Litteraturhenvisninger.

958 Rohde, H.P.: Et ufuldendt storværk med perspektiver. - s. 191-208 : ill. - i: Den røde tråd : Boghistoriske studier. - [Herning] : Poul Kristensen, 1985. - 267 s. : ill. *(00.09)*

Om den franske udgave af P.O. Brøndsteds Voyages en Grèce ...(1830), og om identificeringen af Antiksamlingens parthenonhoveder.

959 Strøm, Ingrid: Grækenlands forhistoriske kulturer. - København : Reitzel, 1966-82. - 2 bd. : ill. *(91.33)*
Bind 1: Stenalder og tidlig bronzealder. - Munksgaard, 1966. - 208 s. : ill. & kort
Bind 2: Minoisk og tidlig mykensk kultur. - Reitzel, 1982. - 411 s. : [16] tavler & kort
Litteraturhenvisninger s. 381-398.

960 Thorhauge, Susanne: Vespasian - officiel kunst og ideologi. - s. 29-43 - i: Rostra 15 (1985) og s. 5-19 : ill. - smst. 16 (1986). Litteraturhenvisninger.

Vespasians ideologi afspejlet i arkitektur og numismatik.

961 Thuesen, Ingolf: SPSS : en programpakke blandt andet for arkæologer. - s. 12-18 : ill. - i: Medd.KAF 4 (1986).

Præsentationsartikel med eksempler (Ubaid-keramik fra Syrien).

962 Torresin, Giuseppe: Geografiske konstanter og ændringer i det italienske landskab fra oldtiden til i dag : nogle eksempler fra Norditalien. - s. 9-33 : kort s. 39. - i: Rostra 25 (1988).

Om landskabets rolle i det historiske forløb.

963 Torresin, Giuseppe: Nyere udgravninger i Italien. - s. 20-35. - i: Rostra 16 (1986) og s. 10-22, smst. 17 (1986). Litteraturhenvisninger.

964 Woodford, Susan: Introduktion til græsk og romersk kunst / oversat af Jørgen Skot-Hansen. - 2. opl. - Herning : Systime, 1990. - 122 s. : ill. *(91.3)*
Originaltitel: The art of Greece and Rome (1982).

1. udg. 1985.
Litteraturhenvisninger s.120.

Anmeldt i: Klass.Medd. 101 (1985), s. 80-81 (Anne Louise Paludan); Sfinx, Tillæg 1985, s. 10 (Hans Erik Mathiesen); GS 1985, s. 1014-1015 (Chr. Gorm Tortzen).

965 Zahle, Jan: Dansk arkæologi i Middelhavslandene 1973-1984. - s. 11-46 : ill. - i: Mus.Tusc., nr. 56 (1984/86).
Litteraturhenvisninger. - Summary in English.
Først trykt i Medd.KAF 2 (1985), s. 2-28, uden ill.

966 Zanker, Paul: Nydelsesrig samtid? : om de senhellenistiske byers billedverden / oversat af Annette Sevaldsen. - s. 91-108. - i: Hellenismestudier 5, 1991.

967 Østergaard, Jan Stubbe: En næse for morskab - ansigter i antikke karikaturer. - s. 43-57 : ill. - i: Ansigter : en temabog / red.: Anne Marie Nielsen. - [København] : Ny Carlsberg Glyptotek, 1989. - 135 s. : ill. *(70.99)*

968 Østergaard, Jan Stubbe: Hesten og grækeren - en klassisk duo. - s. 72-91. - i: Dyredage ... (Nr. 797).
Litteraturhenvisninger.
Om rytterfigurer i græsk kunst.

Arkitektur

969 Bek, Lise: Udsigten er ikke længere, hvad den har været. - s. 34-44. - i: Man må studere ... (Nr. 5).
Om landskabsperspektivet i antikken s. 35-38.

970 Bendtsen, Margit: De attisk ioniske kapitæltyper indtil udgangen af 5. årh. f.Kr. - s. 67-93 : ill. - i: Mus.Tusc., nr. 56 (1984/86).
Litteraturhenvisninger. - Summary in English.

ARKÆOLOGI OG KUNST 199

971 Bendtsen, Margit: På sporet af den sande græske arkitektur. - s. 51-55.
- i: Sfinx, årg. 9 (1986).

Om danske arkitekters tempelopmålinger i Syditalien i 1800-tallet.

972 Faldager, Inge: Antikke afløbssystemer : rapport fra en studierejse til Rom, Pompeji og Ostia / [af] Inge Faldager og Knud Høyer. - København : s.n., 1985. - 114 s. [3] Tav. : ill. *(69.85)* Litteraturhenvisninger s. 114.

973 Faldager, Inge: Rene romere krævede afløb / [af] Inge Faldager og Knud Høyer. - Sektion 1, s. 16-17 : ill. - i: Ingeniøren, årg. 11, nr. 46 (1985).

Spildevands- og latrinteknik.

974 Faldager, Inge: Romersk kloakering. - s. 123-130 : ill. - i: Rom : en antik storby ... (Nr. 882). Litteraturhenvisninger.

Kloakering i Pompeji og Ostia.

975 Frizell, Barbro Santillo: Fyrstegrave : - om konstruktionen af den mykenske kuppelgrav. - s. 144-149 : ill. - i: Sfinx, årg. 7 (1984). Litteraturhenvisninger.

976 Guldager, Pia: Senrepublikanske helligdomskomplexer i Centralitalien : Et exempel på hellenistisk arkitekturkonception i vesten. - s. 79-94. - i: Hellenismestudier 2, 1990. Litteraturhenvisninger.

977 Gunder-Hansen, Edwin: Romerske bade i Rumænien. - s. 126-130 : ill. - i: Sfinx, årg. 3 (1980). Litteraturhenvisninger.

978 Hannestad, Niels: Storbyens huse. - s. 109-122 : ill. - i: Rom : en antik storby ... (Nr. 882). Litteraturhenvisninger.

Med udgangspunkt i Ostia.

979 Hansen, Jørgen: Rom - bygget på vand. - s. 131-142 : ill. - i: Rom : en antik storby ... (Nr. 882).
Litteraturhenvisninger.

Om Roms akvædukter.

980 Haugsted, Ida: Arkitekten Christian Hansen i Grækenland : 1833-50 / [af] Ida Haugsted og Margit Bendtsen. - København : Kunstakademiet, 1986. - 54 s. : ill. *(99.4)*
Litteraturhenvisninger s. 53.

Til udstilling Kunstakademiets Bibliotek 12.april-4.august 1986.

981 Haystrup, Helge: Oldkristne kirker og koncilier. - København : C.A. Reitzel, 1989. - 134 s. : ill. *(91.37; 27.11; 27.14)*
Litteraturhenvisninger i noter.

Om senantik kirkearkitektur s. 9-62.
Afsnittet tidligere udgivet som bog med titel: Oldkristne kirker i Norditalien. - Fredericia : Lohse, 1972.

982 Hjortsø, Leo: Den romerske scene. - s. 36-53. - i: Rostra 21 (1987).

983 Milani, Celestina: De minoiske paladser på Kreta / på dansk ved Tommy P. Christensen. - København (tr. i Italien) : Gyldendal, 1991. - 76 s. : ill. - (Klassiske rejsemål : Grækenland). *(91.33)*
Oversat efter: Die minoischen Paläste auf Kreta (1991).
Litteraturhenvisninger s. 18.

984 Mitens, Karina: Græsk teaterbyggeri på Sicilien og i Magna Graecia. - s. 189-211 : ill. - i: Mus.Tusc., nr. 56 (1984/86).
Litteraturhenvisninger. - Summary in English.

985 Nielsen, Inge: Badeanlæg og bademetoder i Palæstina i 2.-1.årh. f.Kr. - s. 65-78 : ill. - i: Hellenismestudier 2, 1990.
Litteraturhenvisninger.

986 Nielsen, Inge: Det romerske teater : arkitektur og funktion. - s. 39-41 : ill. - i: Klass.Medd. 132 (1991).
Genoptrykt i Medl.AV 13 (1991), s. 7-9.
Om teatret på Terents' tid.

987 Nielsen, Inge: Det romerske thermeanlæg. - s. 6-11 : ill. - i: Medd.KAF 10 (1988).
Foredragsreferat.

988 Nielsen, Inge: Det svævende bad. - s. 112-115 : ill. - i: Sfinx, Årg. 5 (1982).
Litteraturhenvisninger.
Genoptrykt i VVS-Installatøren, april 1983, s. 26-29.

Om hypokaustsystemet.

989 Nielsen, Inge: Et etruskisk tempel i centrum af Rom : de skandinaviske udgravninger i Castor og Pollux templet på Forum Romanum. - s. 11-21 : ill. - i: Piranesi, nr. 4 (1987).
Litteraturhenvisninger.
Herom også et kort referat i Medd.KAF 5 (1986), s. 5,7.

990 Nielsen, Inge: Romerske badeanstalter. - s. 138-142 : ill. - i: Humaniora, nr. 5, 1981/82 (1983).

Præsentation af forskningsprojekt.

991 Nielsen, Inge: Thermae et balnea : the architecture and cultural history of Roman public baths / translation ... by Peter Crabb / plans and maps by Inga Friis. - Aarhus : Aarhus University Press, 1991. - 2 bd., 193 + 212 s. : ill. : 1 bilag. *(61.32; 91.37)*
Disputats.
Litteraturhenvisninger bd. I s. 167-183
Dansk resumé (bilag).

Anmeldt i: GS 1991, s. 818 (Chr. Gorm Tortzen).

992 Norn, Otto: Vandrende søjler. - s. 143-146 : ill. - i: Sfinx, årg. 9 (1986).

Formodede romerske granitsøjler i Danmark.

993 Pedersen, Poul: Aspekter af oprindelsen til hellenistisk monumentalarkitektur og fyrstekultur. - s. 18-29. - i: Hellenismestudier 3, 1990.
Litteraturhenvisninger.

Om carisk arkitektur som kilde til hellenistisk arkitektur.

994 Pedersen, Poul: Den hellige Nikolaos' kapel på Thera. - s. 20-23 : ill. - i: Sfinx, årg. 7 (1984).
Litteraturhenvisninger.

Antik bygning, nu kapel.

995 Pedersen, Poul: Fra krydseren Hejmdals 2. togt i 1896 : to arkitekturfragmenter fra Athens Akropolis. - s. 95-104 : ill. - i: Mus.Tusc., nr. 56 (1984/86).
Litteraturhenvisninger. - Summary in English.

Fragmenter hjembragt af Henning Barfred og Alexander Münter.

996 Pedersen, Poul: Om oprindelsen til den korinthiske arkitekturorden. - s. 22-29 : ill. - i: Klass.Medd. 125 (1989).
Litteraturhenvisninger.

997 Pedersen, Poul: Parthenon og oprindelsen til det korinthiske kapitæl. - s. 24-32 : ill. - i: Medd.KAF 12 (1989).
Litteraturhenvisninger.
Også et kort referat i Medl.AV 4 (1988), s. 10-12 : ill.

998 Pevsner, Nikolaus: Europas arkitekturhistorie / [oversat af Lennart Olsson]. - 2. opl. - København : Politiken, 1990. - 496 s. : ill. *(71.1)*
Originaltitel: An outline of European architecture (1942).

1. udg. 1973.
Litteraturhenvisninger s. 462-475 (om antikken s. 463).
Om senromersk arkitektur s. 18-31.

999 Tuxen, Nikolaj: Romerske vandledninger i Sydfrankrig : Frejus - Arles - Nîmes. - s. 91-127 : ill. - i: Mus.Tusc., nr. 48/51 (1982). Litteraturhenvisninger.

1000 Westergård-Nielsen, Nanna: Makedonske grave : den hvælvede kammergravs konstruktion og oprindelse. - s. 149-174 : ill. - i: Mus.Tusc., nr. 56 (1984/86).
Litteraturhenvisninger. - Summary in English.

1001 Wikander, Örjan: Etruskernes byer. - s. 8-13 : ill. - i: Sfinx, årg. 5 (1982).
Litteraturhenvisninger.

Skulptur

1002 Bundgaard Rasmussen, Bodil: "Et raat barbarisk Idol" : om græske marmorskulpturer fra 3. årtusind f.Kr. - s. 68-84 : ill. -. - i: Nationalmuseets Arbejdsmark, 1989.
Litteraturhenvisninger. - Summary in English.

Om kykladefiguriner.

1003 Christensen, I. C.: Sådan så romernes vagthunde ud. - s. 48-49. - i: Hunden, årg. 100, nr. 1/2 (1990).

Molosserhundene i Uffizierne.

1004 Christiansen, Jette: En klassiker. - s. 5-24 : ill. - i: Medd.NCG, Årg. 46 (1990).
Litteraturhenvisninger. - Summary in English.

Om et attisk hoved i Glyptoteket.

1005 Christiansen, Jette: Etruskiske stumper. - s. 133-151 : ill. - i: Medd.NCG, årg. 41 (1985).
Litteraturhenvisninger. - Summary in English.
Terrakottafragmenter i Glyptoteket.

1006 Fischer-Hansen, Tobias: Ajas' selvmord i Bologna. - s. 4-13. - i: Medd.KAF 14 (1989).
Litteraturhenvisninger.
Om motivet på felsinske gravsteler.

1007 Gjødesen, Mogens: Numismatik og gerontologi : om et vespasianportræt i Ny Carlsberg Glyptotek. - s. 91-98 : ill. - i: NNUM, 1983, nr. 5.
Litteraturhenvisninger.

1008 Hannestad, Niels: Det romerske portræt. - s. 34-60, 62-75 ; - i: Rostra 26 (1989) og s. 10-14, 16-37 : ill. - smst. 27(1990).
Om portrættets oprindelse og funktion.

1009 Hannestad, Niels: Romerske portrætter. - s. 63-65 : ill. - i: Sfinx, Årg. 11 (1988).
Litteraturhenvisninger.
Om 5 skulpturer fra Kreta.

1010 Haugsted, Ida: Løven på Keos. - s. 15-17 : ill. - i: Sfinx, årg. 8 (1985).
Litteraturhenvisninger.
Om en arkaisk skulptur beskrevet af Peter Oluf Brøndsted i 1811.

1011 Johansen, Flemming: Augustusstatuen fra Primaporta og to portrætter af primaportatypen i Glyptoteket. - s. 97-118 : ill. - i: Medd.NCG, årg. 40 (1984).
Litteraturhenvisninger. - Deutsche Zusammenfassung.

1012 Johansen, Flemming: Berømte romere : fra republikkens tid. - [København] : Munksgaard, 1982. - 84 s. : ill. *(91.37)*
Litteraturhenvisninger s. 80.

Anmeldt i: Klass.Medd. 87 (1983), s. 55-56 (Susanne Høeg); GS 1983, s. 36-37 (Ole Balslev).

1013 Johansen, Flemming: De nye fund på øen Samos. - s. 3-7 : ill. - i: Medd.KAF 4 (1986).

1014 Johansen, Flemming: Den unge mand og fuglekvinden. - s. 117-139 : ill. - i: Medd.NCG, årg. 44 (1988).
Litteraturhenvisninger. - Summary in English.

Om østgræske skulpturer i Glyptoteket.

1015 Johansen, Flemming: Det romerske portræt. - s. 70-82 : ill. - i: Ansigter ... (Nr. 967).

1016 Johansen, Flemming: En af de "trætte gamle mænd". - s. 77-95 : ill. - i: Medd.NCG, årg. 47 (1991).
Litteraturhenvisninger. - Summary in English.

Om veristisk portrætstil i 1. årh. f.Kr.

1017 Johansen, Flemming: En republikaner i sin samtid. - s. 55-75 : ill. - i: Medd.NCG, årg. 39 (1983).
Summary in English.

Om et mandsportræt i Glyptoteket.

1018 Johansen, Flemming: Et græsk mandshoved af marmor : Athen : 6. årh. f.Kr. : Ny Carlsberg Glyptotek kat. nr. 11. - København : Ny Carlsberg Glyptotek, 1984. - [8] s. : ill. - (NCG informationsark, nr. 11 : Antike samling : græsk skulptur). *(91.33)*
Litteraturhenvisninger s. [6].

Om Rayet-hovedet.

1019 Johansen, Flemming: Et herregårdsfund. - s. 138-143 : ill. - i: Årsskrift / Carlsbergfondet, 1990.

Om 10 portræthoveder indkøbt til Glyptoteket i 1989.

1020 Johansen, Flemming: Gnæus Pompeius Magnus : et romersk mandsportræt af marmor : Rom. 2. årh. e.Kr. : Ny Carlsberg Glyptotek kat. nr. 597. - København : Ny Carlsberg Glyptotek, 1984. - [8] s. : ill. - (NCG informationsark, nr. 12 : Antike samling ; romerske portrætter). *(91.37)*
Litteraturhenvisninger s. [8].

1021 Johansen, Flemming: Hvem er den tykke mand?. - s. 46-58 : ill. - i: Medd.NCG, årg. 46 (1990).
Litteraturhenvisninger. - Summary in English.

Om Balbinus-portrættet.

1022 Johansen, Flemming: Portrætter af C. Iulius Caesar Germanicus kaldet Caligula. - s. 70-99 : ill. - i: Medd.NCG, årg. 37 (1981).
Deutsche Zusammenfassung.

1023 Johansen, Flemming: Portrætter af Nero Claudius Cæsar Augustus Germanicus. - s. 29-59 : ill. - i: Medd.NCG, årg. 42 (1986).
Litteraturhenvisninger. - Summary in English.

Neros ikonografi.

1024 Johansen, Flemming: Portrætter af Tiberius Claudius Caesar Augustus Germanicus. - s. 107-139 : ill. - i: Medd.NCG, årg. 45 (1989).
Litteraturhenvisninger. - Summary in English.

Claudius' ikonografi.

1025 Johansen, Flemming: Portrætter af Tiberius Iulius Caesar Augustus. - s. 59-95 : ill. - i: Medd.NCG, årg. 43 (1987).
Litteraturhenvisninger. - Summary in English.

1026 Johansen, Flemming: Stoikere gennem fem århundreder : - fra Zenon til Marcus Aurelius. - s. 83-110 : ill. - i: Medd.NCG, årg. 41 (1985).
Litteraturhenvisninger. - Summary in English.

1027 Kiilerich, Bente: Græsk skulptur : fra dædalisk til hellenistisk / [foto: Lennart Larsen; tegninger: forfatteren]. - 2. rettede opl. - [København] : Gyldendal, 1991. - 368 s. : ill. *(91.33)*
1. udg. 1989.

Anmeldt i: GS 1990, s. 164 (Chr. Gorm Tortzen), genoptrykt i Medd.KAF 15 (1990), s. 20-21; Klass.Medd. 127 (1990), s. 26-27 (Ulla Houkjær), genoptrykt i Medl.AV 9 (1990) s. 14-16; Medd.KAF 14 (1989), s. 27-33 (Mette Moltesen).

1028 La Cour, Poul: Musæet i Delfi. - s. 49-52. - i: Peter Brandes og antikken / redigeret af Karsten Ohrt. - Kunsthallen Brandts Klædefabrik, 1991. - 111 s. : ill. *(72)*
Uddrag af bogen De knuste sten. Græske dagbogsblade (1957).

1029 Marchwinski, Alena: Fra antikkens smukke atleter til vor tids gipsfigurer : 8 eksempler på billedanalyse. - København : Museum Tusculanum, 1989. - 214 s. : ill. - (Skrifter udgivet af Institut for Kunsthistorie, Københavns Universitet ; 6). *(70.1)*
Litteraturhenvisninger s. 207-209.

S. 25-41 om Doryforos (formanalyse, og eftervirkning).

Anmeldt i: Klass.Medd. 126 (1989), s. 43-44 (Erik Vinther Andersen) genoptr. i Medl.AV 9 (1990), s. 16-17; GS 1989, s. 1234 (Søren Hede).

1030 Mathiesen, Hans Erik: Konstantinopel som antikmuseum. - s. 57-60 : ill. - i: Sfinx, årg. 7 (1984).
Litteraturhenvisninger.

Om overførsel af græske skulpturer til Konstantinopel.

1031 Moltesen, Mette: Dødens triumf. - s. 56-82 : ill. - i: Medd.NCG, Årg. 41 (1985).
Liitteraturhenvisninger. - Summary in English.
Om et senetruskisk statuefragment i Glyptoteket.

1032 Moltesen, Mette: En forfalskningshistorie. - s. 51-69 : ill. - i: Medd.NCG, årg. 37 (1981).
Litteraturhenvisninger. - Summary in English.
Om forfalskede statuer i Glyptoteket.

1033 Moltesen, Mette: En romersk vognstyrer. - s. 25-45 : ill. - i: Medd.NCG, årg. 46 (1990).
Litteraturhenvisninger. - Summary in English.

1034 Moltesen, Mette: Nye næser, nye navne. - s. 88-106 : ill. - i: Medd.NCG, årg. 45 (1989).
Litteraturhenvisninger. - Summary in English.
Om afrensning af Licinier-portrætterne i Glyptoteket.

1035 Moltesen, Mette: Restaurering : før og nu. - København : Ny Carlsberg Glyptotek, 1980. - [6] s. : ill. (Ej registreret i Dansk Bogfortegnelse).
Ledsagehæfte til udstilling på Ny Carlsberg Glyptotek, 6. Dec. 1980 - 1. Jan. 1981.

1036 Moltesen, Mette: To akrolither i Ny Carlsberg Glyptotek. - s. 289-309 : ill. - i: Mus.Tusc., nr. 56 (1984/86).
Litteraturhenvisninger. - Summary in English.
Om statuerne Diana Nemorensis og Juno Sospita.

1037 Moltesen, Mette: Ægte, falsk eller midt imellem. - s. 69-93 : ill. - i: Medd.NCG, årg. 44 (1988).
Litteraturhenvisninger. - Summary in English.
Om restaureringerne af Hermes Odeschalchi.

1038 Mühlendorph, Jette: Bronzerne fra havet. - s. 35-39 : ill. - i: Sfinx, årg. 4 (1981).
Om de to græske bronzestatuer fundet ved Riace Marina.

1039 Nielsen, Anne Marie: Den godgørende Ptolemæus. - s. 60-80 : ill. - i: Medd.NCG, årg. 42 (1986).
Litteraturhenvisninger. - Summary in English.
Om portræt af Ptolemaios III Euergetes i Glyptoteket.

1040 Nielsen, Anne Marie: Det græske ansigt. - s. 25-32 : ill. - i: Ansigter ... (Nr. 967).

1041 Nielsen, Anne Marie: En skønhed fra Kypern. - s. 14-31 : ill. - i: Medd.NCG, årg. 39 (1983).
Litteraturhenvisninger. - Summary in English.
Neo-cypriotisk terrakotta-hovede i Glyptoteket.

1042 Nielsen, Anne Marie: Et upåagtet portræt af Alexander den Store. - s. 5-17 : ill. - i: Medd.NCG, årg. 40 (1984).
Litteraturhenvisninger. - Summary in English.
Om et Alexanderportræt i Glyptoteket.

1043 Nielsen, Anne Marie: Kouroi - korai : græsk skulptur fra arkaisk tid. - København : Ny Carlsberg Glyptotek, 1984. - [8] s. : ill. - (NCG informationsark, nr. 13 : Antike samling : græsk skulptur). *(91.33)*
Litteraturhenvisninger s. [8].
Anmeldt i: Klass.Medd. 96 (1985), s. 49-50 (Erik Worm); debatindlæg smst., 97 (1985), s. 7-9 (Jan Stubbe Østergaard).

1044 Nielsen, Marjatta: De sidste etruskere : om familieliv og familiegrave. - s. 73-77 : ill. - i: Sfinx, årg. 12 (1989).
Litteraturhenvisninger.

Kvindens stilling i det senetruskiske samfund, dokumenteret ved relieffer.

1045 Nielsen, Marjatta: Fra mand til kvinde eller vice versa: hastværk i sen etruskisk gravkunst. - s. 267-288 : ill. - i: Mus.Tusc., nr. 56 (1984/86).
Litteraturhenvisninger. - Summary in English.

Om omarbejdede askeurner fra Volterra.

1046 Poulsen, Birte: Kendte statuer får nye navne. - S. 8-14 : ill. - i: Sfinx, årg. 12 (1989).
Litteraturhenvisninger.

Om Vatins og Faures tolkning af Kleobis og Biton som Dioskurerne.

1047 Ragn Jensen, Hannemarie: Ung mand : Rayethovedet. - s. 18-25 : ill. - i: Billedbeskrivelse : et redskab til billedanalyse / redigeret af Hannemarie Ragn Jensen og Marianne Marcussen. - København : Institut for Kunsthistorie, 1980. - 2 bd. : ill. - (Skrifter udgivet af Institut for Kunsthistorie ; 3). *(70.1)*
Litteraturhenvisninger.

1048 Wienberg Jensen, Henning: Møde med etruskerne. - S. 17-22. - i: Klass.Medd. 76 (1982).

En dansk kunstner om sit møde med etruskisk skulptur.

1049 Østergaard, Jan Stubbe: "Græsk portræt ... romersk kopi". - København : Ny Carlsberg Glyptotek, 1981. - [4] s. : ill. - (NCG informationsark, nr. 6 : Antike samling : græske portrætter). *(91.33)*
Litteraturhenvisninger s. [4].

Om skulpturkopiering og kopiteknik.

Anmeldt i: Klass.Medd. 72 (1981), s. 18 (Inger Jorsal).

ARKÆOLOGI OG KUNST

1050 Østergaard, Jan Stubbe: Et græsk digterportræt. - København : Ny Carlsberg Glyptotek, 1981. - [4] s. : ill. - (NCG informationsark, nr. 4 : Antike samling : græske portrætter). *(91.33)* Litteraturhenvisninger s. [4].

Om Menanderportrættet.

Anmeldt i: Klass.Medd. 72 (1981), s. 18 (Inger Jorsal).

1051 Østergaard, Jan Stubbe: Græske filosoffer. - København : Ny Carlsberg Glyptotek, 1983. - [6+1] s. : ill. - (NCG informationsark, nr. 8 (A-B) : Antike samling : græske portrætter). *(91.33)* Litteraturhenvisninger s. [6].

Nr. 8 B med portrættet af Filip II.

1052 Østergaard, Jan Stubbe: Græske portrætter. - København : Ny Carlsberg Glyptotek, 1981. - [4] s. : ill. - (NCG informationsark, nr. 2 : Antike samling : græske portrætter). *(91.33)*

Kunstindustri, herunder keramik og maleri

1053 Bundgaard Rasmussen, Bodil: Heliadernes tårer : om østersørav i Italien. - s. 49-60 : ill. - i: Nationalmuseets Arbejdsmark, 1991. Litteraturhenvisninger. - Summary in English.

Om italiske ravsmykker i Antiksamlingen, og om naturvidenskabelig bestemmelse af baltisk rav.

1054 Christiansen, Jette: En etruskisk Afrodite. - s. 47-68 : ill. - i: Medd.NCG, årg. 44 (1988). Litteraturhenvisninger. - Summary in English.

Caeretansk pinax i Glyptoteket.

1055 Christiansen, Jette: En græsk parfumeflaske. - s. 122-124 : ill. - i: Årsskrift / Carlsbergfondet, 1983.

Rhodisk sirenevase indkøbt til Glyptoteket.

1056 Christiansen, Jette: En græsk sportspokal. - s. 28-50 : ill. - i: Medd.NCG, årg. 37 (1981).
Litteraturhenvisninger. - Summary in English.
Genoptrykt i omredigeret form i: Årsskrift / Carlsbergfondet, 1981, s. 134-139 : ill., med uændret titel.

Panathenæisk amfora fra 5. årh. f.Kr. i Glyptoteket.

1057 Christiansen, Jette: En symbolsk hjelm. - s. 65-87 : ill. - i: Medd.NCG, årg. 45 (1989).
Litteraturhenvisninger. - Summary in English.

Lerhjælm fra Villanovakulturen i Glyptoteket.

1058 Christiansen, Jette: Et pottemagerværksted i det geometriske Athen. - s. 5-28 : ill. - i: Medd.NCG, årg. 42 (1986).
Litteraturhenvisninger. - Summary in English.

Om attisk geometrisk keramik og en pyxis i Glyptoteket.

1059 Christiansen, Jette: Forloren hare. - s. 35-52 : ill. - i: Medd.NCG, Årg. 38 (1982).
Litteraturhenvisninger. - Summary in English.

Forfalsket parfumeflaske i hareform.

1060 Christiansen, Jette: Liflig honning og balsam af roser. - s. 85-96 : ill. - i: Medd.NCG, årg. 40 (1984).
Litteraturhenvisninger. - Summary in English.

Plastiske vaser i Glyptoteket.

1061 Davis, Ellen: Thera og Kreta : - hvad vægmalerierne fortæller. - s. 102-106 : ill. - i: Sfinx, årg. 11 (1988).
Litteraturhenvisninger.

Kykladisk maleri.

1062 Dietz, Søren: Motivbronzer fra Sardiniens forhistorie. - s. 222-236 : ill. - i: Det skabende menneske ... (Nr. 631).

ARKÆOLOGI OG KUNST

Litteraturhenvisninger.

4 førpuniske bronzestatuetter i Antiksamlingen.

1063 Grønne, Claus: Gemma Augustea. - s. 23-25 : ill. - i: Klass.Medd. 138 (1991).
Litteraturhenvisninger.

1064 Guldager, Pia: Viften - et værdighedstegn med en 5000-årig historie : en undersøgelse med hovedvægt på materiale fra Etrurien og Latium. - s. 229-265 : ill. - i: Mus.Tusc., nr. 56 (1984/86).
Litteraturhenvisninger. - Summary in English.

1065 Hallager, Erik: Fortidsnyt fra Kreta. - s. 99-101 : ill. - i: Sfinx, Årg. 8 (1985).
Litteraturhenvisninger.

Minoisk seglaftryk fra Khania.

1066 Hallager, Erik: Mindre fin i kanten. - s. 131-134 : ill. - i: Sfinx, Årg. 10 (1987).
Litteraturhenvisninger.

Om minoiske lerforseglinger af krukker og genbrug af skårede kar.

1067 Hallager, Erik: Ved politiets hjælp.... - s. 32 : ill. - i: Sfinx, Årg. 10 (1987).

Pottemagere identificeret ved fingeraftryk.

1068 Hannestad, Lise: Historien om en salgssucces. - s. 89-93 : ill. - i: Sfinx, årg. 12 (1989).
Litteraturhenvisninger.

Etruskisk import af attiske vaser.

1069 Hannestad, Niels: Thorvaldsens lille sølvhoved - et ruineret tondoportræt. - s. 27-52 : ill. - i: Meddelelser fra Thorvaldsens Museum

1982.
Litteraturhenvisninger. - English translation p. 53-65.

1070 Johansen, Flemming: Græske geometriske bronzer. - s. 73-98 : ill. - i: Medd.NCG, årg. 38 (1982).
Litteraturhenvisninger. - Sommaire en français.

47 thessaliske bronzestatuetter i Glyptoteket.

1071 Lund Hansen, Ulla: Terra Sigillata : en sjælden importvare fra Romerriget. - s. 156-164 : ill. - i: Nationalmuseets Arbejdsmark, 1981.

Om terra sigillata og dets import til Germanien og Skandinavien.

1072 Lund, John: Vareamphorer fra Rhodos i hellenistisk tid : skitse til et forskningsprojekt. - s. 9-19 : ill. - i: Medd.KAF 16 (1990).
Litteraturhenvisninger.

1073 Melander, Torben: Oldtidens bronzeværker : noget af det ypperste. - s. 167-177 : ill. - i: Meddelelser fra Thorvaldsens Museum 1989.

Thorvaldsens samling af bronzer.

1074 Melander, Torben: Thorvaldsens græske vaser. - København : Thorvaldsens Museum, 1984. - 102 s. : ill. *(91.33)*

Anmeldt i: Klass.Medd. 99 (1985), s. 60-63 (Marianne Thøger Jensen).

1075 Melander, Torben: Vaserne på Thorvaldsens Museum. - s. 66-95 : ill. - i: Meddelelser fra Thorvaldsens Museum 1982.
Litteraturhenvisninger. - English translation p. 96-106.

1076 Moltesen, Mette: Den falske fibel. - s. 51-76 : ill. - i: Mus.Tusc., Nr. 52/55 (1983).
Litteraturhenvisninger.

Om Palestrinafiblen.

ARKÆOLOGI OG KUNST

1077 Moltesen, Mette: Etruskiske gravmalerier : tidligere kopier og nuværende forfald. - s. 78-83 : ill. - i: Sfinx, årg. 12 (1989).
Litteraturhenvisninger.

Om Glyptoteks-kopierne.

1078 Moltesen, Mette: Sølvtøj i ler. - s. 32-53 : ill. - i: Medd.NCG, Årg. 39 (1983).
Litteraturhenvisninger. - Summary in English.

Om etruskisk metalimiterende keramik.

1079 Moltesen, Mette: Til væddeløb i Etrurien. - s. 53-72 : ill. - i: Medd.NCG, årg. 38 (1982).
Litteraturhenvisninger. - Summary in English.

Amfora af Micali-maleren i Glyptoteket.

1080 Nielsen, Anne Marie: Alexandroider. - s. 30-45 : ill. - i: Medd.NCG, Årg. 47 (1991).
Summary in English.

Imitation af Alexander d. Stores ansigtstræk på bronzestatuetter.

1081 Poulsen, Erik: Romerske bronzestatuetter: idealplastiske postamentfigurer : anvendelse, forbilleder, fremstilling. - s. 311-330 : ill. - i: Mus.Tusc., nr. 56 (1984/86).
Litteraturhenvisninger. - Deutsche Zusammenfassung.

1082 Roberts, Helle Salskov: "Bronzen spejler det ydre - vinen det indre". - s. 15-19 : ill. - i: Sfinx, årg. 4 (1981).

Om etruskiske spejle.

1083 Roberts, Helle Salskov: Om fortolkningen af græske og syditaliske spejlstøttefigurer. - s. 123-148 : ill. - i: Mus.Tusc., nr. 56 (1984/86).
Litteraturhenvisninger. - Summary in English.

Tolker støttefigurerne som kvindelige guddomme.

1084 Trolle, Steffen: En stridens vase. - s. 14-24 : ill. - i: Nationalmuseets Arbejdsmark, 1980.

En sortfiguret amfora af Psiax i Antiksamlingen.

1085 Østergaard, Jan Stubbe: En græsk gedebuk af bronze. - s. 94-116 : ill. - i: Medd.NCG, årg. 44 (1988).
Litteraturhenvisninger. - Summary in English.

Arkaisk korinthisk attache i Glyptoteket.

1086 Østergaard, Jan Stubbe: En senarkaisk silen af bronze. - s. 5-29 : ill. - i: Medd.NCG, årg. 47 (1991).
Litteraturhenvisninger. - Summary in English.

Senarkaiske, vestgræske bronzebeslag.

1087 Østergaard, Jan Stubbe: Græsk keramik og vasemaleri : fra stenalder til hellenistisk tid. - 1. - 2. opl. - [København] : Gyldendal, 1980. - 63 s. : ill. *(91.33)*
Hertil findes diasserie.
Litteraturhenvisninger s. 63.

Anmeldt i: Klass.Medd. 67 (1981), s. 44-46 (Jørgen Skot-Hansen); GS 1980, s. 482 (Christian Iuul).

1088 Østergaard, Jan Stubbe: Heste fra den boiotiske stald. - s. 81-108 : ill. - i: Medd.NCG, årg. 42 (1986).
Litteraturhenvisninger. - Summary in English.

Hestefigurer af terrakotta.

1089 Østergaard, Jan Stubbe: Heste i hånden - to græske bronzehanke. - s. 33-55 : ill. - i: Medd.NCG, årg. 41 (1985).
Litteraturhenvisninger. - Summary in English.

Bronzehanke fra ca. 500 f.Kr. i Glyptoteket.

1090 Østergaard, Jan Stubbe: Mennesker i det græske vasemaleri. - s. 150-156 : ill. - i: Sfinx, årg. 4 (1981).
Litteraturhenvisninger.

1091 Østergaard, Jan Stubbe: Om nogle arkaiske, boiotiske terrakotter. - s. 21-22. - i: Medd.KAF 8 (1987) og s. 18-22 : ill. sammesteds 9 (1988).
Foredragsreferat.

Numismatik

1092 Christiansen, Erik: Abdel Hady El Khafifi : studier af de religiøse motiver på de alexandrinske mønter. - s. 18-19 : ill. - i: NNUM, 1984, nr. 2.
Resumé af AHEKs licentiatafhandling.

1093 Christiansen, Erik: Den romerske udmøntning i Alexandria (30 f.v.t. - 296 e.v.t.) : en midtvejsrapport. - s. 34-44 : ill. - i: NNF-NYTT, 1991.
Summary in English.

1094 Christiansen, Erik: Den romerske udmøntning i Alexandria (30 f.v.t. - 296 e.v.t.) : en oversigt. - s. 35-41 : ill. - i: Numismatisk Rapport, Årg. 3, nr. 1 (1980).
Litteraturhenvisninger.
Tidl. trykt i NNF-NYTT, 1979, nr. 4, s. 11-19.

1095 Christiansen, Erik: Kejserens klingende mønt. - s. 137-141 : ill. - i: Sfinx, årg. 11 (1988).
Litteraturhenvisninger.

Neroniske udmøntninger i Ægypten med nedsmeltede Ptolemaiske mønter som råmateriale.

1096 Christiansen, Erik: Om de alexandrinske mønter før Zoëga. - s. 70-74 : ill. - i: NNUM, 1990, nr. 4.
Litteraturhenvisninger.

Studiet af numismatik i 15- og 1600-tallet.

1097 Christiansen, Erik: Sebastoforos. - s. 106-107 : ill. - i: Sfinx, Årg. 4 (1981).
Litteraturhenvisninger.

En neronisk mønt fra Alexandria.

1098 Christiansen, Erik: The Roman coins of Alexandria : quantitative studies : Nero, Trajan, Septimius Severus. - Aarhus : Aarhus University Press, 1988. - 2 bd. *(90.88)*

Bd. 1: Text. - 311 s.
Bd. 2: Appendices, notes, figures and tables. - 179 s. : 2 blade, tavler : ill.

Disputats.
Litteraturhenvisninger Bd. 2, s. 72-86
Dansk resumé Bd. 2, s. 17-25.

Anmeldt i: NNUM, 1988, nr. 5 s. 104-107 (Rudi Thomsen); Nyt fra Historien 37, 1988, s. 85-86 (Anne Kromann).

1099 Grinder-Hansen, Keld: Anmeldelse af Studien zu den Fundmünzen der Antike, vols. 5 og 6 (1988). - s. 126-127. - i: NNUM, 1990, nr. 6.

1100 Høeg Albrethsen, P.: Romerske portrætmønter. - s. 85-94 : ill. - i: Numismatisk Rapport, årg. 8, nr. 2 (1985).
Litteraturhenvisninger.

Portrætmønter fra ca 125 f.Kr. til Caracalla.

1101 Høeg Albrethsen, Preben: Beskrivelse af et udvalg af romerske mønter gennem ca. 400 år ; Bd. 1-3. - Klampenborg : Numismatisk Forlag af 1989, 1990. - 3 bd. : ill. *(90.88)* *

1: Den romerske republik 211-27 f.Kr. Beskrivelse af 90 sølvmønter. - 110 s. : ill.
2: Kejsertiden. Beskrivelse af 68 mønter præget under kejserne Augustus til Trajan. 27 f.Kr. til 117 e.Kr. - 83 s. : ill.

3: Kejsertiden (II). Beskrivelser af 65 mønter præget under kejserne Hadrian til Caracalla, fra 117 til 217 e.Kr. - 73 s. : ill.

Xerograferet katalog over hans private samling.

1102 Ingvordsen, Jens: "... hvad kejserens er ... ". - s. 54-59 : ill. - i: Sfinx, årg. 8 (1985).
Litteraturhenvisninger.

Om mønter i det antikke Palæstina.

1103 Kromann, Anne: Anmeldelse af MacDowall, David W.: The Western Coinage of Nero (Numismatic Notes and Monographs ; 161). - New York, 1979. - 156 s. : ill. - s. 116-117. - i: NNUM, 1981, nr. 6.

1104 Kromann, Anne: Møntforringelse og inflation i romerrigets yderkanter. - s. 22-32 : ill. - i: NNUM, 1983, nr. 1.
Litteraturhenvisninger.

Lilleasiatiske mønter med værdimærkning, fra 3. årh. e.Kr.

1105 Kromann, Anne: Møntfremstilling i antikken. - s. 107-112 : ill. - i: Sfinx, årg. 11 (1988).
Litteraturhenvisninger.

Om udmøntningsteknik.

1106 Kromann, Anne: Romersk guld : mønter i Den kgl. Mønt- og Medaillesamling / [fotos: Lennart Larsen]. - København : Nationalmuseet, 1989. - 52 s. : ill. *(90.88)*
Litteraturhenvisninger s. 52.
Summary in English p. 51.

Anmeldt i: NNUM, 1989, nr. 8, s. 188 (Rudi Thomsen).

1107 Kromann, Anne: Teaterpenge i det gamle Athen. - s. 13-18 : ill. - i: Numismatisk Rapport, årg. 5, nr. 3 (1982).
Litteraturhenvisninger.

Om den attiske theorika.

1108 Mathiesen, Hans Erik: Grækernes mønter. - Århus : Aarhus Universitetsforlag, 1988. - 233 s. [7] tvl. : ill. *(90.88)*
Litteraturhenvisninger s. 214.

Anmeldt i: Klass.Medd. 123 (1989), s. 58,60 (Mads Pedersen); Sfinx, Tillæg 1988, s. 4 (Signe Isager), genoptrykt i Medl.AV 5 (1989), s. 13; GS 1988, s. 1007 (Chr. Gorm Tortzen); NNUM, 1989, nr. 8 s. 187-188 (Anne Kromann); Nyt fra Historien 37, 1988, s. 84 (Erik Christiansen).

1109 Mielczarek, Mariusz: "As"-mønter fra Olbia : et kapitel i de græske nordlige sortehavsbyers mønthistorie. - s. 108-115 : ill. - i: NNUM, 1988, nr. 5.
Litteraturhenvisninger.

Støbte bronzemønter, 480-345 f.Kr.

1110 Mørkholm, Otto: Anmeldelse af Westermark, Ulla og Jenkins, Kenneth: The Coinage of Kamarina. - Royal Numismatic Society Special Publication No. 9. - London, 1980. - 283 s. : 40 plancher. - s. 95-96. - i: NNUM, 1981, nr. 5.

1111 Mørkholm, Otto: En mønt fra Kyrene. - s. 18-21 : ill. - i: NNUM, 1981, nr. 1.
Litteraturhenvisninger.

Sølvtetradrachme, ca år 500, erhvervet til Møntsamlingen.

1112 Mørkholm, Otto: Mønter fra "Satans Trone" : Athena i Pergamon. - s. 165-172 : ill. - i: Nationalmuseets Arbejdsmark, 1981.

Pergamenske mønter med Athena.

1113 Mørkholm, Otto: Nogle portrætmønter fra Pontos. - s. 70-72. - i: NNUM, 1980, nr. 4.
Litteraturhenvisninger.

Tre hellenistiske mønter.

ARKÆOLOGI OG KUNST

1114 Mørkholm, Otto: Thorvaldsens møntsamling. - s. 6-19 : ill. - i: Meddelelser fra Thorvaldsens Museum 1982.
Litteraturhenvisninger. - English translation p. 20-26.

1115 Schreiner, Johan Henrik: Et veltjent symbol. - s. 24-26 : ill. - i: Sfinx, årg. 8 (1985).
Om venustegnet på cypriske mønter fra 5. årh. f.Kr.

1116 Thomsen, Rudi: Anmeldelse af Mørkholm, Otto: Early Hellenistic Coinage : from the accession of Alexander to the Peace of Apamea (336 - 188 B.C.) / edited by Phillip Grierson and Ulla Westermark. Cambridge University Press, 1991. - 273 s. : ill., XLV pls. - s. 169-171. - i: NNUM, 1990, nr. 9.

Hertil også præsentationstale af værket: Phillip Grierson: Mørkholms bog "Early Hellenistic Coinage", i NNUM, 1991, nr. 8, s. 150-151.

1117 Varmose, Poul Erik Balle: Portrætter på romerske mønter. - Klampenborg : Frie Fugl, 1986. - 111 s. : ill. *(90.88)*
Genoptryk af 27 artikler fra Amagerlands Numismatiske Forenings Medlemsblad 1982-1985.
Litteraturhenvisninger s. 111.

Anmeldt i: NNUM, 1987, nr. 2 (Anne Kromann).

1118 Varmose, Poul Erik Balle: Propagandaen på de romerske kejsere og kejserinders mønter. - Klampenborg : Frie Fugl, 1988. - 20 s. : ill. *(90.88)*
Først trykt s. 141-150 : ill. i Festskrift til Jørgen Sømod / red. Morten Eske Mortensen. - Grelbers Forlag, 1984. *(90.88)*
Litteraturhenvisninger.

Om kønsspecifikke møntmotiver i perioden 244-249.

Anmeldt i: NNUM, 1989, nr. 9, s. 213-214 (Anne Kromann).

1119 Westermark, Ulla: Otto Mørkholms bibliografi 1955-80. - s. 83-86. - i: NNUM, 1980, nr. 5.

Opfølges af: Kromann, Anne: Bibliografi 1980-1983, smst., 1983, nr. 6, s. 130-131 og Zahle, Jan, smst., 1985, nr. 4, s. 67 note 1.

1120 Zahle, Jan: Græske møntportrætter. - s. 76-83 : ill. - i: Numismatisk Rapport, årg. 8, nr. 2 (1985).
Litteraturhenvisninger.

Mausollos-portrættet og andre hellenistiske portrætter.

1121 Zahle, Jan: Handel, magt og myter : nyerhvervelser af græske mønter til Den kgl. Mønt- og Medaillesamling. - s. 52-60 : ill. - i: NNUM, 1987, nr. 3.
Litteraturhenvisninger.

1122 Zahle, Jan: Magt og billede : Verdens ældste møntportrætter. - s. 155-167 : ill. - i: Nationalmuseets Arbejdsmark, 1988.
Litteraturhenvisninger. - Summary in English.

Lykiske mønter fra det sene 5. årh. f.Kr.

1123 Zahle, Jan: Magtens ansigt. - s. 33-42 : ill. - i: Ansigter ... (Nr. 967).
Litteraturhenvisninger.

Om herskerportrætter på græske mønter.

1124 Zahle, Jan: Mønter, myter og Mopsos. - s. 115-126 : ill. - i: Nationalmuseets Arbejdsmark, 1987.
Litteraturhenvisninger. - Summary in English.

Mønt fra Aspendos med Mopsos.

Danske museer og samlinger

1125 Dietz, Søren: C.J. Thomsen og Antik-Cabinettet. - s. 161-167 : ill. - i: Christian Jürgensen Thomsen : 1788 - 29. december - 1988 / redigeret af Jørgen Steen Jensen. - København : Det Kongelige Nordiske Oldskriftselskab, 1988. - 227 s. : ill. - (Aarbøger for Nordisk Oldkyndighed og Historie, 1988). *(91.2)*
Litteraturhenvisninger. - Summary in English.

Om nyopstillingen af Antiksamlingen (1853).

1126 Lund, John: Arkæologi og EDB : EDB-registrering af Antiksamlingens billedarkiv. - s. 7-11. - i: Medd.KAF 4 (1986).

Også med titel: EDB og arkæologi - et konkret eksempel.

1127 Mathiesen, Hans Erik: Arkæologi og EDB - endnu en gang. - s. 18-20. - i: Medd.KAF 5 (1986).

Om billedregistrering ved Institut for Klassisk Arkæologi, Aarhus Universitet.

1128 Moltesen, Mette: Glyptotekets agent i Rom. - s. 27-30 : ill. - i: Sfinx, årg. 10 (1987).
Litteraturhenvisninger.

Om Wolfgang Helbig.

1129 Moltesen, Mette: Wolfgang Helbig : Brygger Jacobsens agent i Rom 1887-1914. - København : Ny Carlsberg Glyptotek, 1987. - 296 s. : ill. *(99.4* Helbig; *70.86; 99.4* Jacobsen, Carl*)*
Litteraturhenvisninger s. 285-288.

Anmeldt i: Sfinx, Tillæg 1987, s. 7 (Niels Hannestad).

Udstillinger m.v.

1130 Christiansen, Jette: Romersk skulptur i engelske privatsamlinger / [af] Jette Christiansen og Mette Moltesen. - København : Ny Carlsberg Glyptotek, 1983. - 18 s. : ill. *(91.37)*

Udgivet til fotoudstilling i Ny Carlsberg Glyptotek 18. februar-5. april 1983.

1131 Melander, Torben: Antik erotisk kunst fra Thorvaldsens samlinger. - København : Thorvaldsens Museum, 1983. - 16 s. : ill. (Ej registreret i Dansk Bogfortegnelse).

Indeholder udstillingskatalog.

1132 Moltesen, Mette: Katalog over kopier af etruskiske gravmalerier i Ny Carlsberg Glyptotek / af Mette Moltesen og Cornelia Weber-Lehmann / fotograf: Ole Haupt. - København : Ny Carlsberg Glyptotek, 1991. - 157 s. : ill. *(91.35)*
Omslagstitel: Kopier af etruskiske gravmalerier.
Litteraturhenvisninger s. 157.

1133 Tyrkiets skatte : Louisiana revy, årg. 30 nr. 1 / [redigeret af] Hans Erik Wallin. - Humlebæk : Louisiana, 1989. - 83 s. : ill. *(70)*
Udstillingskatalog.
Summaries in English and Turkish.

Om antikken s. 20-45.

1134 Zahle, Jan: Møntsamling og forskning : Otto Mørkholms virke. - s. 59-68 : ill. - i: NNUM, 1985, nr. 4.
Litteraturhenvisninger, inkl. Mørkholm-bibliografi i note 1.

Arbejdsrids, i forbindelse med udstilling: Møntsamling og forskning. Otto Mørkholm mindeudstilling. 8/3-18/8 1985.

1135 Østergaard, Jan Stubbe: Antikens ansigt : græske og romerske portrætter fra Ny Carlsberg Glyptotek, København. - København : Ny Carlsberg Glyptotek, 1990. - 56 s. : ill. *(91.3)*
Først udgivet med svensk tekst, som Antikens ansikte : grekiska og romerska porträtt från Ny Carlsberg Glyptotek, Köpenhamn. - København : Ny Carlsberg Glyptotek, 1986. - 56 s. : ill.
Katalog til vandreudstilling.

Samlingskataloger

1136 Grandt-Nielsen, Finn: Mønter og medaljer : en billedbog / [af] Finn Grandt-Nielsen og Bjørn Poulsen / foto: Søren Frank Christiansen. - Odense : Møntergården, 1979. - 63 s. : ill. *(90.88)*
Samlingsbeskrivelse.
Litteraturhenvisninger s. 62-63 (om antikken s. 62).

S. 8-17 : ill. om antikkens mønter.

1137 Hallager, Birgitta Pålsson: Ægæisk forhistorie : klassisk arkæologisk studiesamling, Aarhus Universitet. - Århus : Antikva, 1985. - 71 s. : ill. *(91.33)*
Litteraturhenvisninger s. 69.

Anmeldt i: Klass.Medd. 101 (1985), s. 82 (Marianne Thøger Jensen); Nyt fra Historien 34, 1985, s. 211 (Aksel Damsgaard-Madsen).

1138 Høeg Albrethsen, P.: Romerske mønter i Ny Carlsberg Glyptotek. - København : Ny Carlsberg Glyptotek, 1982. - 336 s. : ill. + 1 foldet kort. *(90.88)*
Litteraturhenvisninger s. 327-330.

Anmeldt i: Sfinx, Tillæg 1982, s. 1 (Erik Christiansen); NNUM, 1982, nr. 9, s. 142 (Jan H. Nordbø); Numismatisk Rapport, årg. 5, nr. 3 (1982), s. 38-39 (Leo Hansen).

1139 Mørkholm, Otto: En katalog over de græske mønter i Den Kgl. Mønt- og Medaillesamling. - s. 161-164, : ill. - i: Humaniora, nr. 4, 1978/80 (1981).

I anledning af færdigudgivelsen af Sylloge Nummorum Graecorum.

1140 Ny Carlsberg Glyptotek : Vejledning gennem samlingerne / af Vagn Poulsen ; rev. af Flemming Johansen. - 18. udg. - København : Glyptoteket, 1983. - 112 s., [4] tavler : ill. *(70.86)*
1. udg. 1952.

Om antikken s. 19-78.

1141 Westermark, Ulla: Anmeldelse af: Sylloge nummorum graecorum : the Fabricius Collection, Aarhus University, Denmark, and The Royal Collection of Coins and Medals, Danish National Museum, Copenhagen / edited by H. E. Mathiesen. - Copenhagen : Munksgaard, 1987. - 21 pl. - s. 148-149. - i: NNUM, 1988, nr. 7.

Hertil et addendum, Jørgen Steen Jensen: Provenienser, smst., s. 149-150 om Knud Fabricius' proveniensliste.

1142   Westermark, Ulla og Ingolf Jensen: Anmeldelse af: Sylloge nummorum graecorum, Aarhus University, Denmark / edited by H. E. Mathiesen. - Bd. 1. - Copenhagen : Munksgaard, [96] 1986. - s. : 44 plates. - s. 70-72. - i: NNUM, 1987, nr. 3.
Kommentar smst., 1987, nr. 4, s. 97 (Hans Erik Mathiesen).

RELIGION OG MYTOLOGI

1143   Adamsen, Johannes: Gnosticismens oprindelse : en problemorientering og en statusopgørelse i anledning af tre bogudgivelser. - s. 83-91. - i: Relig.Tids., nr. 16 (1990).
Litteraturhenvisninger.

Anmeldelsesartikel om Pétrement, Simone, Le Dieu séparé (Paris, 1984); Büchli, Jörg, Der Poimandres (Tübingen, 1987); Layton, Bentley, The Gnostic Scriptures (London, 1987).

1144   Bilde, Per: Hvad kan vi lære af Grønbech. - s. 3-29. - i: Relig.Tids. 13, 1988.
Litteraturhenvisninger. - Summary in English.

Anmeldelsesartikel til Prytz Johansen: Hellas ... (Se: nr. 1183) - med fremhævelse af Grønbechs arbejde med hellenismen og med værket Hellas.

1145   Bjørnvig, Thorkild: Kentaur. - s. 148-172. - i: Den følende planet : syv essays 1959-86. - Gyldendal, 1988. - 199 s.   *(04.6)*
Også udgivet som selvstændig publikation (Centrum, 1983. - 43 s. : ill. / med grafik af Arne Kildebæk).
I nærværende udg. udvidet med afsnit om Chiron i Goethes Faust.

Om kentauren i græsk myte og motivets videreleven.

1146   Bülow-Jacobsen, Adam: Orakler i det græsk-romerske Ægypten. - s. 189-194. - i: Dagligliv blandt guder og mennesker : den nære Orient i oldtiden / red. af Bent Alster og Paul John Frandsen. - København : Carsten Niebuhr Instituttet : Museum Tusculanum,

1986. - 248 s. : ill., kort. *(91.2)*
Litteraturhenvisninger.

Anmeldt i: Klass.Medd. 110 (1987), 47-48 (Aase Kofoed).

1147 Christiansen, Jette: Det onde øje. - s. 58-69 : ill. - i: Ansigter ... (Nr. 967).

Det onde øje i folketro og myte.

1148 Den græske tanke. - s. 223-233. - i: Liv og død : en tekstmosaik fra religioners og ideers verden / ved Finn Stefánsson og Asger Sørensen. - 2. udg., 2. opl. - København : Gyldendal, 1983. - 300 s. : ill. - (Tekster til livsanskuelse/religion). *(16.8)*
Litteraturhenvisninger.
1. udg. 1977; 2. udg. 1981.

Synet på døden i antikken, belyst med Demeterhymnen, samt udvalg af Platon, Plotin, Seneca og Augustin.

1149 Diemer, Rikke: Athene. - s. 64-73 : ill. - i: Futuriblerne, 1981, nr. 3/6.
Litteraturhenvisninger.

Tekst og illustrationer også publiceret separat til temaudstillingen Athena, NCG 16/9 - 1/11 1981 (sammen med Niels Bennetzen).

Både om gudeskikkelsen og om Phidias' version.

1150 Eliade, Mircea: De religiøse ideers historie / dansk redaktion ved Jes P. Asmussen og Asger Sørensen ; billedredaktion Per Hagen og Lene Espenhain. - København : Gyldendal, 1983-91. - 4 bd. : ill. (29)

Bd. 1: Fra stenalderen til de eleusinske mysterier / på dansk ved Merete Klenow With. - 380 s. : ill. - Litteraturhenvisninger s. 363-372.
- Om græsk religion s. 217-263, 309-322.
Bd. 2: Fra Gautama Buddha til kristendommens sejr / på dansk ved Vagn Duekilde. - 416 s. : ill. - Litteraturhenvisninger s. 383-407.

- Om hellenistisk og romersk religion s. 96-119, 152-173, 228-249, 292-317.
Originaltitel: Histoire des croyances et des idées religieuses (1976-83).

1151 Fischer-Hansen, Tobias: Myternes vandring. - s. 84-88 : ill. - i: Sfinx, årg. 12 (1989).
Litteraturhenvisninger.
Den etruskiske billedkunsts omformning af græske sagn.

1152 Gelsted, Otto: Guder og helte ... / illustreret af Axel Salto. - 2. udg., 4. opl. (fot. genoptryk). - København : Thaning & Appel, 1988. - 288 s. : ill. *(29.2)* *
1. udg. 1956; 2. udg. 1968.

1153 Giversen, Søren: Reinkarnationstanker hos gnostikerne. - s. 27-40. - i: Årbog for Københavns Stift, 1990. *

1154 Gradel, Ittai: Gud eller menneske : romersk kejserkult i Rom og Italien. - s. 14-22. - i: Medd.KAF 14 (1989).
Foredragsreferat.

1155 Gradel, Ittai: Kejserkult i den romerske husstand. - s. 67-81. - i: Relig.Tids., nr. 16 (1990).
Litteraturhenvisninger. - Summary in English.

1156 Gradel, Ittai: Var der kejserkult i Rom og Italien?. - s. 137-152 : ill. - i: Den Jyske Historiker, nr. 51/52 (1990).
Litteraturhenvisninger.
Om officiel kejserkult i byerne.

1157 Grinder-Hansen, Keld: De dødes penge : en begravelsesritus og dens meningsbetydning i Romerriget. - s. 81-92. - i: Den Jyske Historiker, nr. 51/52 (1990).
Litteraturhenvisninger.

RELIGION OG MYTOLOGI

Dødemønternes placering i forestillingen om død og efterliv.

1158 Harsberg, Erling: Mithras : mysterier og monumenter i romerriget. - København : Museum Tusculanum, 1983. - 134 s., XVI tavler : ill., kort. *(29.8; 91.37)*
Litteraturhenvisninger s. 129-130.
Indeholder også kilder i oversættelse.
Anmeldt i: Klass.Medd. 89 (1984), s. 39-42 (Johnny Thiedecke), genoptr. i uddrag i Medl.AV 4 (1988), s. 17-20.

1159 Helleberg, Maria: Græske myter i dag. - s. 106-109 : ill. - i: Sfinx, årg. 10 (1987).
Litteraturhenvisninger.
Myternes relevans og brugbarhed idag.

1160 Hertig, Henrik: Antikkens mytologi : en håndbog. - 9. opl. - København : Haase, 1980. - 135 s. : ill. & 1 kort. *(29.2)* *
1. udg. 1958.
Litteraturhenvisninger s. 135.

1161 Hjortsø, Leo: Græsk mytologi. - 13. opl. - [København] : Gyldendal, 1991. - 154 s. : ill. : kort. *(29.2)*
1. udg. 1958.
Litteraturhenvisninger s. 140-141.

1162 Hjortsø, Leo: Græske guder og helte / kort: Arne Gaarn Bak. - 2. udg., 3. opl. - [København] : Politiken, 1989. - 288 s. : ill. *(29.2)*
1. udg. 1971; 2. udg. 1984.
Litteraturhenvisninger s. 280-281.

1163 Hjortsø, Leo: Romerske guder og helte. - 3. opl. - København : Politiken, 1990. - 240 s. : ill. *(29.2; 91.47)*
1. udg. 1982.
Anmeldt i: Klass.Medd. 82 (1983), s. 44-45 (Christian Bohr).

1164 Holt, Anders: Kirkefædrenes syn på Mithraskultens farlighed. - s. 246-260. - i: Dansk Teol.Tids., årg. 46, 1983.
Litteraturhenvisninger.

1165 Hopenwasser, Fran: "Af Medusas afskårne hals sprang Pegasus". - s. 11-19, 69 : ill. - i: Forum for Kvindeforskning, årg. 5, nr. 1 (1985).
Litteraturhenvisninger. - Summary in English.

Græsk mytologi i feministisk tolkning.

1166 Hutin, Serge: Gnostikerne / oversat af Elsebeth Juncker Ratel og Jacques Louis Ratel. - København : Sankt Ansgar, 1991. - 154 s. - (Visdomsbøgerne). *(29.1)*
Originaltitel: Les gnostiques (1959).

Om gnosticismens filosofi, teologi og historie.

1167 Hvidtfeldt, Arild: Hellenistiske religioner / billedredaktion: Jens Fleischer ; kort: Ole Winther. - [København] : Politiken, 1991. - 261 s. : ill. *(29.2)*
Litteraturhenvisninger s. 243-255.

1168 Jacobi, Finn: De dødeliges liv : Villy Sørensens gendigtning af den græske mytologi. - s. 374-377 : ill. - i: Højskolebladet, årg. 114, nr. 24 (1989).

Kommentar til Villy Sørensen: Apollons oprør. (Se: nr. 1195).

1169 Jensen, Povl Johs.: Gudsoplevelsen i græsk religion. - s. 169-181. - i: Cum grano salis ... (Nr. 1).

1170 Kaivola-Bregenhøj, Annikki: Drømme gennem tusinde år / [overs.: Michael Larsen]. - København : Hernov, 1986. - 294 s. : ill. *(14.1)*
Litteraturhenvisninger s. 267-270.

Om antikken s. 60-76.

Anmeldt i: Klass.Medd. 108 (1986), s. 71 (Chr. Gorm Tortzen).

1171 Liversage, Toni: Den store gudinde : om kvindefigurer gennem 25.000 år. - København : Gyldendal, 1990. - 180 s. : ill.   *(29.1; 30.17)*
Litteraturhenvisninger s. 170-175.

Om antikken s. 83-99, 124-154.

Anmeldt i: Medd.KAF 19 (1991), s. 30-32 (Ingrid Strøm).

1172 Mathiassen, Svend Erik: Romernes guder. - s. 177-188 : ill. - i: Rom : en antik storby ... (Nr. 882).
Litteraturhenvisninger.

Romersk religion.

1173 Mortensen, Bent B.: Ødipus og folklore. - s. [49-60]. - i: Agora 1981, nr. 2.

Om folklore-elementer i Ødipus-myten, udfra V.J. Propps behandling i: Morfologija skazki (1928).

1174 Møller Jensen, Brian: Myter : myte og realitet. - Herning : Systime, 1988. - 107 s. : ill.   *(12; 29.1; 80.1)*
Litteraturhenvisninger s. 103-106.

S. 58-61 uddrag af Hesiod (Theogonien) og Platon (Protagoras, Forsvarstalen).

Anmeldt i: Klass.Medd. 129 (1990), s. 61-62 (Finn Høghøj); GS 1988, s. 1104 (Finn Olsen).

1175 Nielsen, Kirsten Holm: Orientalske kulter i byen Rom i kejsertiden. - s. [35-54] (intern paginering 1-20). - i: Agora 1981, nr. 5.
Litteraturhenvisninger.

1176 Otzen, Benedikt: Jødedommen som et hellenistisk fænomen. - s. 41-50. - i: Relig.Tids., nr. 16 (1990).
Litteraturhenvisninger. - Summary in English.

Om den hellenistiske påvirkning af Palæstina og jødisk tænkning.

1177 Pagels, Elaine: Tabernes evangelier / på dansk ved Vibeke Bengtson. - 2. udg., 2. opl. - [København] : Hekla, 1990. - 222 s. *(29.8; 22.59)*
Originaltitel: The gnostic gospels (1979).
1. udg. 1980; 2. udg. 1986.
Litteraturhenvisninger i noter s. 188-213.

Om de 13 Nag Hammadi codices, og kristen gnosis.

Anmeldt i: Dansk Teol.Tids., årg. 44, 1981, s. 279-281 (Torben Christensen).

1178 Perniola, Mario: Ceremoni mod dekoration. - s. 29-40. - i: Blændværker ... (Nr. 879).

Ceremonien, med udgangspunkt i antik, især romersk, religion.

1179 Perniola, Mario: Den venusianske charme. - s. 87-110. - i: Implosion og forførelse : Jean Baudrillard, Mario Perniola / red. af Stig Brøgger ... [et al.] ; på dansk ved Carsten Juhl. - København : Det kongelige danske Kunstakademi, 1984 (2. udg. 1988). - 110 s. *(10.4)*
Litteraturhenvisninger.

Ordkomplekset veneratio - venia - venerium - venenum som udtryk for grundbegreb i romersk opfattelse af det religiøse.

1180 Podemann Sørensen, Jørgen: Det religionshistoriske element i Grønbechs "Hellenismen". - s. 18-23. - i: Hellenismestudier 2, 1990.
Litteraturhenvisninger.

Det teoretiske niveau hos Vilhelm Grønbech.

1181 Podemann Sørensen, Jørgen: Frelse ved viden : religiøs kundskab og religiøse litteraturformer i det faraoniske og i det hellenistiske Ægypten. - s. 39-70 : ill. - i: Chaos, nr. 6 (1986).
Litteraturhenvisninger.

Om gnostisk og hermetisk litteratur, og det hellenistiske Ægypten s. 41-49.

1182 Podemann Sørensen, Jørgen: Trylleformler og kulturmøde i det senantikke Ægypten. - s. 69-79. - i: Chaos, nr. 10 (1988). Litteraturhenvisninger.

Om kontinuiteten i formelstruktur.

1183 Prytz Johansen, J.: Hellas, især kulten. - s. 137-142. - i: Religionshistorikeren Vilhelm Grønbech. - Gyldendal, 1987. - 200 s. *(99.4; 29)* Litteraturhenvisninger.

Om Grønbechs beskrivelse af ældre græsk kult.

Anmeldt i: Chaos, nr. 8 (1987), s. 113-114 (Jørgen Podemann Sørensen). (Se også: nr. 1144).

1184 Rasmussen, Frank Allan: Senantikkens bevidsthedskrise. - s. 3-16. - i: 1066, årg. 9, nr. 4 (1979). Litteraturhenvisninger.

Om en psykologisk referenceramme for forståelsen af den hedenske religions svaghed overfor kristendommen.

1185 Rasmussen, Otto: Lægeguden Asklepios og Kultstederne. - [S.l.] : Eget forlag, 1985. - 12 s. : ill. (Ej registreret i Dansk Bogfortegnelse). *

Essays fra besøg i asklepioshelligdomme.

1186 Religion. - s. 8-9. - i: Rostra 11 (1982).

Om romersk religion, tekst til undervisningsbrug.

1187 Religionshistoriske tekster i dansk oversættelse / ved Sven Fenger ; Tillæg / ved E. Haarh og J. Prytz Johansen. - 2. opl. - København : Akademisk Forlag, 1980. - 55 s. *(29)* *
1. udg. 1971.

1188 Religionshåndbogen / red. P. Boile Nielsen ; [medarb.: Peter Andersen ... et al.] . - 6. opl. - København : Gjellerup & Gad, 1991. -

260 s. : ill. *(29)*
1. udg. 1985.

Om antikken s. 42-50 (af Aase Kofoed).

Anmeldt i: Klass.Medd. 99 (1985), s. 64-67 (Jens Vanggaard); debat smst., 100 (1985), s. 46-49 (Finn Jacobi; Palle W. Nielsen; Niels Aagard Nielsen; Jens Vanggaard); GS 1985, s. 766 (Finn Olsen); Relig.Tids., nr. 9 (1986), s. 113-117 (Thyra Bjerreskov); Chaos, nr. 5 (1986), s. 81-89 (Tim Jensen).

1189 Ryum, Ulla: Køn ingen hindring? Bag myten lever længslen. - s. 95-102. - i: Køn ingen hindring : en antologi / red. af Inge-Lise Paulsen. - [København] : April, 1986. - 102 s. *(30.17)*
Litteraturhenvisninger.

Gaia som udtryk for den mytologiske dimension for kvinderne i Ødipus-sagnene.

1190 Schadewaldt, Wolfgang: Græske stjernesagn / på dansk ved Otto Foss. - Ny udg. - [København] : Spektrum, 1990. - 172 s. : ill. *(29.2)*
Originaltitel: Griechische Sternsagen (1956).
1. udg. Gyldendal (Gyldendals Uglebøger ; 67), 1963.

Anmeldt i: GS 1991, s. 152-153 (Chr. Gorm Tortzen).

1191 Schou, Niels: Græsk religion i oldtiden. - [København] : Gyldendal, 1985. - 312 s. : ill. *(29.2)*
Litteraturhenvisninger s. 296-297.

Anmeldt i: Klass.Medd. 106 (1986), s. 42-45 (Johs. Thomsen); Chaos, nr. 5 (1986), s. 90-93 (Bo Alkjær).

1192 Sinding Jensen, Jeppe: Anmeldelse af Martin, Luther H.: Hellenistic Religions. An Introduction. - New York ; Oxford, 1987. - s. 109-113. - i: Relig.Tids., nr. 17 (1990).

1193 Sinding Jensen, Jeppe: Honningsøde Orfeus : en oversigtsartikel : klassikerne, socialantropologien og den strukturalistiske myte-

forskning. - s. 7-25. - i: Relig.Tids., nr. 2 (1983).
Litteraturhenvisninger. - Summary in English.

Kommentar til Marcel Detiennes strukturalistiske tolkning af Vergils Georgica 4.

1194 Skriver Svendsen, Lars: Stjernerne fortæller : en genfortælling af de sagn, der knytter sig til stjernebillederne, og en vejledning til at finde dem. - 2. opl. - Valby : Borgen, 1990. - 62 s. : ill. *(52.7; 29.2)*
1. udg. 1989.
Litteraturhenvisninger s. 58.

1195 Sørensen, Villy: Apollons oprør : de udødeliges historie. - 1. - 2. opl. - [København] : Vindrose, 1989. - 123 s. *(29.2)*

Anmeldt i: Klass.Medd. 125 (1989), s. 35-37 (Christian Iuul), genoptr. i Medl.AV 8 (1989), s. 16-17. Se også Jacobi ... (Se: nr. 1168).

1196 Toftager, Hanne: "Si quid sunt manes..." : aspekter af gammelromersk dødekult. - s. 3-36 : ill. - i: Relig.Tids., nr. 11 (1987).
Litteraturhenvisninger. - Summary in English.

Gravens dobbelte funktion som den dødes tilholdssted og som mindested.

1197 Vanggaard, Jens H.: The flamen : a study in the history and sociology of Roman religion. - Copenhagen : Museum Tusculanum Press, 1988. - 175 s. *(29.2)*
Disputats.
Litteraturhenvisninger s. 173-175.
Dansk resumé 171-172.

Anmeldt i: Klass.Medd. 121 (1989), s. 52,54 (Henning Galmar); Chaos, nr. 10 (1988), s. 95-115 (Paul John Frandsen); debat smst., 11 (1989), s. 100-103 (Jens Vanggaard, Jørgen Podemann Sørensen); GS 1988, s. 951-952 (Chr. Gorm Tortzen); Relig.Tids., nr. 15 (1989), s. 113-117 (Svend Erik Mathiassen); Nyt fra Historien 38, 1988, s. 224 (Erik Christiansen).

1198 Vernant, Jean-Pierre: Græsk religion, antikke religioner. - s. 59-88.
- i: Ødipus uden kompleks ... (Nr. 317).
Litteraturhenvisninger.

Oversat fra Religion grecque, religions antiques, i: Religions, histoires, raisons (1979), s. 5-34 (Først holdt som forelæsning 1975).
Om den græske religions relationer til oldtidsreligioner i alm.

1199 Villadsen, Ebbe: Divinationens rolle i det antikke Grækenland. - s. 14-30. - i: Divination ... (Nr. 16).
Litteraturhenvisninger.

1200 Volkmann, Frank: Gnostikernes glemte bøger. - s. 44-50 : ill. - i: Columbus, årg. 4, nr. 4 (1990).

Om gnosticismen og om Nag Hammadi codices.

1201 Wagner, Richard: Oidipus-myten. - s. 86-101. - i: Kunsten og revolutionen ... (Nr. 466).
Litteraturhenvisninger.

Den thebanske sagnkreds som afspejling af konflikten mellem stat og individ.
Udsnit af Oper und Drama, 2.del (1850-51).

1202 Worm, Erik: Guder og helte i antikken. - København : Danmarks Radio, 1984. - [9] s. : ill. (Ej registreret i Dansk Bogfortegnelse).
Udsendelsesnøgle og underviservejledning til TV-undervisningsprogram.
Litteraturhenvisninger til de enkelte afsnit.

FILOSOFI

1203 Antikken. - s. 2-8 : ill. - i: Dualisme : om idealisme og materialisme / [af] Lone Kjerulff Jacobsen og Birgit Smedegaard Olesen. - [København] : Danmarks Radio, 1981. - 16 s. : ill. *(10.8)*

Litteraturhenvisninger.
Elevhæfte, Skoleradioen.

Om naturfilosofferne og Platon.

Anmeldt i: Klass.Medd. 75 (1982), s. 22-23 (Johnny Thiedecke).

1204 Boje Andersen, Henning: Om fremtidige søslag / [af] Henning Boje Andersen og Jan Faye. - s. 149-181. - i: Mus.Tusc., nr. 40/43 (1980).
Litteraturhenvisninger.

Om logiske love for fremtidsudsagn, med udgangspunkt i Aristoteles' De interpretatione.

1205 Clausen, Flemming: Tal & tanke : pythagoræernes verdens- og livsanskuelse / af Flemming Clausen og Jørgen Falkesgaard ; tegninger ...: Lars Thorsen. - København : Munksgaard, 1986. - 120 s. : ill. *(51.07; 10.911)*
S. 85-95 uddrag af Platons Menon (81C-86C).
Litteraturhenvisninger s. 120.

Om matematik hos pythagoræerne, Platon og Euklid.

Anmeldt i: Klass.Medd. 110 (1987), s. 43-46 (Anni Bach, Niels Arent, Hans Hummelmose); GS 1987, s. 776-777 (Christian Thybo).

1206 Dalsgaard Larsen, Bent: Uddannelse og dannelse i kulturdebatten i Hellas i 5. årh. f.Kr. - s. 10-24. - i: Klass.Medd. 92 (1984).
Tidligere udg. i: Pædagogik i gymnasiet : rapport fra tre tværfaglige kurser. - [S.l.] : De faglige udvalg for religion, dansk og matematik, 1982.

Dannelsesbegrebet og retorikken hos sofisterne og hos Sokrates.

1207 Den græsk-romerske verden. - s. 29-127 : ill. - i: De europæiske ideers historie / [af] Erik Lund, Mogens Phil, Johannes Sløk. - 20. opl. - København : Gyldendal, 1991. - 398 s. : ill. *(90.1)*
1. udg. 1962.

1208 Engberg-Pedersen, Troels: Etik og filosofiens grænser. - s. 159-187.
- i: Moral og etik / redigeret af Benny Grey Schuster. - Århus : Anis, 1988. - 298 s. *(15)*
Litteraturhenvisninger.

Om behandlingen af Aristoteles i Bernard Williams: Ethics and the Limits of Philosophy (1985).

1209 Engberg-Pedersen, Troels: Græsk filosofi og kristen teologi. - s. 12-17. - i: Teol-information 2, sept. 1990.

Den hellenistiske filosofis relevans for forståelsen af det Ny Testamente.

1210 Engberg-Pedersen, Troels: Lykke og moral i stoisk filosofi. - s. 198-204 : ill. - i: Humaniora, nr. 6, 1983-84 (1985).

Præsentation af forskningsprojekt.

1211 Engberg-Pedersen, Troels: Moralitet og dens begrundelse hos Aristoteles og hos stoikerne. - s. 325-363. - i: Mus.Tusc., nr. 40/43 (1980).
Litteraturhenvisninger.

1212 Engberg-Pedersen, Troels: Stoisk moralfilosofi og os. - s. 39-49 : ill. - i: Klass.Medd. 101 (1985).

1213 Friis Johansen, Karsten: Den europæiske filosofis historie / red.: Søren Hansen ; Bd. 1: Antikken / Karsten Friis Johansen. - København : Nyt Nordisk Forlag, 1991. - 851 s. : ill. *(10.911; 10.9)*
Litteraturhenvisninger s. 793-822.

1214 Friis Johansen, Karsten: Hvad er mennesket? Nogle noter om menneskesyn i den klassiske græske verden. - s. 53-73. - i: Filosofiske Studier, Bd. 11 (1990).
Litteraturhenvisninger.

Dannelsesbegrebet i antikken.

FILOSOFI

1215 Grønkjær, Niels: Platons og Augustins opgør med retorikken. - s. 112-123. - i: Fønix, årg. 13, 1989.
Litteraturhenvisninger.

1216 Guldmann, Finn: Noget er altid noget et eller andet : med bestandig hensyntagen til Platons og Aristoteles' onto-semantik. - s. 69-105. - i: Filosofiske Studier, Bd. 6 (1983).
Litteraturhenvisninger.

Om prædikation og eksistensudsagn.

1217 Gunder-Hansen, Edwin: Springet til evigheden. - s. 48-51 : ill. - i: Det Ukendte, årg. 3, nr. 2 (1980/81).
Litteraturhenvisninger.

Om springet i døden som muligt pythagoræisk symbolbillede.

1218 Halmstak, Carolus: De gamle grækere. - s. 11-15 : ill. - i: Filosofi for folket : anskuet fra sidelinien. - Skellerup, 1989. - 71 s. : ill. *(10.9)*

Satirisk gennemgang af filosofiens historie (Carolus Halmstak sandsynligvis pseudonym for Asger Baarstrøm).

1219 Hansen, Mogens Herman: Filosofferne Sokrates, Platon og Aristoteles. - s. 245-270 : ill. - i: Det athenske demokrati I ... (Nr. 555).
Litteraturhenvisninger.

Statstænkning og demokratisyn hos de tre filosoffer.

1220 Hansen, Mogens Herman: Sofisterne. - s. 191-205 : ill. - i: Det athenske demokrati I ... (Nr. 555).
Litteraturhenvisninger.

Protagoras', Thrasymachos' og Antifons varierende syn på demokratiet.

1221 Harnow Klausen, Søren: Antik og moderne etik. - s. 47-83. - i: Filosofiske Studier, Bd. 12 (1991).
Litteraturhenvisninger.

Om aristotelisk etik s. 52-62.

1222 Hartnack, Justus: Filosofiens historie. - Fotografisk optryk. - Århus
: Teoltryk, 1988. - 237 s. *(10.9)*
1. udg. 1969.
Litteraturhenvisninger s. 228-235 (antikken s. 228).
Om antikken s. 9-43.

1223 Heldt, Pavl E.: Pythagoras' mysterieskole. - s. 244-248 : ill. - i: Det
Ukendte, årg. 4, nr. 6 (1982).
Om pythagoræismen.

1224 Haastrup, Gudrun: Sofistikken / af Gudrun Haastrup og Andreas
Simonsen. - 2. opl. - København : Akademisk Forlag, 1988. - 88
s. *(10.8)*
1. udg. 1984.
Litteraturhenvisninger s. 7-8.

Gennemgang, med tekstudvalg.

Anmeldt i: Klass.Medd. 97 (1985), s. 50,52 (Ivar Engel Jensen);
GS 1984, s. 964 (Chr. Gorm Tortzen).

1225 Jensen, Povl Johs.: Det antikke tidsbegreb. - s. 155-167. - i: Cum
grano salis ... (Nr. 1).

1226 Kyrstein, Jens: Arven fra antikken. - s. 19-32 : ill. - i: Filosofi : Bd.
1 : Naturfilosofi, erkendelsesfilosofi, videnskabsfilosofi, etik. -
[København] : Munksgaard, 1986. - 112 s. : ill. *(10)*
Litteraturhenvisninger.

Anmeldt i: Klass.Medd. 110 (1987), s. 42-43 (Anni Bach, Niels
Arent); GS 1987, s. 457-458 (Peter Thielst).

1227 Larsen, Mihail: Den frie tanke : en grundbog i filosofi / [af] Mihail
Larsen og Ole Thyssen. - 2. udg. (Bogklubudgave). - København
: Gyldendal, 1982. - 264 s. *(10.9)*

1. udg. 1981.
Litteraturhenvisninger s. 242-244.

Om antikken s. 19-29, 55-71, 100-113, 145-157.

Anmeldt i: GS 1982, s. 270 (Peter Thielst).

1228 Larsen, Øjvind: Den etiske tænkemådes tilblivelse i den demokratiske bystat Athen. - Roskilde : Roskilde Universitetscenter, 1986. - 166 s. *(32.15; 91.43)*
Litteraturhenvisninger s. 154-158.
Summary in English p. 159-166.

Anmeldt i: Klass.Medd. 109 (1987), s. 52-56 (Johs. Sparre); GS 1986, s. 956-957 (Chr. Gorm Tortzen).

1229 Lindhardt, Jan: Fra mythos til logos. - s. 21-33 : ill. - i: Fra tale til tanke : hovedlinier i den europæiske idehistorie. - København : Aschehoug, 1987. - 160 s. : ill. *(90.1)*
Litteraturhenvisninger.

Anmeldt i: GS 1988, s. 499 (Peter Thielst).

1230 Ludvigsen, Frank Colding: Mystisk og naturlig filosofi : en skitse af kristendommens første og andet møde med græsk filosofi : projektrapport. - Roskilde : Roskilde Universitetscenter, 1987. - 78 s. - (Tekster fra IMFUFA ; 136). *(51; 53)*
Litteraturhenvisninger s. 78.

Om antikken s. 7-55.

1231 Møller, Niels: Idehistorie. - Vanløse : Heraklit, 1989. - 113 s. *(50.7)*
Litteraturhenvisninger s. 107-109.

Naturvidenskabernes idehistorie. Om antikken s. 8-29.

Anmeldt i: GS 1990, s. 938 (Johannes Iversen).

1232 Nerheim, Hjørdis: Filosofiens historie : fra Sokrates til Wittgenstein / [af] Hjørdis Nerheim og Viggo Rossvær ; oversættelse og biografier: Niels Christian Stefansen; tegninger: Roald Als. - 3.

udg., 3. opl. - København : Politiken, 1991. - 272 s. : ill. *(10.9)*
Originaltitel: Filosofiens historie (norsk, 1984).
1. udg. 1986; 3. udg. 1990.
Litteraturhenvisninger s. 265-269 (om antikken s. 265-266).

Om antikken s. 9-85, 213-230 (Sokrates, Platon, Aristoteles, Augustin).

Anmeldt i: GS 1987, s. 458 (Peter Thielst).

1233 Næss, Arne: Filosofiens historie / på dansk ved Ane Munk-Madsen ; 1 : Fra oldtiden til Kant. - 3. udg. - København : Hans Reitzel, 1991. - 640 s. *(10.9)*
Originaltitel: Filosofiens historie (norsk, 1953).
1. udg. Vintens Forlag, 1963-1967 (3 bd.).
Litteraturhenvisninger i noter.

Om antikken s. 47-311.

1234 Ostenfeld, Erik Nis: Skæbne og forsyn i den ældre stoicisme. - s. 30-41. - i: Hellenismestudier 3, 1990.
Litteraturhenvisninger.

Årsagsbegrebet hos stoikerne.

1235 Pahuus, Mogens: Filosofien om mennesket / fremstilling og tekster ved Mogens Pahuus under medvirken af Peter Boile Nielsen. - København : Gjellerup & Gad, 1898. - 208 s. *(16.8)*

S. 58-63 uddrag af Aristoteles og Augustin, s. 198-203 uddrag af Platons Faidros.

Anmeldt i: GS 1990, s. 985-986 (Johannes Iversen).

1236 Politikens filosofi leksikon / redigeret af Poul Lübcke ; forfattere: Arne Grøn ... [et al.]. - 5. opl. - København : Politiken, 1991. - 472 s. : ill. - (Supplementsbind til: Vor tids filosofi (1982)). *(10)*
1. udg. 1983.
Litteraturhenvisninger i de enkelte indførsler.

Anmeldt i: GS 1984, s. 99 (Peter Thielst).

1237 Religion som et filosofisk problem hos de gamle grækere. - s. 12-15 : ill. - i: Religionerne : tekster og fremstillinger / [af] Finn Jacobi og Hanne Josephsen. - [København] : Munksgaard, 1987. - 311 s. : ill. *(29)*

Om religionskritik, hos Xenofanes og senere.

Anmeldt i: Chaos, nr. 10 (1988), s. 116-118 (Tim Jensen og Mikael Rothstein).

1238 Roed, Susan: Filosofiske tanker omkring agoraen. - s. 55-63 : ill. - i: Dionysos : græske essays. - Attika, 1981. - 63 s. : ill. *(47.7)*

Om Sokrates og Platon.

1239 Russell, Bertrand: Vestens filosofi / overs. af Elsa Gress. - 3. udg. - København : Munksgaard, 1991. - 771 s. - (Munksgaard paperbacks). *(10.9)*
1. udg. i 2 bd. 1962.

Om antikken s. 21-271.

1240 Siggaard Jensen, Hans: Platons og Aristoteles' logik. - s. 133-148. - i: Mus.Tusc., nr. 40/43 (1980).
Litteraturhenvisninger.

Aristotelisk logik som generalisering af det logiske system i Platons Sofisten.

1241 Sløk, Johannes: Den filosofiske tankes fødsel. - s. 67-70 : ill. - i: Sfinx, årg. 3 (1980).

Om de joniske naturfilosoffer.

1242 Sparre, Johs.: Frihed og nødvendighed : perspektiver i græsk filosofisk tradition. - s. 21-35. - i: Tradition og antitradition. - Hjørring : De faglige udvalg i Latin og i Græsk & Oldtidskundskab, 1991. - 154 s. - (Klassikerforeningens Kildehæfter). *(37.1; 37.01; 37;14891; 37.366; 90.1; 90.4)*
Litteraturhenvisninger.

FILOSOFI

Intellektualismens dominans over det empiriske.

1243 Stone, I.F.: Retssagen mod Sokrates / på dansk ved Henning Juul Madsen ; [Fagterminologisk register af Ivar Gjørup]. - København : Spektrum, 1990. - 298 s. *(34.79; 10.911; 99.4 Sokrates)* Originaltitel: The Trial of Socrates (1988).
Litteraturhenvisninger i noter.

Behandler især politisk filosofi og filosoffens politiske ansvar.

Anmeldt i: Klass.Medd. 134 (1991), s. 35-39 (Finn Jacobi); Bogens Verden, årg. 74, nr. 2 (1991), s. 136-137 (Henrik Schovsbo); GS 1991, s. 249-250 (Chr. Gorm Tortzen).

1244 Studier i antik og middelalderlig filosofi og idéhistorie / [redaktion: Bo Alkjær ... et al.]. - København : Museum Tusculanum, 1980. - 712 s. - (Museum Tusculanum ; 40/43). *(10.911; 10.912; 91.4)*

Udgivet i anledning af Johnny Christensens og Karsten Friis Johansens 50 års dage.

De enkelte bidrag udspecificerede.

1245 Stybe, Svend Erik: Idéhistorie : vor kulturs idéer og tanker i historisk perspektiv / [illustrationer ...: Ib Jørgensen]. - 4. udg., 6. opl. - København : Munksgaard, 1990. - 411 s. : ill. *(90.1)*
1. udg. 1963; 4. udg. 1972.
Litteraturhenvisninger s. 397-399.

Om antikken s. 13-83.

1246 Thodberg Bertelsen, Jens: Religion : en grundbog i livsanskuelser / [af] Jens Thodberg Bertelsen ... [et al.]. - 3. opl. - København : Gyldendal, 1988. - 432 s. : ill. *(29)*
1. udg. 1985.

Om oldkirken s. 241-246 (Asger Sørensen); om græsk filosofi s. 302-320 (Jens Thodberg Bertelsen).

Anmeldt i: Klass.Medd. 107 (1986), s. 62-63 (Andreas Simonsen); GS 1986, s. 336, 338 (Finn Olesen); Relig.Tids., nr. 9

FILOSOFI 245

(1986), s. 117-120 (Thyra Bjerreskov); Chaos, nr. 5 (1986), s. 81-89 (Tim Jensen).

1247 Thulstrup, Niels: Gamle græske tænkere og moderne lærebogsforfattere. - s. 45-49. - i: Akcept og protest ... (Nr. 87). Oprindelig trykt 1954.

Om nødvendigheden af at studere førsokratikerne.

1248 Werner, Rita: Antikkens opfattelse af det gode liv. - s. 14-29. - i: Sandhed og værdi : i tide - og i utide : en baggrundsbog for filosofi. - [København] : Gyldendal, 1990. - 79 s. : ill. - (Studier for voksne). *(10)*
Litteraturhenvisninger.

Moralfilosofi hos Platon og Aristoteles.

Anmeldt i: GS 1990, s. 1114 (Johannes Iversen).

1249 Wind, H. C.: Moderne og antik etik. - s. 245-273. - i: Moral og etik ... (Nr. 1208).
Litteraturhenvisninger.

Om antikken s. 250-255.

1250 Worm, Erik: Filosofiske retninger efter Sokrates : nøgler til et lykkeligt liv. - København : Danmarks Radio, 1985. - 32 s. : ill. *(10.911)*
Elevhæfte, Skoleradioen.
Litteraturhenvisninger s. 32.

Om hellenistisk filosofi.

Anmeldt i: GS 1985, s. 1019 (Peter Thielst).

VIDENSKAB OG TEKNOLOGI

1251 Andersen, Kirsti: Kilder og kommentarer til ligningernes historie / redigeret af Kirsti Andersen ... [et al.]. - Vejle : Trip, 1986. - 252 s. : ill. *(51.1; 51.07)*

Om antikken s. 51-84 (algebra i græsk geometri og matematik, litteraturhenvisninger s. 68, 84; afsnittene af Lars Mejlbo og Ivan Tofteberg Jakobsen).

Anmeldt i: GS 1987, s. 104-105 (Bjørn Larsen).

1252 Bekker-Nielsen, Tønnes: Alle veje fører fra Rom. - s. 5-6. - i: Medl.AV. 13 (1991).
Litteraturhenvisninger.
Foredragsreferat.

Om romerveje.

1253 Bekker-Nielsen, Tønnes: Romerveje. - s. 212-214 : ill. - i: Dansk Vejtidsskrift, årg. 66, nr. 9 (1989).

Især om vejteknologi.

1254 Bekker-Nielsen, Tønnes: Romerveje i Europa. - Aarhus : Antikva, 1985. - 82 s. : ill. *(69.61; 91.47)*
Litteraturhenvisninger s. 73-75.

Især om vejteknologi.

Anmeldt i: Klass.Medd. 100 (1985), s. 80,82,84 (Børge Kjeldsen); Sfinx, Tillæg 1985, s. 2 (Kirsten Holm Nielsen); GS 1985, s. 818 (Chr. Gorm Tortzen); Nyt fra Historien 34, 1985, s. 213-214 (Dorith Madsen).

1255 Bekker-Nielsen, Tønnes: Skibet er ladet med .... - s. 140-146 : ill. - i: Sfinx, årg. 6 (1983).
Litteraturhenvisninger.

Vindyrkning og -transport i Gallien.

1256 Bender, Johan [Andreas]: Oldtidens ingeniører og opfindere : civilisationens historie er ingeniørkunstens historie. - s. 26-27, 29. - i: Dansk Industri, 1986, nr. 7/8.
Teknikhistorie til og med Heron af Alexandria.

1257 Bender, Johan Andreas: Opfindelser fra oldtid til nutid : videnskab, teknologi og samfund . - København : Industrirådet, 1990. - 145 s. : ill. *(60.9)*
Litteraturhenvisninger s. 132-134.

Om antikken s. 12-16.

Anmeldt i: Den Jyske Historiker 56, 1991, s. 130-131 (Michael F. Wagner).

1258 Brink Lund, Kirsten: Atomets historie / [af] Kirsten Brink Lund og Marianne Svenningsen. - Frederikssund : FAG, 1988. - 72 s. : ill. *(53.22)*
Litteraturhenvisninger s. 68.

Om antikken s. 7-12.

Anmeldt i: GS 1989, s. 265-266 (Torben Svendsen).

1259 Christiansen, Iben Maj: Det er ganske vist : Euklids femte postulat kunne nok skabe røre i andedammen : en rapport om den hyperbolske geometris betydning for matematikkens erkendelsesteoretiske status. - Roskilde : Roskilde Universitetsforlag, 1986. - 119 s. : ill. - (Tekster fra IMFUFA ; 119). *(51)*
Litteraturhenvisninger s. 110-114.

Om antikken s. 7-16.

1260 De klassiske videnskabsmænd / redaktion Jack Meadows ; oversat og bearbejdet til dansk af Henning Dehn-Nielsen . - 2. opl. - København : Bonniers bøger, 1989. - 128 s. : ill. - (Videnskabens verden ; 13 - Illustreret videnskabs bibliotek). *(50.7)*
Originaltitel: The great scientists.
1. udg. 1988.
Også udgivet samlet med Meadows: Den moderne videnskabs

pionerer (= Videnskabens verden ; 16) 1989, som: Store videnskabsmænd. - København : Politiken, 1988. - (Videnskabens verden ; 8). - 248 s. : ill.

Om græsk videnskab, spec. Aristoteles, s. 5-24 (i samlede udgave s. 9-28).

1261 Drachmann, A. G.: Antikkens teknik : redskaber og opfindelser i den græske og romerske oldtid. - Fotografisk optryk. - København : Museum Tusculanum, 1983. - 144 s., 8 tavler : ill. *(91.4)*
1. udg. 1963.
Litteraturhenvisninger s. 133-134.

Anmeldt i: Klass.Medd. 88 (1984), s. 60-61 (Jørgen Hansen).

1262 Ferris, Timothy: Mælkevejens krønike : fra Aristoteles' krystalhimle til vore dages superstrengteorier / på dansk ved Jan Teuber. - [København] : Gyldendal, 1991. - 416 s. : ill. *(52.07)*
Litteraturhenvisninger s. 381-410.

Om antikken s. 23-39.

1263 Hansen, Jørgen: Romerske rørlæggere. - s. 50-56 : ill. - i: Sfinx, Årg. 4 (1981).

Om blyrør.

1264 Hirsberg, Bent: Tal og geometri : nogle træk af den græske matematiks historie / [af] Bent Hirsberg, Klaus Holth. - Vejle : Trip, 1982. - 80 s. : ill. *(51.07)*
Litteraturhenvisninger s. 79.

1265 Lorenzen, Eivind: Antikkens målestystem : en hånd fra Vitruvius. - s. 28-36 : ill. - i: Medd.KAF 18 (1991).
Litteraturhenvisninger.

Metrologi og proportionssystemer, med udgangspunkt i Vitruv.

1266 Lützen, Jesper: Cirklens kvadratur, vinklens tredeling og terningens fordobling : fra oldtidsgeometri til moderne algebra. - 2.udg. -

Herning : Systime, 1985. - 175 s. *(51.5).* *
1. udg. 1983 (Odense Universitet, Matematisk Institut).
Litteraturhenvisninger s. 162-166.

Resumé af tilgrundliggende speciale (med titelvariant: "oldtidens geometri") udgivet Odense : Odense Universitet, Matematisk Institut, 1982. - 15 s. - (Om antikken s. 2-10. Litteraturhenvisninger s. 15).

Anmeldt i: GS 1986; 216 (Kaj Thomsen).

1267 Madsen, Allan: Arbejdet og teknikkens socialhistorie : fra flodkulturerne indtil den industrielle revolution. - Herning : Systime, 1991. - 255 s. : ill. *(60.9; 33.11)*
Litteraturhenvisninger s. 251-255.

Om antikken s. 21-24, 54-80.

Anmeldt i: Den Jyske Historiker 56, 1991, s. 129-130 (Michael F. Wagner).

1268 Morsing, T.: Astronomi på en anden måde : fra oldtiden til vore dages moderne astronomi : ni fortællinger om mennesker, forskere og forskning. - [København] : Teknisk Forlag, 1989. - 140 s. : ill. *(52.07)*
Litteraturhenvisninger s. 132-134.

Om antikken s. 13-21.

1269 Morsing, T.: Et verdensbillede bliver til. - Sek. 1, s. 24-25 : ill. - i: Ingeniøren, årg. 14, nr. 39 (1988).

Det astronomiske verdensbillede hos oldtidens kulturer.

1270 Naturens historie-fortællere / [red. af] Niels Bonde, Jesper Hoffmeyer, Henrik Stangerup ; Bind 1: Udviklingsideens historie : fra Platon til Darwin / redigeret af Niels Bonde og Henrik Stangerup [tegninger: Merete Bonde, Louise Lillie]. - København : Gad, 1985. - 382 s. : ill. *(56.5)*

Antikken / af Christian Gorm Tortzen og Bjarne Westergaard / 13-53 : ill. - Litteraturhenvisninger s. 52-53.

Anmeldt i: Klass.Medd. 103 (1986), s. 58-61 (Knud Erik Staugaard); GS 1986, s. 300 (Peter Thielst).

1271 Nielsen, Elin Rand: Obelisktransport i oldtiden. - s. 9-14. - i: Medl.AV. 12 (1990).
Litteraturhenvisninger.
Foredragsreferat.

Om romerske transportmetoder.

1272 Niss, Mogens: Matematikken i oldtidens Grækenland. - s. 22-66. - i: Matematikkens udvikling - op til renæssancen : skitse med pointer. - IMFUFA, 1985. - 79 s. : ill. - (Tekster fra IMFUFA ; 115). *(51.07)*
Litteraturhenvisninger.

1273 Pedersen, Olaf: Matematik og naturbeskrivelse i oldtiden. - 2. opl. - København : Akademisk Forlag, 1980. - 176 s. : ill. *(50.7; 51.07)* 1. udg. 1975.
Litteraturhenvisninger s. 174-176.

Om antikken s. 70-157.

1274 Rancke-Madsen, E.: Grundstoffernes opdagelseshistorie . - København : Gad, 1984. - 137 s. : ill. *(54.07)*
Litteraturhenvisninger s. 134.

Om antikken s. 11-30.

1275 Rancke-Madsen, E.: Kemiens fødsel / [tegninger ...: Arne Gaarn Bak] . - København : Gad, 1987. - 92 s. : ill. *(54.07)*
Litteraturhenvisninger s. 88.

Om antikken s. 11-15.

VIDENSKAB OG TEKNOLOGI

1276 Schiøler, Thorkild: En sørgelig historie : Samson i trædemøllen. - s. 140-143 : ill. - i: Sfinx, årg. 5 (1982).
Litteraturhenvisninger.

Om kværne i antikken, og om relief i Vatikanet som forlæg for Carl Blochs maleri.

1277 Schiøler, Thorkild: Regulering af vandmøller før James Watt : eller Historien om "en brøkdel af en millimeter". - s. 61-70 : ill. - i: Seks beretninger fra teknikkens historie / redigeret af Ole Immanuel Franksen. - [Birkerød] : Strandberg, 1984. - 128 s. : ill. *(60.9)*
Litteraturhenvisninger.

Om kværne i antikken.

1278 Schiøler, Thorkild: Rom uden fodbold. - s. 37-44 : ill. - i: Medd.KAF 18 (1991).

Om groma'en fra Pompeji.

1279 Schiøler, Thorkild: Romerske og islamiske vandhjul : som hobby, videnskab og job. - s. 99-102 : ill. - i: Sfinx, årg. 2 (1979).

Genudgivet med undertitel: Festforelæsning på Odense Teknikum : i anledning af 75-års jubilæet for Odense Teknikum og teknikuddannelsen den 1. november 1980. - [København] : Ingeniør-sammenslutningen, 1980. - 8 s. : ill. (med supplerende nye illustrationer).

1280 Taisbak, C. M.: 'Dynamis' og 'dynasthai' : et forslag til tolkning af en betydningsfuld geometrisk terminus i den græske lære om usammålelige linjestykker. - s. 119-131 : ill. - i: Mus.Tusc., nr. 40/43 (1980).
Litteraturhenvisninger.

1281 Taisbak, Chr. Marinus: Lidt drømmeri om de ældste romerske kalendere. - s. 12-21. - i: Klass.Medd. 117 (1988) *og* s. 10-23, sammesteds, 118 (1988).
Litteraturhenvisninger.

Om den numanske kalender.

1282 Aaboe, Asger: Episoder fra matematikkens historie / [illustreret af forfatteren] . - 2. udg. - [Valby] : Borgen, 1986. - XII, 140 s. : ill. *(51.07)*
1. udg. Munksgaard, 1966.
Litteraturhenvisninger s. 136-140.

Om antikken s. 33-131 (græsk matematik og geometriske konstruktioner).

Anmeldt i: GS 1986, s. 696 (Kaj Thomsen).

Medicin

1283 Brade, Anna Elisabeth: Sundhed og sygdom. - s. 143-152 : ill. - i: Rom : en antik storby ... (Nr. 882).
Litteraturhenvisninger.

Om lægevæsen og medicinske forfattere.

1284 Jespersen, Ejgil: Den urene krop : om den antikke gymnastik- og sundhedslære. - s. 68-91 : ill. - i: Centring, årg. 9, nr. 25 (1990). Litteraturhenvisninger.

Gymnastikkens rolle i antik filosofi og lægevidenskab.

1285 Thomasen, Anne-Liese: Kvinden i den gamle lægekunst og i den videnskabelige medicin. - s. 65-77 : ill. - i: Medicinsk Forum, årg. 38, nr. 3 (1985).

Om antikken s. 65-67.

1286 Thomsen, Mogens: Det hele begyndte med Aristoteles : brandsårsbehandlingens historie. - Hvidovre : København Kommunes Hvidovre Hospital, 1987. - [778] s. *(61.66)*
Udgivet i 10 xerograferede eksemplarer.
Litteraturhenvisninger s. 692-778.

Om antikken s. 10-19.

1287 Thorsteinsson, Hj.: Den romerske feltlæge. - s. 22-25 : ill. - i: Sfinx, årg. 13 (1990).
Litteraturhenvisninger.

Om valetudinarier og militær kirurgi.

1288 Thorsteinsson, Hjalmar: Romerhærens sanitetstjeneste og dens valetudinarier. - s. 277-289 : ill. - i: Bibliotek for læger / Medicinsk forum, årg. 181, hft. 3 (1989).
Litteraturhenvisninger.

ANTIKKEN OG EFTERTIDEN

Antikreception

1289 Andersen, Jørgen: Efter antikken. - s. 107-133 : ill. - i: De år i Rom : Abildgaard, Sergel, Füssli. - Christian Ejlers Forlag, 1989. - 301 s. : ill. *(70.914; 99.4)*
Litteraturhenvisninger.

Om kopiering og brug af klassisk kunst.

1290 Bek, Lise: Antikken i renæssancen : et ideal med modifikationer. - s. 8-22 : ill. - i: Klass.Medd. 110 (1987) *og* s. 33-46 : ill. sammesteds, 111 (1987).

1291 Bek, Lise: Det klassiske ideals omskiftelighed : antiksyn eller naturforståelse. - s. 84-91. - i: Meddelelser fra Thorvaldsens Museum 1989.

Om den klassiske kunsts rolle som forbillede fra renæssancen til Winckelmann.

1292 Bek, Lise: Kunsten som pejling af demokratitanken i den vestlige kultur / [af] Lise Bek og Nils Ohrt. - s. 327-369 : ill. - i: Det athenske demokrati II ... (Nr. 555).
Litteraturhenvisninger.

1293 Bekker-Nielsen, Tønnes: "Forstyr ikke mine cirkler". - s. 64 : ill. - i: Sfinx, årg. 4 (1981).

Om Archimedes-citatets oprindelse ca. 1330.

1294 Bekker-Nielsen, Tønnes: Det athenske demokrati i tyske skolebøger siden 1. verdenskrig. - s. 259-280. - i: Det athenske demokrati II ... (Nr. 555).
Litteraturhenvisninger.

1295 Bekker-Nielsen, Tønnes: Oldtiden som varemærke. - s. 52-56. - i: Klass.Medd. 79 (1982).

Om antikke navne som moderne varemærker.

1296 Christiansen, Erik: Kongernes fald. - s. 112-115 : ill. - i: Sfinx, Årg. 14 (1991).

Lucretia-motivet i efterantik kunst.

1297 Fehr, Burkhard: Tyranmordernes tilbagekomst. - s. 3-9 : ill. - i: Sfinx, årg. 13 (1990).
Litteraturhenvisninger.

Om skulpturgruppen Tyranmorderne som model for nazistisk og stalinistisk monumentalskulptur.

1298 Fejfer, Jane: Arkæologernes huse / [af] Jane Fejfer og Hans Erik Mathiesen. - s. 123-126 : ill. - i: Sfinx, årg. 11 (1988).
Litteraturhenvisninger.

Om antikreminiscenser i arkitektur.

1299 Fledelius, Karsten: Byzans og det athenske demokrati. - s. 32-40 : ill. - i: Det athenske demokrati II ... (Nr. 555).
Litteraturhenvisninger.

Om negligeringen af demokratibegrebet i byzantinsk statstænkning.

1300 Frederiksen, Hans Jørgen: Det hedenske teater som kirkefacade. - s. 64-67 : ill. - i: Sfinx, årg. 10 (1987). Litteraturhenvisninger.

Romansk kirkefacade som efterligning af scenae frons.

1301 Frederiksen, Hans Jørgen: Rom i Nordeuropa. - s. 18-23 : ill. - i: Sfinx, årg. 5 (1982).

Om romersk indflydelse på romansk kunst.

1302 Gabrielsen, Vincent: Det athenske demokrati i den nygræske tradition. - s. 281-294. - i: Det athenske demokrati II ... (Nr. 555). Litteraturhenvisninger.

1303 Gelfer-Jørgensen, Mirjam: Fra klismos til kontorstol. - s. 16-21 : ill. - i: Sfinx, årg. 13 (1990). Litteraturhenvisninger.

Om nyantik møbelkunst.

1304 Johansen, Flemming: Om begrebet oldtid - før og nu. - s. 127-130. - i: Årsskrift / Carlsbergfondet, 1982.

Tale holdt ved Ny Carlsberg Glyptoteks 75 års jubilæum den 26. juni 1981.

1305 Lindhardt, Jan: Statstænkere i middelalder og nyere tid. - s. 41-53 : ill. - i: Det athenske demokrati II ... (Nr. 555). Litteraturhenvisninger.

1306 Linton, Michael: Synet på det athenske demokrati i renæssancens Italien. - s. 55-66 : ill. - i: Det athenske demokrati II ... (Se: nr. 555). Litteraturhenvisninger.

1307 Mathiesen, Hans Erik: Antikreception. - s. 14-20 : ill. - i: Medd.KAF 12 (1989).

Litteraturhenvisninger.
Genoptr. i Medl.AV 6, 1989, s. 6-12.

1308 Mathiesen, Hans Erik: Ved kunstens kildevæld : genopdagelsen af Athen i 1700-tallet. - s. 74-77 : ill. - i: Sfinx, årg. 5 (1982).
Om James Stuart, Nicholas Revett, og Julien-David LeRoy.

1309 Meyer, Jørgen Christian: Den amerikanske og den franske revolution og antikmyten. - s. 77-99 : ill. - i: Det athenske demokrati II ... (Nr. 555).
Litteraturhenvisninger.

1310 Nørgaard, Lars: Antikken som ideologi - lidt om den klassiske oldtids skæbne i det moderne Grækenland. - s. 210-223. - i: Man må studere ... (Nr. 5).
Litteraturhenvisninger.
Om antikken som selvlegitimering.

1311 Pade, Marianne: Historiografi og humanisme: studiet af græsk i tidlig renæssance. - s. 69-89. - i: Renæssancestudier 2, 1988.
Litteraturhenvisninger.

1312 Risum, Jane: Den sprængte utopi : det græske teater i det moderne. - s. 63-72 : ill. - i: Det græske teater ... (Nr. 441).
Litteraturhenvisninger.
Om nutidig tolkning af græsk drama.

1313 Torresin, Giuseppe: Overalt i verden er den social-politiske terminologi af græsk-latinsk oprindelse. - s. 11-15. - i: Klass.Medd. 104 (1986).
Med omtale af de sidste to bind af E. Charlotte Welskopf: Soziale Typenbegriffe im alten Griechenland und ihr Fortleben in den Sprachen der Welt.

1314 Villadsen, Villads: Det nye Athen : romantisk hellenisme og drømmen om det ny Byzans. - s. 83-87 : ill. - i: Sfinx, årg. 5 (1982).
Om Christian og Theophilus Hansens arbejder i Athen.

1315 Wriedt Sørensen, Lone: Et godt skår! / [af] Lone Wriedt Sørensen og John Lund. - s. 33-46 : ill. - i: Nationalmuseets Arbejdsmark, 1987.
Litteraturhenvisninger. - Summary in English.
Om 1800-tallets produktion af vaser i græsk stil.

Antikstudiernes historie og metoder

1316 Bukdahl, Else Marie: De to søskende : kunsthistorien og antikstudiet. - s. 35-37, : ill. - i: Klass.Medd. 99 (1985).
Specielt om det 18.årh.

1317 Christiansen, Erik: Det athenske demokrati i den danske tradition. - s. 295-326 : ill. - i: Det athenske demokrati II ... (Nr. 555).
Litteraturhenvisninger.

1318 Christiansen, Erik: Georg Grote - en engageret advokat for det athenske demokrati. - s. 151-181 : ill. - i: Det athenske demokrati II ... (Nr. 555).
Litteraturhenvisninger.

1319 Damsgaard-Madsen, Aksel: Den antikvariske tradition. - s. 67-76. - i: Det athenske demokrati II ... (Nr. 555).
Litteraturhenvisninger.

1320 Damsgaard-Madsen, Aksel: Historieskrivning i det 19. og 20. århundrede. - s. 183-257 : ill. - i: Det athenske demokrati II ... (Nr. 555).
Litteraturhenvisninger.

1321 Erbs, Kjeld: En latinsk ø i et slavisk hav?. - s. 108-111 : ill. - i: Sfinx, årg. 14 (1991).
Litteraturhenvisninger.
Om rumænsk historiografi.

1322 Hindsholm, Søren Chr.: Kræver folket modernisme?. - s. 6-7. - i: Agora 1983, nr. 6-7.
Om moderne paralleller i popularisering (en kommentar til nr. 371 og 1255).

1323 Holm-Rasmussen, Torben: Alexander den Stores sarkofag?. - s. 99-101 : ill. - i: Sfinx, årg. 11 (1988).
Om Nektanebos' sarkofag.

1324 Laursen, Simon: Filologiens historie : en skitse / af Simon Laursen og Giuseppe Torresin. - Århus : Agora-redaktionen, 1983-. 3- bd. (Ej registreret i Dansk Bogfortegnelse).

I: 1870/80 til 1914. - 1983. - [19] s. - Litteraturhenvisninger i noter s. [16-19].
II: 1918-1945 ; A : legitimationsproblemet. - 1983. - [14] s. - Litteraturhenvisninger i noter. *
III B: Fra anden verdenskrig til i dag ; I : forestillingerne om fremskridt i antikken. - 1984. - [16] s. - Litteraturhenvisninger i noter s. [14-16].

Om de klassiske studiers historie i det 20. århundrede.

1325 Mathiesen, Hans Erik: "Men i Athen ..." : Grækenland som utopi. - s. 32-38 : ill. - i: Hvad nu hvis ... (Nr. 56).
Litteraturhenvisninger.
Om Winckelmanns antiksyn.

1326 Mathiesen, Hans Erik: Døden i Trieste. - s. 131-136 : ill. - i: Sfinx, årg. 6 (1983).
Litteraturhenvisninger.

Om Johann Joachim Winckelmanns liv.

1327 Mathiesen, Hans Erik: Grækenland som Utopi - eller Fortiden som fremtid. - s. 175-188 : ill. - i: Mus.Tusc., nr. 56 (1984/86). Litteraturhenvisninger. - Summary in English.

Om Johann Joachim Winckelmann.

1328 Meier, Christian: Hvordan skriver man en historisk biografi : Julius Cæsars for eksempel ?. - s. 71-88. - i: Historie : tolkning : tekst ... / redaktion: Jørgen Dines Johansen, Finn Hauberg Mortensen, Horst Nägele. - [Odense] : Odense Universitetsforlag, 1990. - 238 s. - (Odense University Studies in Literature ; 26). *(80.1)*

Om biografigenren, udfra Meiers Cäsar (1982).

1329 Mikkelsen, Anders: Julius Lange. - s. 40-45. - i: Arbejdspapirer om de klassiske studiers historie i Danmark, nr. 1 (1986). Litteraturhenvisninger.

Om udviklingen af Langes kunstopfattelse.

1330 Miss, Stig: Antikken på museum i Rom i 1700-tallet. - s. 12-15. - i: Medl.AV. 6 (1989). Foredragsreferat.

Om museums- og opstillingsprincipper.

1331 Nielsen, Anne Marie: Heinrich Schliemann 1822-1890 : pioner, romantiker og løgnhals. - s. 32 : ill. - i: Sfinx, årg. 13 (1990).

Om revurderingen af Schliemanns erindringer.

1332 Southworth, Edmund C.: Historien om en privatsamling / [af] Edmund C. Southworth og Jane Fejfer. - s. 142-146 : ill. - i: Sfinx, årg. 11 (1988). Litteraturhenvisninger.

Ince Blundell Hall Samlingens historie.

1333 Sørensen, Søren: Om litterært tyveri m.m. - s. [19-20]. - i: Agora 1985, nr. 2.

Om filologers arbejdsuvaner.

1334 Torresin, Giuseppe: Efterspil af Hegels angreb mod det attiske demokrati i København. - s. 37-39. - i: Arbejdspapirer om de klassiske studiers historie i Danmark, nr. 1 (1986). Litteraturhenvisninger.

Hertil, af samme: Madvig om monarkiet og oppositionen mod principatet; smst., s. 46.

Om virkningen i dansk forskning af Hegels syn på attisk demokrati.

1335 Torresin, Giuseppe: Marx' og Engels' syn på det athenske demokrati. - s. 123-150 : ill. - i: Det athenske demokrati II ... (Nr. 555). Litteraturhenvisninger.

1336 Torresin, Giuseppe: Nogle træk af "argumentum ex silentio"'s historie. - s. 6-20. - i: Agora 1988, nr. 2. Litteraturhenvisninger.

Argumentationen hos antikke forfattere og hos forskere.

1337 Torresin, Giuseppe: Nyhumanismens og Hegels tidsalder. - s. 101-122 : ill. - i: Det athenske demokrati II ... (Nr. 555). Litteraturhenvisninger.

Om polis-begrebet i historieskrivning og politisk tænkning.

1338 Torresin, Giuseppe: Om forholdet mellem Grækenland og Orienten og om racistiske fordomme i klassisk filologi. - s. 20-39. - i: Agora 1988, nr. 1.

Med udgangspunkt i Bernal, Martin: Black Athena : the Afroasiatic Roots of Classical Civilization, vol. I : The Fabrication of Ancient Greece 1785-1985 (London, 1987).

1339 Torresin, Giuseppe: Utile dulci et abstracto concretum : til eftertanke og morskab i fællesugen. - s. [51-60]. - i: Agora 1984, nr. 6-8. Genoptrykt i uddrag i: Rostra 13 (1985), s. 39-45.

Absurditet i oldtidsfremstilling, eksemplificeret ved C. Vogel: Onos Lyrai (Bonn, 1978) og ved M. Postnikov: Aristoteles og Ptolemaios : fup eller fakta? (i: Fakta om Sovjetunionen, 1985, nr. 2).

1340 Tortzen, Chr. Gorm: Frem med daktyliotekerne!. - s. 9-21 : ill. - i: Klass.Medd. 115 (1988).

Ph.D.Lipperts Dactyliotheca Universalis.

1341 Østergaard, Uffe: Akropolis-Persepolis tur/retur : hellenismeforskningen mellem orientalisme, hellenisme, imperialisme og afkolonisering. - Århus : Aarhus Universitetsforlag, 1991. - 80 s. : ill. - (Hellenismestudier ; 4). *(91.43)*
Litteraturhenvisninger s. 73-79,
Summary in English p. 80.

Om hellenismeforskning de sidste 150 år.

Anmeldt i: Medl.AV 15 (1991), s. 22-24 (Jørgen Houby-Nielsen); GS 1991, s. 1183 (Chr. Gorm Tortzen); Nyt fra Historien 40, 1991, s. 211-212 (Aksel Damsgaard-Madsen).

ANTIKKEN OG DANMARK

Generelt

1342 Bender, Johan: Oldtidskundskab / [forfattere: Johan Bender ... et al.].
- 2. opl. - [Nykøbing M] : Klassikerforeningen, 1982. - 44 s. : ill.
- (Klassikerforeningens kildehæfter). *(37.14914; 37.14913)*
1. udg. 1981.

Om fagets stilling og indhold, i skole og almendannelse.

1343 Frisch, Hartvig: Faget oldtidskundskab. - s. 5-18. - i: Mus.Tusc., nr. 44/47 (1981).
Først trykt s. 14-26 i Vor Ungdom, juni 1940.

1344 Græsk og latin i vor tid / udgivet af Agora-redaktionen. - Århus : Agora-redaktionen, 1981. - 40 s. - (Themata ; 2). *(37.14891)*
Om universitetsfagenes placering og betydning.

1345 Her kan vi se vore egne Vindver ... : humaniora i gymnasiet / redaktion: Henrik Bolt-Jørgensen ... [et al.] ; forsiden tegnet af Ivar Gjørup. - Fredensborg : Klassikerforeningen, 1985. - 124 s. : ill. - (Klassikerforeningens kildehæfter (= Klass.Medd. 98). *(37.366; 37.1)*
Om oldtidsfagene i skole og kultur.

1346 Poulsen, Erik: Oldtidskundskab, kulturen og os. - s. 26-31. - i: Klass.Medd. 93 (1984).
Indlæg på regionalmøde, Storstrøms Amt, maj 84.

Antikken i undervisningen

1347 Andersen, Richard: Professor Madvig - latineren og politikeren. - s. 183-187. - i: Dansk Udsyn, årg. 70, 1990.

1348 Bjarup, Jes: Løgn og latin. - s. 27-35. - i: Klass.Medd. 104 (1986).
Om latin som juridisk eksamenssprog i Danmark.

1349 Christophersen, Hans: Et blads historie 1973-1990 / [af] Hans Christophersen og Richard Roos. - s. 3-9. - i: Rostra 28 (1990).

1350 Dahl, Per: Sidelys på den klassiske filologi i Danmark. - s. 7-24 : ill. - i: Dannelse / redigeret af Bent Windfeld. - Hjørring : Klassikerforeningen, 1991. - 72 s. : ill. - (Klassikerforeningens Kildehæfter). *(37.1)*
Litteraturhenvisninger.
Først trykt s. 13-24 : ill. - i: Klass.Medd. 126 (1989).

Om klassisk filologi i undervisningsvæsnet fra Madvig til Haarder.

1351 Iuul, Christian: Klassikerforeningen 1935 - 1985 : en skizze. - s. 18-25. - i: Klass.Medd. 100 (1985).

1352 Jensen, Kristian: Latinskolens dannelse : latinundervisningens indhold og formål fra reformationen til enevælden. - København : Museum Tusculanum, 1982. - 264 s. : ill. - (Antikken i Danmark ; 3). *(37.96)*
Revideret udgave af prisopgave.
Litteraturhenvisninger s. 236-252.

Anmeldt i: Klass.Medd. 88 (1984), s. 56-57 (Gudrun Haastrup); GS 1983, s. 369 (Chr. Gorm Tortzen); Historisk Tidsskrift 84, 1984, s. 111-116 (Harald Ilsøe).

1353 Jensen, Povl Johs.: De klassiske fag i Danmark. - s. 213-217. - i: Mus.Tusc., nr. 48/51 (1982).
Oprindelig trykt i Morgenbladet (Oslo) 7/6 1982.

1354 Jensen, Povl Johs.: Den klassiske filologi siden Madvig. - s. 23-26. - i: Cum grano salis ... (Nr. 1).

1355 Laursen, Simon: Martin Clarentius Gertz : et foredrag om en filolog og hans værk. - Odense : Odense Universitet, 1990. - 32 s. - (Skrifter udgivet af Institut for Klassiske Studier). *(99.4 Gertz, M.C.; 89.1; 37.96)*
Litteraturhenvisninger s. 31-32.

1356 Lindahl, Sven: Et rids over græskundervisningens historie i den højere skole i Danmark. - Odense : Odense Universitet, 1984. - 51 s. - (Skrifter udgivet af Institut for Klassiske Studier). *(37.148911)*
Litteraturhenvisninger i noter.

Græskundervisningen fra før reformationen til bekendtgørelsen 1981.

Anmeldt i: Klass.Medd. 96 (1985), s. 51-52 (Jens Vind).

1357 Skafte Jensen, Minna: Vejleder, inspirator, igangsætter : Ib Magnussen og den klassiske filologi / af Minna Skafte Jensen og Holger Friis Johansen. - s. 9-16 : ill. - i: Et lys at brænde : en bog om Ib Magnussen / udg. af Ejgil Søholm og Karl V. Thomsen. - [Århus] : Statsbiblioteket, 1983. - 54 s. : ill. *(99.4; 02.26)*

Bibliografi over Ib Magnussen (ved Lotte Nielsen) s. 43-48.

Antikken og kulturen

1358 Bahrdt, Hans Paul: Om gamle sprogs nytte : den potentielle progressivitet i en humanistisk skoleuddannelse / oversat af Johs. Sparre. - s. 32-38. - i: Klass.Medd. 74 (1982).

1359 Bolt-Jørgensen, Henrik: Den offentlige debat om humaniora. - s. 14-22. - i: Klass.Medd. 99 (1985).

Fortegnelse over kronikker og artikler affødte af Sorørapporten. Debat smst., 100 (1985), s. 49-51 (Henrik Neiiendam, Henrik Bolt-Jørgensen).

1360 Christensen, Johnny: Hellenismen som gennembrud til en moderne kulturforståelse. - s. 49-56. - i: Hellenismestudier 1, 1989.

1361 Jacobi, Finn: Er oldtiden stadig klassisk?. - s. 32-52. - i: Myte som sandhed. - Århus : Anis, 1988. - 126 s. *(12)*
Litteraturhenvisninger.
Først trykt s. 16-32 i: Klass.Medd. 88 (1984).

Om klassiske forbilleders rolle og om historiebevidsthed, fra Herodot til nutiden.

1362 Poulsen, Frederik: Antikken og vi. - s. 9-21. - i: Arbejdspapirer om de klassiske studiers historie i Danmark, nr. 1 (1986).
Først trykt i: Tilskueren, 1907, s. 861-873.

1363 Sløk, Johannes: Hellenismen som model for det 21. århundredes kultur?. - s. 57-66. - i: Hellenismestudier 1, 1989.
Hellenismens kultur kontra moderne kulturforståelse.

1364 Torresin, Giuseppe: Hvad vil "de klassiske studier i Danmark" sige?. - s. 2-7. - i: Arbejdspapirer om de klassiske studiers historie i Danmark, nr. 1 (1986).
Hertil knyttet Poulsen: Antikken ... (Se: nr. 1362).

1365 Torresin, Giuseppe: Hvorfor dyrker vi klassiske studier?. - s. 8-13. - i: Agora 1983, nr. 6-7 og s. [7-21] sammesteds, nr. 8.

FORFATTERREGISTER

Acunto-de Lorenzo, Elio   393, 411
Acunto-de Lorenzo, Jane   411
Adamsen, Johannes   1143
Agerbæk, Karen   233
Agersnap, Søren   19
Ahlberg, Alf   87
Ahlgren Pedersen, Birgit   764
Albeck, Lillan   435
Albrethsen, Preben Høeg,   se: Høeg Albrethsen, Preben
Alenius, Marianne   216, 296-298, 1344
Algreen, Lisbeth   45
Alkjær, Bo   147, 1191, 1244
Alkjær, Thomas   17, 135, 206, 317, 402, 549, 899, 1198
Almar, Knud Paasch   360-361
Als, Roald   1232
Alster, Bent   24, 1146
Alstrup Rasmussen, Stig   64
Amsinck, Hanne   436
Andersen, Bent Schiermer   se: Schiermer Andersen, Bent
Andersen, Elga   784
Andersen, Erik Meier,   se: Meier Andersen, Erik
Andersen, Erik Vinther,   se: Vinther Andersen, Erik
Andersen, Ernst   278
Andersen, Flemming Gorm   833, 838
Andersen, Helle Damgaard,   se: Damgaard Andersen, Helle
Andersen, Henning   148, 267
Andersen, Henning Boje,   se: Boje Andersen, Henning
Andersen, J. Hrolf,   se: Hrolf Andersen, J.
Andersen, Jens Kr.   1345
Andersen, Jørgen   1289
Andersen, Kirsti   1251
Andersen, Lars Erslev,   se: Erslev Andersen, Lars
Andersen, Lene   16, 24, 95, 149-152, 280
Andersen, Preben Skovgaard   151
Andersen, Richard   1347
Andersen, Vilhelm   181
Andersen, Øivind   191
Angel, J. Lawrence   916
Ankerfeldt, Carl   850
Arent, Niels   1205, 1226
Arrighetti, Graziano   139
Artzy, Michal   758
Ascani, Karen   605
Avsum, Per-Oluf   795

Bach, Anni   1205, 1226
Bager, Poul   510, 1345
Bahrdt, Hans Paul   1358
Bak, Arne Gaarn   1162, 1275
Ballegaard Petersen, Annelise   281
Balling, Jakob   714-715
Balslev, Ole   230, 395, 414, 609-

610, 1012
Bartoloni, Gilda 801-802
Basse, Søren Hetland 477
Bay, Ole 511
Bech, Birgitte 917
Bech, Viben 531
Bech Müller, Hanne, se:
    Müller, Hanne Bech
Bek, Lise 969, 1290-1292
Bekker-Nielsen, Tønnes 132,
    362, 504, 514, 612-613, 653-
    657, 711, 757, 850, 918, 1252-
    1255, 1293-1294, 1295
Beltov, Finn 550
Bencard, Ernst Jonas 931
Bender, Johan Andreas 537, 614,
    754, 1256-1257, 1342
Bendtsen, Margit 570, 738, 970-
    971, 980
Bengtson, Vibeke 1177
Bennetzen, Niels 1149
Berg, C. 374
Berg, H. Martin 436
Berg, Jacques 761
Bergqvist, Stig 658
Bergqvist, Ulla 841
Berlitz, Charles 244
Bernal, Martin 1338
Bertelsen, Jens Thodberg, se:
    Thodberg Bertelsen, Jens
Bibbey, Geoffrey 955
Bierring, Bodil 434
Bilde, Per 19, 193-200, 212, 478-
    479, 538-539, 715-716, 720,
    771, 825-826, 848, 1144
Bilde, Pia Guldager, se:
    Guldager Bilde, Pia
Billeskov Jansen, F.J. 1345

Bing, Jens 947
Bisel, Sarah 916
Bitsch, Hanna 171
Bjarup, Jes 1348
Bjerregaard, Jørgen O. 886
Bjerreskov, Thyra 1188, 1246
Bjøl, Erling 505
Bjørnvig, Thorkild 1145
Blatt, Franz 286
Blixner, Nanna 160
Blomqvist, Jerker 313, 375, 1345
Blomqvist, Karin 313
Boen Hansen, Ellen 403
Bohr, Christian 1163
Boile Nielsen, Peter 1188, 1235
Boisen, Mogens 491
Boje Andersen, Henning 1204
Boje Mortensen, Lars 43, 615
Bojesen, Christian Bo 604, 665
Bolt-Jørgensen, Henrik 19-20,
    437-438, 1342, 1345, 1359
Bolvig, Axel 917
Bonde, Merete 1270
Bonde, Niels 1270
Bonds, Håkon 491
Bonfils, Asger 1345
Bonnevie, Lars 121
Boolsen, Per 220
Borg, Mette 449
Borup, Rikke 844
Boserup, Ivan 142, 153, 394
Boserup, Karin 38
Bouvrie, Synnøve Des, se:
    Des Bouvrie, Synnøve
Brade, Anna Elisabeth 1283
Brandes, Georg 154-155
Brandt, Rasmus 766
Breengaard, Carsten 717-721

FORFATTERREGISTER

Bregendal Sørensen, Peter 65
Bregenhøj, Annikki Kaivola-, se:
  Kaivola-Bregenhøj, Annikki
Brenø, Claus 156
Briant, Pierre 540
Brink Lund, Kirsten 1258
Bro, Thyge C. 157, 659, 779,
  831, 914
Broby-Johansen, Rudolf 512, 919
Brodersen, Chr. N. 27
Brodersen, Jytte 35
Bruhn Hoffmeyer, Ada, se:
  Hoffmeyer, Ada Bruhn
Bruun, Niels W. 102, 292, 360,
  362, 393, 604
Bryld, Clara Elisabet 41, 125,
  128, 158, 245, 402, 439, 450,
  560
Bræmme. Ernst 440
Brøgger, Stig 1179
Brøndegaard, V. J. 617
Brøndsted, Peter Oluf 283, 420,
  467
Braad Thomsen, Christian 314
Bråten, Jens 616
Bukdahl, Else Marie 1316
Bundgaard, J.A. 921
Bundgaard, Kai 421
Bundgaard Rasmussen, Bodil
  537, 568, 605, 920, 1002, 1053
Busch, Kirsten 160
Busch-Larsen, Peter 66
Busck, Steen 480
Büchli, Jörg 1143
Bülow-Jacobsen, Adam 3, 363-
  364, 367, 783, 812, 1146
Byskov, Martha 19
Bærentzen, Hanne 394

Bølling-Ladegaard, Ingrid 498
Baarstrøm, Asger 1218

Cappelørn, Niels Jørgen 19
Carlé, Birte 36
Carlsen, Jesper 481, 660-665,
  760, 764, 890-891, 922
Carstensen, Mogens 506
Carøe, Niels Bo 720
Castrén, Leena Pietilä-, se:
  Pietilä-Castrén, Leena
Cataldi Dini, Maria 851
Christensen, Arne Søby, se:
  Søby Christensen, Arne
Christensen, Bent 22, 31, 283,
  395, 713
Christensen, Børge 476
Christensen, Ejler Hinge-, se:
  Hinge-Christensen, Ejler
Christensen, Henrik 159
Christensen, I. C. 1003
Christensen, Johnny 160, 372,
  1244, 1344-1345, 1360
Christensen, Lone 17, 402
Christensen, Nikolaj 457
Christensen, Steen 22, 31
Christensen, Susanne 239, 359
Christensen, Sven Møller 27
Christensen, Tommy P. 516, 983
Christensen, Torben 284, 722,
  1177
Christiansen, Erik 97, 132, 194,
  219, 292, 325, 331, 360, 365,
  432, 480, 482, 489, 513, 523,
  604, 618-620, 644, 647, 660,
  665-667, 702, 723, 734, 739,
  780, 923, 936, 951, 1092-
  1098, 1108, 1138, 1197, 1296,

1317-1318
Christiansen, Hanne *322, 604*
Christiansen, Iben Maj *1259*
Christiansen, Jette *605, 924, 1004-1005, 1054-1060, 1130, 1147*
Christiansen, Søren Frank *1136*
Christoffersen, Erik *385*
Christophersen, Hans *2, 12, 22, 230, 390-391, 394-396, 404, 614, 1349*
Clausen, Flemming *1205*
Clausen, Ulf Hamilton *104*
Colding Ludvigsen, Frank, se: Ludvigsen, Frank Colding
Commerau Madsen, Kell, se: Madsen, Kell Commerau
Crabb, Peter J. *778, 936, 991*

Dahl, Per *181, 1350*
Dalsgaard Larsen, Bent *81-83, 113, 215, 239, 246, 274, 397, 1206*
Damgaard, Carl Fuglsang-, se: Fuglsang-Damgaard, Carl
Damgaard, Jarl *393, 483, 543, 621, 697, 702*
Damgaard Andersen, Helle *814*
Damm, Inge *569, 602, 831*
Damsgaard-Madsen, Aksel *190, 261, 350, 359, 505, 514, 551-554, 574, 580, 622, 653, 740-741, 1137, 1319-1320, 1341*
Damsholt, Sven *232*
Damsholt, Torben *80-81, 647, 720*
Davis, Ellen *1061*
de Fine Licht, Kjeld, se: Licht, Kjeld de Fine
Dehn-Nielsen, Henning *495, 1260*
Delatte, L. *388*
Des Bouvrie, Synnøve *421*
Diemer, Rikke *1149*
Dieter, Horst *668*
Dietz, Søren *605, 784, 845, 915-916, 925-927, 1062, 1125*
Dini, Maria Cataldi, se: Cataldi Dini, Maria
Ditlevsen, Knud H. *1345*
Drachmann, A. B. *319*
Drachmann, A. G. *1261*
Dreyer Jørgensen, Karen *208-209, 395*
Duclos, Jean-Pierre *1345*
Due, Bodil *98, 121, 127, 347-352, 442-444*
Due, Inger *322, 614*
Due, Otto Steen *18, 49, 192, 214, 218-219, 221-222, 326-329, 355, 445-446*
Duekilde, Vagn *24*
Dybkjær Larsen, Jens, se: Larsen, Jens Dybkjær
Dzieduszycki, Michele *762*
Dörrzapf, Reinhold *852*

Ebbesen, Klaus *928*
Ebbesen, Sten *67-68, 377*
Egevang, Robert *631*
Eibe, Thyra *118*
Eide, Eiliv *28*
Ejlers, Christian *605*
Ekberg, Brita *829*
Ekberg, Hans *829*
El Khafifi, Abdel Hady *1092*

FORFATTERREGISTER

Eliade, Mircea *1150*
Ellerman, Karen *321*
Elsbøll, Lisa *516*
Engberg, Sysse *247, 290*
Engberg-Pedersen, Troels *113, 228, 541-542, 826, 1208-1212*
Engelund, Eva *159, 628*
Erbs, Kjeld *1321*
Erbst, Rolf D. *158*
Eriksen, August Wiemann, se: Wiemann Eriksen, August
Eriksson, Åke *398*
Erslev Andersen, Lars *248*
Eskesen, Ole *603*
Espersen, Tina *205*

Fafner, Jørgen *423-424*
Faldager, Inge *821, 972-974*
Falkesgaard, Jørgen *1205*
Faye, Jan *1204*
Feder, Jørgen *394*
Fehr, Burkhard *1297*
Fejfer, Jane *34, 570, 735-736, 1298, 1332*
Fempas (historikergruppe) *509, 515*
Fenger, Ole *645*
Fenger, Sven *1187*
Ferris, Timothy *1262*
Fine Licht, Kjeld de, se: Licht, Kjeld de Fine
Finley, Moses I. *508, 517, 669-671*
Fischer-Hansen, Tobias *605, 672, 756, 766-769, 894, 1006, 1151*
Fledelius, Karsten *1299*
Fleischer, Jens *492, 1167*

Folsach, Monica *461*
Forsberg, Flemming *687*
Foss, Otto *30, 52, 127, 239, 243, 304, 310, 1190, 1344*
Fox Maule, Erik *141, 144, 392, 398*
Frandsen, Paul John *1146, 1197*
Frank-Gopolos, Vasili *929*
Franksen, Ole Immanuel *1277*
Fredborg, Karin Margareta *182*
Frederiksen, Hans Jørgen *1300-1301*
Friedrich, Walter L. *902-904*
Friis, Birte *605*
Friis, Inga *619, 991*
Friis-Jensen, Karsten *425*
Friis Johansen, Bente *121, 161, 311, 434*
Friis Johansen, Holger *23, 34, 42, 55-56, 136, 234, 336, 447-448, 1357*
Friis Johansen, Karsten *69, 108, 217, 249-252, 275, 507, 1213-1214, 1244, 1345*
Friisberg, Claus *485-486, 543*
Frimodt, Steen *792, 930*
Frisch, Hartvig *238, 1343*
Frizell, Barbro Santillo *887, 975*
Frost Larsen, Dianne *570*
Frøkjær-Jensen, Sven *548*
Fuglsang-Damgaard, Carl *624*
Furuhagen, Hans *505*

Gabrielsen, P. *606*
Gabrielsen, Vincent *551, 556, 571-572, 846, 1302*
Gade, Hans Kurt *484*
Galbraith, John K. *518*

FORFATTERREGISTER

Galmar, Henning *1197, 1345*
Garff, Alex *120, 123, 126, 312*
Geertz, Armin W. *24*
Gelfer-Jørgensen, Mirjam *1303*
Gelsted, Otto *44, 145-146, 1152*
Gelzer, Matthias *621*
Gildberg, Inge *753*
Ginge, Birgitte *366, 889*
Giversen, Søren *20, 100, 212, 335, 339, 573, 724, 1153*
Gjødesen, Mogens *1007*
Gjøng, P. *399*
Gjørup, Ivar *90, 93, 208, 315, 400, 409, 563, 709, 741, 1243, 1344-1345*
Glahn, Anne-Geske *574,* se også: Kristiansen, Anne-Geske
Glud Krogh, Jette, se: Krogh, Jette Glud
Goldschmidt, Martin Julius *386, 830*
Goldsmith, Edward *625*
Gombrich, E.H. *931*
Gopolos, Vasili Frank-, se: Frank-Gopolos, Vasili
Gradel, Ittai *1154-1156*
Gram, Gert *616*
Grandjean, Marianne *468*
Grandt-Nielsen, Finn *1136*
Grane, Leif *332, 715, 770*
Gravgaard, Anne-Mette *789*
Gregorius *853*
Gress, David *711*
Gress, Elsa *1239*
Grierson, Phillip *1116*
Grimberg, Carl *488*
Grinder-Hansen, Keld *1099,*
1157
Grosbøll, Thorkild *770*
Gruen, Eric S. *621*
Grøn, Arne *70*
Grønbech, Vilhelm *742*
Grønkjær, Niels *1215*
Grønne, Claus *800, 854, 1063*
Guldager Bilde, Pia *673, 815, 855-858, 866, 932, 976, 1064*
Guldmann, Finn *1216*
Gunder-Hansen, Edwin *977, 1217*

Hahn, Bent *770*
Halding, Ole *162*
Hallager, Birgitta Pålsson *519, 590, 737, 793, 933, 1137*
Hallager, Erik *259, 356-358, 575, 743, 786, 809, 904, 950-951, 1065-1067*
Hallbäck, Gert *720*
Halmstak, Carolus *1218*
Halstrøm, Karen Margrethe *266*
Hamborg, Grethe *516*
Hannestad, Lise *441, 605, 688, 744, 810, 934-935, 1068, 1133*
Hannestad, Niels *626, 735-736, 745, 837, 843, 853, 859, 901, 936, 978, 1008-1009, 1069, 1129, 1133*
Hansen, Edwin Gunder-, se: Gunder-Hansen, Edwin
Hansen, Ellen Margrethe *725*
Hansen, Gudrun Herman *546*
Hansen, Gunnar *401*
Hansen, Jørgen *132, 816-817, 860, 979, 1261, 1263*
Hansen, Jørgen Skot-, se:

Skot-Hansen, Jørgen
Hansen, Keld Grinder-, se:
 Grinder-Hansen, Keld
Hansen, Klara Preben-, se:
 Preben-Hansen, Klara
Hansen, Leo *1138*
Hansen, Mariann *517, 669-670*
Hansen, Marianne V. *390, 557*
Hansen, Mogens Herman *23, 71,
 210-211, 546, 552, 554, 558-
 565, 1219-1220, 1345*
Hansen, Niels Kjeld *396*
Hansen, Peter *4, 216*
Hansen, Søren *1213*
Hansen, Tobias Fischer-, se:
 Fischer-Hansen, Tobias
Hansen, Ulla Lund, se: Lund
 Hansen, Ulla
Harbsmeier, Michael *627*
Harder, Thomas *861*
Harding, Merete *726*
Harne, Elisabeth *449*
Harnow Klausen, Søren *1221*
Harsberg, Erling *203, 1158*
Hartnack, Justus *1222*
Hartogsohn, Eduard *109*
Hass, Jørgen *253*
Hastrup, Thure *63, 92, 123, 133-
 135, 191, 210, 235, 237, 255,
 385,*
Hatting, Jørgen *576*
Hauberg Mortensen, Finn *428,
 1328*
Haue, Harry *489, 553, 621*
Haugaard Nielsen, Rolf *367, 813*
Haugsted, Ida *746, 980, 1010*
Haupt, Ole *1132*
Haystrup, Helge *84, 727-729,*
 981
Hede, Søren *1029*
Hedeager, Lotte *623*
Hedenius, Ingemar *255*
Heldt, Pavl E. *1223*
Helleberg, Maria *1159*
Helles, Knud *469, 490, 628*
Helmer Jensen, Karin *439, 610,
 766, 838*
Helsted, Dyveke *937*
Henrikson, Alf *491*
Herrmann, Richard *805*
Hertel, Hans *434*
Hertig, Henrik *1160*
Hesse, Jette *18, 94, 113, 210, 315*
Hesse, Rolf *50, 53, 125, 378,
 402, 403*
Hetland Basse, Søren, se: Basse,
 Søren Hetland
Hilgemann, Werner *498*
Hind, Tage *432*
Hindsberger, Mogens *293-294,
 393*
Hindsholm, Søren Christian *5,
 260-261, 400, 409, 520, 674,
 702, 1322, 1345*
Hinge-Christensen, Ejler *805*
Hirsberg, Bent *1264*
Hjorth, Poul Lindegaard *223*
Hjortsø, Leo *120, 126, 133-134,
 141, 144, 296, 312, 319, 450,
 505, 555, 577, 938-939, 982,
 1161-1163*
Hobel, Finn *179, 283*
Hoffmeyer, Ada Bruhn *939*
Hoffmeyer, Johs. *487*
Holck, Lis *780*
Holle Jørgensen, Ejlif, se:

Jørgensen, Ejlif Holle
Holm, Kjeld 252
Holm-Larsen, Signe 393
Holm Nielsen, Kirsten, se:
   Nielsen, Kirsten Holm
Holm-Nielsen, Svend 770, 794,
   940
Holm-Rasmussen, Torben 514,
   1323
Holmboe, Karin 406
Holt, Anders 1164
Holth, Klaus 1264
Hopenwasser, Fran 1165
Hopkins, Adam 795
Hopkins, Clark 763
Hopkins, Keith 675
Houby-Nielsen, Jørgen 491, 630,
   754, 792, 875, 899, 951, 1341
Houby-Nielsen, Sanne 747-748
Houkjær, Ulla 1027
Hov, Live 470
Hrolf Andersen, J. 493
Hummelmose, Hans 1205
Hutin, Serge 1166
Hvidtfeldt, Arild 1167
Hyldahl, Niels 19, 199, 827-828
Hyllested, Povl 389
Hynding, H. C. 163, 376
Hägg, Robin 796
Høeg, Carsten 243
Høeg, Ole 862
Høeg, Susanne 204, 302, 570,
   1012
Høeg Albrethsen, Preben 676-
   677, 1100-1101, 1138
Høghøj, Finn 1174
Højlund, Flemming 773
Højlund Knap, Henning, se:

Knap, Henning Højlund
Høyer, Jon 330
Høyer, Knud 821, 972-973
Haarh, E. 1187
Haarløv, Britt 629
Haarløv, Henrik 109, 119, 125,
   164, 334, 578-579
Haastrup, Gudrun 23, 46, 63,
   127, 172, 190, 402, 533, 614,
   899, 1224, 1352
Haastrup, Lars 517, 899
Haastrup, Niels 223, 424

Idorn, John 521, 1345
Ilsøe, Harald 1352
Ingvordsen, Jens 570, 1102
Isager, Jacob 92, 204, 259, 269-
   272, 281, 471, 863-865, 1344
Isager, Signe 189-191, 345-346,
   359, 451-453, 522, 554, 565-
   566, 580-581, 749, 1108
Iuul, Christian 22, 38, 92, 165,
   293-295, 300, 330, 402, 409,
   450, 537, 621, 697, 950, 1087,
   1195, 1345, 1351
Iversen, Bent 555
Iversen, Johannes 1231, 1235,
   1248

Jacobi, Finn 137, 1168, 1188,
   1237, 1243, 1361
Jacobsen, Adam Bülow-, se:
   Bülow-Jacobsen, Adam
Jacobsen, Gurli 619, 678
Jacobsen, Kirsten 454
Jacobsen, Kurt 523
Jacobsen, Lone 92
Jacobsen, Lone Kjerulff 524,

FORFATTERREGISTER

1203
Jakobsen, Ivan Tofteberg *1251*
Jakobsen, Vivien *686*
Jankovic, Peter *418*
Jansen, F.J. Billeskov, se: Billeskov Jansen, F.J.
Jastrup, Ole *618*
Jastrup, Poul Ole *375*
Jellingsø, Ole *484*
Jenkins, Kenneth *1110*
Jensby, Arne Bang *26*
Jensen, Axel K. *679*
Jensen, Bo Reinholdt *98*
Jensen, Brian Møller, se: Møller Jensen, Brian
Jensen, Erik *213, 230, 266, 408*
Jensen, Hannemarie Ragn, se: Ragn Jensen, Hannemarie
Jensen, Hans Jørgen Lundager, se: Lundager Jensen, Hans Jørgen
Jensen, Hans Siggaard, se: Siggaard Jensen, Hans
Jensen, Henning Wienberg, se: Wienberg Jensen, Henning
Jensen, Henrik *494*
Jensen, Ingolf *1142*
Jensen, Ivan *133, 553, 695*
Jensen, Ivar Engel *191, 1224*
Jensen, J. Th. *386*
Jensen, Jens Juhl, se: Juhl Jensen, Jens
Jensen, Jeppe Sinding, se: Sinding Jensen, Jeppe
Jensen, Jørgen *525-526, 605*
Jensen, Jørgen Steen *1125, 1141*
Jensen, K. Gunnar *111*
Jensen, Karin Helmer, se: Helmer Jensen, Karin
Jensen, Karsten Friis-, se: Friis-Jensen, Karsten
Jensen, Kristian *1352*
Jensen, Kurt Villads *615*
Jensen, Marguerite *585*
Jensen, Marianne Klindt-, se: Klindt-Jensen, Marianne
Jensen, Marianne Thøger *1074, 1137*
Jensen, Minna Skafte, se: Skafte Jensen, Minna
Jensen, Mogens Leisner-, se: Leisner-Jensen, Mogens
Jensen, Niels Kayser, se: Kayser Jensen, Niels
Jensen, Per Lyk-, se: Lyk-Jensen, Per
Jensen, Poul Lund *24*
Jensen, Povl Johs. *1, 276, 455, 582, 1169, 1225, 1353-1354*
Jensen, Steen Ole *941*
Jensen, Sven Frøkjær-, se: Frøkjær-Jensen, Sven
Jensen, Svend Arne *630*
Jensen, Tim *1188, 1237, 1246*
Jensen, Tove *516*
Jeppesen, Kristian *750, 765, 774-776, 1133*
Jespersen, Ejgil *1284*
Jessen, Keld B. *754*
Johansen, Bente Friis, se: Friis Johansen, Bente
Johansen, Flemming *605, 797, 942, 1011-1026, 1070, 1140, 1304*
Johansen, Holger Friis, se: Friis Johansen, Holger

Johansen, J. Prytz, se:
  Prytz Johansen, J.
Johansen, Jørgen Dines *1328*
Johansen, Karsten Friis, se:
  Friis Johansen, Karsten
Johansen, R. Broby-, se:
  Broby-Johansen, Rudolf
Johansson, Fredrik *787, 905*
Jorsal, Finn *133, 238, 1342,
  1344-1345*
Jorsal, Inger *119, 122, 124, 346,
  1049-1050*
Josephsen, Hanne *1237*
Juhl, Carsten *879, 1179*
Juhl Jensen, Jens *426, 456*
Juhl Svendsen, Peter *417*
Juncker Ratel, Elsebeth, se:
  Ratel, Elsebeth Juncker
Jungersen, Kirsten *230*
Justesen, Jytte *517, 671, 675*
Juul Kristensen, Birgit *4*
Juul Madsen, Henning *1243*
Jørgensen, Birgitte *646*
Jørgensen, Ejlif Holle *616*
Jørgensen, Henrik Bolt-, se:
  Bolt-Jørgensen, Henrik
Jørgensen, Ib *548, 1245*
Jørgensen, Ib Wulff-, se:
  Wulff-Jørgensen, Ib
Jørgensen, Jørn Th. *820*
Jørgensen, Karen Dreyer, se:
  Dreyer Jørgensen, Karen
Jørgensen, Margit Kiil *34, 79*
Jørgensen, Mirjam Gelfer-, se:
  Gelfer-Jørgensen, Mirjam
Jørgensen, N.P. Skøtt, se:
  Skøtt Jørgensen, N.P.

Kaivola-Bregenhøj, Annikki
  1170
Kardel, Troels *527*
Kaschnitz, Marie Luise *158*
Kaul, Flemming *583*
Kayser Jensen, Niels *504*
Kemp, Peter *72*
Khafifi, Abdel Hady El, se:
  El Khafifi, Abdel Hady
Kielland, Jacob *431*
Kiil Jørgensen, Margit, se:
  Jørgensen, Margit Kiil
Kiilerich, Bente *943, 1027*
Kildebæk, Arne *1145*
Kinder, Hermann *498*
Kiselberg, Steffen *584, 598*
Kjeldgaard-Pedersen, Steffen *770*
Kjeldsen, Børge *621, 1254*
Kjerulff Jacobsen, Lone, se:
  Jacobsen, Lone Kjerulff
Kjær, Gerda *414, 514, 555*
Kjær Nielsen, Helge *379*
Klausen, Søren Harnow, se:
  Harnow Clausen, Søren
Klenow With, Merete, se:
  With, Merete Klenow
Klindt-Jensen, Marianne *570*
Kluge, Inger *213*
Kluge, Poul-Erik *213*
Knap, Henning Højlund *505*
Knudsen, Jørgen Schilder-, se:
  Schilder-Knudsen, Jørgen
Knudsen, Lars *159*
Knudsen, Nina Sten-, se:
  Sten-Knudsen, Nina
Koch, Kirsten Elers *909*
Kofoed, Aase *944, 1146, 1188*
Kolendo, Jerzy *680*

Kondrup, Johnny 432
Kott, Jan 457
Kragelund, A. 25, 206, 299
Kragelund, Patrick 216, 295, 427
Kraggerud, Egil 322
Krarup, Per 29, 242-243, 401
Krarup, Søren 720
Krey, Inger Lise 528, 537
Kristensen, Anne K.G. 325
Kristensen, Birgit Juul, se:
 Juul Kristensen, Birgit
Kristensen, Ellen Dela 92
Kristensen, Joan Majlund, se:
 Majlund Kristensen, Joan
Kristiansen, Anne-Geske 235,
 544, 1342, se også: Glahn,
 Anne-Geske
Kristiansen, Kristof K. 532
Krogh, Jette Glud 404
Kromann, Anne 619, 631, 681,
 936, 1098, 1103-1108, 1117-
 1119
Kronman, Christian 866
Kræmmer, Michael 682
Kurtén Lindberg, Birgitta 632
Kvium, Christian 633
Kyrstein, Jens 1226
Købke Sutton, Gertrud, se:
 Sutton, Gertrud Købke
Kaarsted, Tage 1345

La Cour, Poul 1028
Labud, Giordano 781
Ladefoged, Jørgen 89
Ladegaard, Ingrid Bølling-, se:
 Bølling-Ladegaard, Ingrid
Ladjimi Sebai, Leila 890-891
Landgren, Lena 867

Lange, Albert 400, 441
Lange, Julius 945
Lange, Thor 330
Langkjær, Erik 507
Larsen, Anne Wöldike 407
Larsen, Bent Dalsgaard, se:
 Dalsgaard Larsen, Bent
Larsen, Bjørn 1251
Larsen, Dianne Frost, se:
 Frost Larsen, Dianne
Larsen, Grethe 24
Larsen, Jens Dybkjær 868
Larsen, K. Lyngfeldt, se:
 Lyngfeldt Larsen, K.
Larsen, Knud 585
Larsen, Lars Steen 277
Larsen, Lennart 1027, 1106
Larsen, Michael 1170
Larsen, Mihail 1227
Larsen, Mogens Trolle 627
Larsen, Ole Vincent, se:
 Vincent Larsen, Ole
Larsen, Peter Busch-, se:
 Busch-Larsen, Peter
Larsen, Signe Holm-, se:
 Holm-Larsen, Signe
Larsen, Thøger 290
Larsen, Øjvind 1228
Larsson, Lena 867
Latino, Giorgio Lilli, se:
 Lilli Latino, Giorgio
Laurberg, Johan 142
Lauridsen, John T. 504, 684
Lauring, Palle 931
Lauritzen, Peter Michael 54
Laursen, Simon 105-107, 114,
 129, 139, 207, 380, 458-459,
 497, 1324, 1355

Layton, Bentley *1143*
Leerskov, Anders *1345*
Lehmann, Cornelia Weber-, se:
 Weber-Lehmann, Cornelia
Lehmann, Henning *19-20, 194*
Lei, Lis *149, 163, 402*
Leisner-Jensen, Mogens *92, 98, 285, 287-288, 428*
Lemche, Niels Peter *826*
Levinsen, Jørgen *772*
Licht, Kjeld de Fine *752, 869*
Liebel, Gunther *158*
Liisberg, Henrik Bering *431*
Lilli Latino, Giorgio *946*
Lillie, Louise *1270*
Lindahl, Sven *1356*
Lindberg, Birgitta Kurtén, se:
 Kurtén Lindberg, Birgitta
Lindegaard Hjorth, Poul, se:
 Hjorth, Poul Lindegaard
Lindhardt, Jan *252, 429, 1229, 1305*
Lindhardtsen, Jytte *241*
Lindstrøm, Birte *609*
Lindtner, Christian *24*
Linton, Michael *685, 1306*
Liventhal, Viveca *910*
Liversage, Anika *913*
Liversage, Toni *529, 1171*
Lloyd, Christopher *947*
Lo Bianco, Anna *946*
Lorenzen, Eivind *1265*
Lorenzo, Acunto-de, se:
 Acunto-de Lorenzo
Ludvigsen, Frank Colding *1230*
Lunau Nielsen, Birte *305, 432, 584, 586, 753, 823, 948*
Lund, Allan A. *102, 322*

Lund, Erik *496, 530, 1207*
Lund, Hakon *752*
Lund, John *605, 785, 790, 847, 890-891, 911, 932, 1072, 1126, 1315*
Lund, Morten Warmind, se:
 Warmind Lund, Morten
Lund Hansen, Ulla *1071*
Lund Jensen, Poul, se:
 Jensen, Poul Lund
Lundager Jensen, Hans Jørgen *317*
Lundgreen, Birte *870*
Lübcke, Poul *73, 1236*
Lyk-Jensen, Per *772*
Lyngfeldt Larsen, K. *850*
Lützen, Jesper *1266*
Løfholm, Hanne *664*
Lönnroth, Lars *434*

MacDowall, David W. *1103*
Madsen, Aksel Damsgaard-, se:
 Damsgaard-Madsen, Aksel
Madsen, Allan *1267*
Madsen, Carsten *254*
Madsen, Dorith *323, 1254*
Madsen, E. Rancke-, se:
 Rancke-Madsen, E.
Madsen, Edvard *717*
Madsen, Ellen A. *38-40, 47, 53, 61, 122, 124, 234, 255, 373, 730*
Madsen, Erik H. *38-40, 47, 52, 61, 122, 124*
Madsen, Henning Juul, se:
 Juul Madsen, Henning
Madsen, Kell Commerau *92*
Madsen, Torsten *357*

Mathner Rasmussen, Per, se:
　Rasmussen, Per Mathner
Majlund Kristensen, Joan *4*
Malcus, Bengt *936*
Manniche, Jens Chr. *482, 555*
Marchwinski, Alena *1029*
Marcussen, Marianne *1047*
Marinatos, Nanno *906*
Markussen, Erik Poulsgaard, se:
　Poulsgaard Markussen, Erik
Martin, Luther H. *1192*
Martin, René *686*
Mathiassen, Svend Erik *340-341, 1172, 1197*
Mathiesen, Hans Erik *587, 614, 735-736, 882, 964, 1030, 1108, 1127, 1141-1142, 1298, 1307-1308, 1325-1327*
Mazza, Mario *687*
McGuire, Brian Patrick *731*
Meadows, Jack *1260*
Meier Andersen, Erik *202*
Meier, Christian *621, 1328*
Meiggs, Russel *522*
Meisner, Morten *585*
Mejer, Jørgen *104, 108, 311, 434*
Mejlbo, Lars *1251*
Melander, Torben *544, 605, 948, 1073-1075, 1131*
Meyer, Jørgen Christian *609, 634, 871, 1309*
Meyer, Jørgen H. *74*
Meyerheim, Michael *518*
Mielczarek, Mariusz *1109*
Mikhailov, Vladimir *416*
Mikkelsen, Anders *1329*
Mikkelsen, Kristian *405*
Milani, Celestina *983*

Miss, Stig *1330*
Mitens, Karina *984*
Moestrup, Jørn *622*
Mogensen, Else *588-589*
Mogensen, John *754*
Moltesen, Mette *439, 604-605, 607, 755, 800, 872, 949, 1027, 1031-1037, 1076-1077, 1078-1079, 1128-1130, 1132*
Momigliano, Arnaldo *497*
Montgomery, Hugo *337, 469*
Morsing, T. *1268-1269*
Mortensen, Bent B. *1173*
Mortensen, Finn Hauberg, se:
　Hauberg Mortensen, Finn
Mortensen, Jens Øster-, se:
　Øster-Mortensen, Jens
Mortensen, Lars Boje, se:
　Boje Mortensen, Lars
Mortensen, Morten Eske *1118*
Moth, Matthias *223*
Munch, Kirsten *907*
Mygind, Benedicte *381*
Mühlendorph, Jette *1038*
Müller, Hanne Bech *406*
Müller, Mogens *19, 200, 282*
Mynster, Lars *201*
Møllehave, Johannes *1345*
Møller Christensen, Sven, se:
　Christensen, Sven Møller
Møller Jensen, Brian *407, 1174*
Møller Nielsen, Kai *46, 48-50, 142, 166-167, 334*
Møller, Marianne *688*
Møller, Niels *306, 1231*
Mørch, Arne *90, 115-116, 179, 390, 395*
Mørkholm, Otto *631, 1110-*

1114, 1116, 1119, 1134, 1139
Maarbjerg, Jens *488*
Namer, Jørn *393, 412*
Nedergaard, Elisabeth *873*
Nedergaard, Leif *28*
Neiiendam, Henrik *1359*
Neiiendam, Klaus *422, 460*
Nerheim, Hjørdis *1232*
Nicolaisen, Carsten *281*
Nielsen, Anne Marie *791, 797, 800, 874, 950-951, 967, 1015, 1039-1043, 1080, 1331*
Nielsen, Birte Lunau, se:
   Lunau Nielsen, Birte
Nielsen, Carsten Weber-, se:
   Weber-Nielsen, Carsten
Nielsen, Chr. L. *232*
Nielsen, Elin Rand *1271*
Nielsen, Ellen *590*
Nielsen, Erik A. *75, 224, 342*
Nielsen, Finn Grandt-, se:
   Grandt-Nielsen, Finn
Nielsen, Hanne Sigismund *88, 318, 361, 689-692, 882*
Nielsen, Helge Kjær, se:
   Kjær Nielsen, Helge
Nielsen, Henning Dehn-, se:
   Dehn-Nielsen, Henning
Nielsen, Henrik Skovgaard, se:
   Skovgaard Nielsen, Henrik
Nielsen, Hjørdis *875*
Nielsen, Inge *693, 766, 818, 875-877, 956, 985-991*
Nielsen, Jakob *225*
Nielsen, Jørgen Houby-, se:
   Houby-Nielsen, Jørgen
Nielsen, Kai Verner *34, 554*

Nielsen, Karl *29*
Nielsen, Kirsten Holm *382, 811, 897, 1175, 1254*
Nielsen, Kirsten *826*
Nielsen, Lotte *1357*
Nielsen, Louis *679*
Nielsen, Marjatta *605, 608, 832, 842, 1044-1045*
Nielsen, Nanna Westergård-, se:
   Westergård-Nielsen, Nanna
Nielsen, Niels Aagard *1188*
Nielsen, Palle *780, 834-835, 907*
Nielsen, Palle W. *91, 362, 408, 1188*
Nielsen, Peter Boile, se:
   Boile Nielsen, Peter
Nielsen, Rolf Haugaard, se:
   Haugaard Nielsen, Rolf
Nielsen, Sanne Houby-, se:
   Houby-Nielsen, Sanne
Nielsen, Svend Holm-, se:
   Holm-Nielsen, Svend
Nielsen, Tønnes Bekker-, se:
   Bekker-Nielsen, Tønnes
Nisbeth, Henrik *387, 396, 664*
Niss, Mogens *1272*
Noack, Bent *19, 110*
Nord, Inger *226*
Nordbø, Jan H. *1138*
Norn, Mogens S. *168*
Norn, Otto *992*
Nyholm, Esther *622*
Nykjær, Mogens *219*
Nägele, Horst *1328*
Næss, Arne *1233*
Nøjgaard, Anne *591*
Nørgaard, Lars *1310*
Nørlund, Poul *647*

Ohrt, Karsten *1028*
Ohrt, Nils *1292*
Oldenburg, Claus *19-20*
Olesen, Birgit Smedegaard, se:
 Smedegaard Olesen, Birgit
Olesen, Finn *1246*
Olesen, Søren *732*
Olsen, Ann-Claire *473*
Olsen, Finn *533, 917, 1174, 1188*
Olsen, Karen *49, 94*
Olsen, Kristian *115, 229, 391, 878*
Olsson, Lennart *998*
Ostenfeld, Erik Nis *85, 256, 1234*
Otzen, Benedikt *194, 514, 828, 1176*
Outzen, Svend Aa. *213, 230, 266, 393*

Pade, Marianne *1311*
Pagels, Elaine *1177*
Pahuus, Mogens *1235*
Paludan, Anne Louise *964*
Paulsen, Inge-Lise *1189*
Pavolini, Carlo *766*
Peacock, John *531*
Pedersen, Birgit Ahlgren, se:
 Ahlgren Pedersen, Birgit
Pedersen, Frank Kaare *485, 504*
Pedersen, Gunnar *115*
Pedersen, Jørgen *86*
Pedersen, Mads *1108*
Pedersen, Merete *461*
Pedersen, Olaf *273, 1273, 1345*
Pedersen, Poul *545, 744, 777- 778, 819, 948, 993-997*
Pedersen, Steffen Kjeldgaard-,
 se: Kjeldgaard-Pedersen, Steffen
Pedersen, Troels Engberg-, se:
 Engberg-Pedersen, Troels
Peitersen, Birger *521*
Perniola, Mario *879, 1178-1179*
Persson, Lars *952*
Petersen, Annelise Ballegaard,
 se: Ballegaard Petersen, Annelise
Petersen, Erik *343, 368, 430, 524, 605, 1345*
Petersen, Hans Uwe *532*
Petersen, Jakob Skovgaard-, se:
 Skovgaard-Petersen, Jakob
Petersen, Jens Åge S. *254*
Petersen, Kai *488*
Petersen, Ole Stender-, se:
 Stender-Petersen, Ole
Pétrement, Simone *1143*
Pevsner, Nikolaus *998*
Phil, Mogens *1207*
Pietilä-Castrén, Leena *766*
Plejl, Else *5*
Ploug, Gundhild *823-824*
Podemann Sørensen, Jørgen *24, 533, 1180-1183, 1197*
Postnikov, M. *1339*
Poulsen, Birte *570, 880, 932, 953, 1046*
Poulsen, Bjørn *1136*
Poulsen, Erik *1081, 1346*
Poulsen, Frederik *647, 1362*
Poulsen, Vagn *939, 1140*
Poulsgaard Markussen, Erik *954*
Preben-Hansen, Klara *101*
Priisholm, Else *484*
Propp, Vladimir Ja. *1173*
Prytz Johansen, J. *1144, 1183,*

FORFATTERREGISTER

1187
Pålsson Hallager, Birgitta, se:
  Hallager, Birgitta Pålsson

Ragn Jensen, Hannemarie *931, 1047*
Rancke-Madsen, E. *1274-1275*
Rand Nielsen, Elin, se:
  Nielsen, Elin Rand
Randsborg, Klavs *635-636*
Rasmussen, Bent *51*
Rasmussen, Birgit *955*
Rasmussen, Bodil Bundgaard, se: Bundgaard Rasmussen, Bodil
Rasmussen, Frank Allan *1184*
Rasmussen, Jens R. *532*
Rasmussen, Leif Aage *32*
Rasmussen, Otto *1185*
Rasmussen, Per Mathner *839*
Rasmussen, Stig Alstrup, se:
  Alstrup Rasmussen, Stig
Rasmussen, Torben Holm-, se:
  Holm-Rasmussen, Torben
Ratel, Elsebeth Juncker *1166*
Ratel, Jacques Louis *1166*
Rathje, Annette *605, 609, 694, 766, 803-804, 875, 881, 888, 956*
Rawson, Elisabeth *586*
Reimers, Gerd *431*
Rieder, Werner G. *592, 900*
Riis, P.J. *957*
Rinds, Flemming *618*
Ring, Kristian *593*
Risum, Jane *1312*
Roberts, Helle Salskov *169-172, 499, 605, 610, 1082-1083*

Roed, Susan *788, 1238*
Rohde, H.P. *958*
Roos, Paavo *594*
Roos, Richard *410, 895, 1349*
Rosenmeier, Henrik *271*
Rosenstand, Alice *395*
Roskjær, Th. *392, 398*
Rossing, Niels *22*
Rossvær, Viggo *1232*
Rostovtzeff, M. *546, 637*
Rostrup, Egill *465*
Rothstein, Mikael *1237*
Roxmann, Susanna *421*
Russell, Bertrand *1239*
Ryum, Ulla *1189*
Ræder, Hans *240*
Røhr, Anders *492, 505*
Rønne, Christian *344*
Rønnow, Steen *93, 400*

Sadolin, Ebbe *411*
Saller, Richard P. *648*
Salskov Roberts, Helle, se:
  Roberts, Helle Salskov
Salto, Axel *44, 145-146, 1152*
Sandvej, Knud *488, 505*
Santillo Frizell, Barbro, se:
  Frizell, Barbro Santillo
Sauerberg, Annette *439, 950*
Saxtorph, J. William *421*
Saxtorph, Niels M. *279, 647, 713*
Schadewaldt, Wolfgang *1190*
Schepelern, H.D. *1345*
Scheving, Hans *861*
Schiermer Andersen, Bent *261, 486, 619*
Schilder-Knudsen, Jørgen *225*
Schiøler, Thorkild *758-759, 822,*

840, *1276-1279*
Schmidt, Louis Rosen *125*
Schou, Niels *1191*
Schovsbo, Henrik *316, 1243*
Schreiner, Johan Henrik *138,
547, 1115*
Schultz, Hans Joakim *751*
Schuster, Benny Grey *1208*
Sebai, Leila Ladjimi, se:
Ladjimi Sebai, Leila
Serritslev, Lars *849*
Sevaldsen, Annette *966*
Siggaard Jensen, Hans *1240*
Sigismund Nielsen, Hanne, se:
Nielsen, Hanne Sigismund
Silding, Grethe *908*
Simonsen, Andreas *113, 115,
183, 1224, 1246*
Sinding Jensen, Jeppe *1192-1193*
Skafte Jensen, Minna *153, 173-
176, 434, 1357*
Skot-Hansen, Jørgen *567, 964,
1087*
Skouvig, Anders Chr. *307-308*
Skov, Gert E. *338*
Skovgaard Andersen, Preben, se:
Andersen, Preben Skovgaard
Skovgaard Nielsen, Henrik *494,
695*
Skovgaard-Petersen, Jakob *130*
Skovmand, Povl Anker *595*
Skriver Svendsen, Lars *1194*
Skydsgaard, Jens Erik *99, 190,
474, 505, 508, 517, 532, 548,
555, 596-597, 605, 637-638,
648, 695-697, 711, 763, 883*
Skøtt Jørgensen, N. P. *177*
Skårup, Povl *117*

Slej, Karen *856, 857*
Sløk, Johannes *62, 236, 252,
257, 1207, 1241, 1345, 1363*
Smedegaard Olesen, Birgit *1203*
Smith, Hanne *289, 291, 369*
Smith, Ole Langwitz *370, 462*
Sonne, Jørgen *488*
Southworth, Edmund C. *1332*
Sparre, Johannes *47-48, 258,
300-301, 524, 1228, 1242, 1358*
Spore, Palle *841*
Sprogøe, Eva *303, 305, 309*
Staerman, Elena Michajlovna
698-699
Stangerup, Henrik *1270*
Staugaard, Knud Erik *112, 1270*
Steensgaard, Peter *828*
Steenstrup, Norman V. *265*
Stefansen, Niels Christian *1232*
Stefánsson, Finn *1148*
Sten-Knudsen, Nina *311*
Stenbæk, Jørgen *715*
Stenbæk, Morten *395, 780*
Stender-Petersen, Ole *639*
Stiesdal, Hans *605*
Stigen, Anfinn *62*
Stone, I.F. *1243*
Strachan, Christian C. *640*
Strange, John *782, 794, 798*
Strehle, Aksel *405*
Struwe, Klara *487*
Strøm, Ingrid *605, 842, 959,
1171*
Stybe, Svend Erik *1245*
Sunesen, Ebbe *512*
Sutton, Gertrud Købke *946*
Svendrup, Torben *509, 515-516*
Svendsen, John *498*

Svendsen, Lars Skriver, se:
 Skriver Svendsen, Lars
Svendsen, Peter Juhl, se:
 Juhl Svendsen, Peter
Svendsen, Torben *1258*
Svendsen, Werner *742*
Svenningsen, Marianne *1258*
Svensson, Carl *214*
Svensson, Palle *555*
Sylvander, Birgit *395*
Syme, Ronald *621*
Søby Christensen, Arne *653, 720*
Søholm, Ejgil *1357*
Sømod, Jørgen *1118*
Søndberg, Olaf *90*
Sørensen, Asger *1148, 1246*
Sørensen, Jørgen Podemann, se:
 Podemann Sørensen, Jørgen
Sørensen, Lone Wriedt, se:
 Wriedt Sørensen, Lone
Sørensen, Peter Bregendal, se:
 Bregendal Sørensen, Peter
Sørensen, Søren *180, 184-188, 320, 1333, 1344*
Sørensen, Villy *466, 1168, 1195, 1344*

Taisbak, Christian Marinus *91, 419, 500, 1280-1281*
Tamm, Ditlev *649-650*
Taylor, Lilly Ross *621*
Teglhus, Hanne *570*
Terkelsen, Peter *262, 387, 400*
Tesio, Alfredo *862*
Thiedecke, Johnny *24, 38, 533, 1158, 1203*
Thielst, Peter *26, 28, 227, 1226-1227, 1229, 1232, 1236, 1250,*
 1270
Thiersen, Ib *494*
Thodberg Bertelsen, Jens *1246*
Thomasen, Anne-Liese *1285*
Thomsen, Christian Braad, se:
 Braad Thomsen, Christian
Thomsen, Eddy *463*
Thomsen, Johs. *214, 331, 395, 491, 1191*
Thomsen, Kaj *1282*
Thomsen, Karl V. *1357*
Thomsen, Mogens *1286*
Thomsen, Niels *19*
Thomsen, Ole *54, 57-60, 76, 131, 259, 263-264, 295, 300, 432-433, 517, 580, 598, 700, 1344*
Thomsen, Rudi *354, 464, 501, 555, 638, 1098, 1106, 1116*
Thomsen, Søren Ulrik *311*
Thorhauge, Susanne *960*
Thorsen, Lars *1205*
Thorsen, Leif *371*
Thorsteinsson, Hjalmar *1287-1288*
Thuesen, Ingolf *961*
Thulstrup, Niels *21, 87, 1247*
Thybo, Christian *1205*
Thybo, Lisbeth *680, 687*
Thyssen, Ole *1227*
Thaarup, M.R. *230*
Tidner, Erik *398*
Tjalve, Niels *715*
Toftager, Hanne *1196*
Tofteberg Jakobsen, Ivan, se:
 Jakobsen, Ivan Tofteberg
Tommerup, Hanne *347*
Torp, Hjalmar *885*

Torresin, Annemarie *17, 208-209*
Torresin, Giuseppe *5, 178, 208-209, 388, 534, 611, 962-963, 1313, 1324, 1334-1339, 1342, 1344, 1364-1365*
Tortzen, Chr. Gorm *4, 17-18, 23, 32, 35, 37, 39, 40, 46-47, 49, 53-54, 61, 63, 79, 90, 109, 113, 115, 119, 121-122, 124-125, 127-128, 132, 138, 140, 149, 151, 159, 163, 178-179, 191, 203, 206, 208-209, 211, 213, 216, 219-220, 229, 233, 239, 249, 261, 283, 285, 292, 311, 315, 326-327, 330-331, 333-334, 337, 346-347, 351, 359-361, 368, 391, 406, 408, 412, 414, 424, 430, 439, 517, 543, 554-555, 559, 563, 574, 580, 584, 614, 619, 630, 660, 713, 753-754, 835, 853, 875, 899, 934, 948, 964, 991, 1027, 1108, 1170, 1190, 1197, 1224, 1228, 1243, 1254, 1270, 1340-1341, 1345, 1352*
Trolle, Steffen *605, 845, 898, 1084*
Trolle Larsen, Mogens, se: Larsen, Mogens Trolle
Truelsen, Hugo *244*
Tuxen, Nikolaj *999*
Tvarnø, Henrik *502-503, 623, 627, 665, 701-704*
Tybjerg, Tove *465*

Uglem, Olav *829*
Uhre, Jan *836*

Vanggaard, Jens H. *35, 637, 1188, 1197*
Vanggaard, Thorkil *1345*
Varmose, Poul Erik Balle *1117-1118*
Ventegodt, Ole *641*
Vernant, Jean-Pierre *317, 549, 1198*
Vestergaard, Torben *475*
Vidén, Gunhild *324*
Villadsen, Ebbe *1199*
Villadsen, Villads *752, 1314*
Vilstrup, Kim *140*
Vincent Larsen, Ole *614*
Vind, Jens *90-92, 132, 219, 259, 285, 326-327, 329, 368, 391, 1356*
Vinther, Palle *77*
Vinther Andersen, Erik *517, 619, 864, 951, 1029*
Vogel, C. *1339*
Volkmann, Frank *1200*
Voss, Olfert *605*

Wagner, Michael F. *1257, 1267*
Wagner, Ole *40, 90, 93, 220, 229, 251, 309, 377, 390, 412*
Wagner, Richard *466, 1201*
Wallin, Hans Erik *1133*
Warmind, Morten Lund *705*
Watrous, Vance *799*
Weber, Max *706*
Weber-Lehmann, Cornelia *1132*
Weber-Nielsen, Carsten *79, 140, 413*
Weinholt, Karin *720*
Welskopf, E. Charlotte *1313*
Werner, Rita *1248*

Westergaard, Bjarne *1270*
Westergård-Nielsen, Nanna *570, 599, 932, 1000*
Westermark, Ulla *1110, 1116, 1119, 1141-1142*
Whittaker, Charles Richard *707*
Wiberg, Bertil *19*
Wiemann Eriksen, August *708*
Wienberg Jensen, Henning *1048*
Wikander, Örjan *1001*
Willert, Niels *331, 733-734*
Wilster, Christian *141-144*
Wiman, Ingela M. B. *535*
Wind, H. C. *1249*
Wind, Margrethe *402, 580*
Windfeld, Bent *1345, 1350*
Winsløw, Minna *353*
Winther, Ole *1167*
Wistrand, Magnus *99*
With, Merete Klenow *1150*
Wivel, Peter *1345*
Woll, Mari Ann *414*
Woodford, Susan *753, 964*
Woolf, Virginia *467*
Worm, Erik *103, 302, 414, 524, 709, 853, 934, 1043, 1202, 1250*
Wriedt Sørensen, Lone *790, 800, 830, 911, 1315*
Wulff-Jørgensen, Ib *1345*
Wyller, Egil A. *239, 251*
Wöldike Larsen, Anne, se:

Larsen, Anne Wöldike
Wåhlin, Birgitte *642*

Yde, Inger *304, 310, 604, 754*

Zahavi, Dan *78*
Zahle, Jan *574, 806-808, 856, 881, 884, 912, 932, 945, 965, 1119-1124, 1133-1134*
Zahle, Julie *540*
Zanker, Paul *966*
Zedeler, Karen *156*
Zerlang, Martin *536*

Øigaard, Nulle *290*
Ørberg, Hans Henning *33, 229, 414-415*
Ørsted, Peter *325, 359, 469, 506, 526, 643, 651-652, 710-713, 892-893*
Øster-Mortensen, Jens *896*
Østergaard, Carl V. *143*
Østergaard, Jan Stubbe *600-601, 967-968, 1043, 1049- 1052, 1085-1091, 1135*
Østergaard, Uffe *861, 1341*
Østergaard, Ulf *389*

Aaboe, Asger *1282*
Aagard Nielsen, Niels, se:
    Nielsen, Niels Aagard
Åsman, Elof *813*

KLASSISKE FORFATTERE

Acta Pauli et Theclae *36*
Aetheria *111*
Aeschines *18, 451*
Aeschines Socraticus *37*
Aeschylus *42, 447*
   Agamemnon *38*
   Choephori *40*
   Eumenides *39*
   Persae *41*
Ammianus *43*
Anacreontea *30*
Andocides *451*
Antiphon *451, 1220*
Apuleius *44, 45*
Archimedes *1282, 1293*
Aristophanes *55, 57-60*
   Aves *48*
   Ecclesiazusae *46*
   Lysistrata *51-52, 56*
   Nubes *54*
   Pax *61*
   Plutus *53*
   Ranae *47*
   Tesmophoriazousae *49*
   Vespae *50*
Aristoteles *62, 64-65, 69, 71-74, 518, 1208, 1211, 1216, 1219, 1221, 1230, 1232, 1240, 1248, 1260, 1286*
   Analytica posteriora *78*
   Athenaion politeia *547*
   Ethica Nicomachea *26, 66, 70, 1235*

de Interpretatione *1204*
de Longaevitate *68*
Metaphysica *21*
Poetica *75-77*
Politica *26, 507*
Rhetorica *63*
Sophistici elenchi *67*
Arrianus *113, 895*
Artemidorus *1170*
Asclepiades *458*
Athenaion politeia *354*
Athenaeus *26, 79*
Augustinus *21, 82-87, 642, 1148, 1215, 1230, 1232*
   Confessiones *21, 80, 1235*
   De civitate dei *81, 288*

Bacchylides *443*
Barnabae epistula *19-20*

Caelius Aurelianus *406*
Caesar *102-103, 1328*
Cato *400, 658*
Catullus *88, 412*
Celsus *89, 406, 1286*
Cicero *90, 97, 99, 228, 381, 604, 621*
   ad Atticum *94*
   Brutus *92*
   de Deorum Natura *21, 406*
   de Divinatione *16, 95*
   pro Murena *91*

de Optimo Genere Oratorum
  92
  Orator *92*
  de Oratore *92*
  de Re Publica *93*
  ad Q. fratem *94*
  pro Sulla *91*
Claudianus *456*
Clemens Romanus epistulae *19-20*
Columella *709*
Corpus Hermeticum *100-101*
Corpus Hippocraticum *136*
Corpus Tibullianum *321*

Deinarchus *451*
Democritus *104*
Demosthenes *18, 105-107, 451*
Didache XII Apostolorum *19-20*
Dio Chrysostomus *109-110*
Diophantus *1251*
Diogenes Laertius *108, 153*
Diognetum, Epistula ad *19-20*
Dioscurides *1286*

Egeria *111*
Empedocles *112*
Epictetus *113*
Epicurus *114-116*
Epiphanius *282*
Epistula Alexandri *117*
Euclides *118, 1205, 1251, 1259, 1280, 1282*
Euripides *128, 447*
  Antiope *129*
  Bacchae *119, 130*
  Cyclops *125*
  Electra *120*

Helena *121*
Iphigenia Aulidensis *123-124, 131*
Iphigenia Taurica *122, 131*
Medea *126-127*
Eusebius *284*

Frontinus *132, 860*

Galenus *1283, 1286*

Hermas *19-20*
Hero *1251, 1256*
Herodotus *25, 133-138, 373, 442, 510, 1361*
Hesiod *139, 1174*
[Hierokles] Philogelos *140*
Hipparchus *1269*
Hippocrates *1286*
Homerus *149-154, 160, 163, 166-167, 169-176, 178, 426*
  Ilias *141-143, 145, 147, 156, 159, 161-162, 177*
  Odyssea *144, 146, 148, 155, 157-158, 164-165, 168*
Horatius *27, 179, 181, 183, 474, 709*
  Ars Poetica *180, 182, 184-188*
Hymnus ad Cererem *1148*
Hyperides *451*

Ignatius epistulae *19-20*
Isaeus *189-190*
Isocrates *191-192*

Josephus *193-200, 734*
Julianus Imperator *201*

Justinus 202
Juvenalis 474, 865

Kharition 420

Livius 204-205, 278, 604
Longus 206
Lucianus 34
[Lucianus] Onos 208-209
Lucretius 207
Lycurgus 451
Lysias 210-211, 380, 451

Mani 212
Martialis 17, 213
Martyrium Polycarpi 19-20
Menander 214, 432, 445-446
Moikhvetria 420
Monumentum Ancyranum 35

Nemesius 215

Octavia 216
Orbasius 1286
Origines 217
Ovidius Amores 218
  Metamorfoser 219-227

Panaitius 228
Papias fragmenta 20
Pausanias 34
Petronius 229
Phaedrus 230-231
Philon 734
Philostratus 232-233
Pindarus 34, 234, 443, 459
Plato 69, 217, 236, 246, 248-
  251, 256, 380, 1148, 1203,

1215-1216, 1219, 1230, 1232,
1238, 1248
  Apologia 21, 238, 243, 258,
  1174, 1243
  Critias 244, 905
  Crito 238, 243
  Gorgias 255, 257
  Ion 235
  Meno 243, 1205
  Phaedo 21, 238, 243
  Phaedrus 1235
  Politicus 21
  Protagoras 237, 1174
  Sophista 1240
  Respublica 26, 34, 239, 240,
  247, 253, 254, 507
  Symposium 241-242, 245,
  584, 598
  Theaetetus 252
  Timaeus 244, 905
Plato Epigrammaticus 30
Plautus 260-261, 264, 674
  Amphitruo 263, 433
  Mostellaria 262
  Pseudolus 259
Plinius major 268-273, 1286
Plinius minor 265-267, 604, 720,
  780
Plotinus 21, 274-277, 1148
Plutarchus 616
Polybius 25, 278-279, 617
Polycarpus epistula 19-20
Presbyteroi, fragmenta 20
Priscianus 1286
Proklos 280, 1259
Propertius 281
Protagoras 1220
Pseudo-Callisthenes 203

Ptolemaeus *1269, 1282, 1339*
Ptolemaeus Gnost. *282*

Quadratus, fragmentum *20*
Querolus *283*

Rufinus *284*

Sallustius *287-289*
  ad Caes. ep. I-II *286*
  Catilina *285*
  Jugurtha *285*
Sapfo *27, 290-291*
Senatus consultum de bacchanalibus *204*
Seneca *295, 297, 299-302, 381, 1148*
  Apocolocyntosis *292*
  Epistulae *293-294*
  Thyestes *296, 298*
[Seneca] Octavia *216*
Sophocles *313, 447*
  Aiax *303*
  Antigone *304-306*
  Electra *307-309*
  Oedipus Tyrannus *310-312, 314-317*
Soranus *318*
Strato Epigrammaticus *30*
Suetonius *319-320, 720*
Sulpicia *321*

Tacitus *294, 325, 720*

Agricola *322*
Annales *295, 323-324*
Teophrastus *333*
Terentius *445*
  Adelphi *326*
  Andria *330*
  Eunuchus *327, 409*
  Phormio *328*
  Heautontimorumenos *329*
Tertullianus *331-332*
Theocritus *334*
Theognis *456*
Thomasevangeliet *335*
Thrasymachus *1220*
Thukydides *25, 336-338, 442*

[Valentinus] *339*
Vergilius *30, 341, 343, 474*
  Aeneis *342*
  Eclogae *340*
  Georgica *709, 1193*
Vitruvius *344, 1265*

Xenophanes *1237*
Xenophon *349, 351-352, 811*
  Anabasis *353*
  Apologia Socratis *563*
  Hellenica *25*
  Cyropaedia *347-348, 350*
  Oeconomicus *346*
  de Vectigalibus *345*
[Xenofon] Athenaion politeia *354*

STIKORDSREGISTER

adgangstegn *1107*
administration *651*
adoptioner *640, 846*
afkolonisering *1341*
afløbsteknik *821, 972-974*
Africa *909-911*
afskovning *535*
afstemning *558*
Agia Nikolaos *994*
Agios Kononas *735-736*
Agora *740, 749*
Ajas *1006*
Akamas *735-736*
Akra *782*
akrolither *1036*
Akropolis *742-743, 746, 750, 995*
Akrotiri, se: Thera
akvædukter *132, 817, 868, 877, 979, 999*
alderdom *68, 515*
Alexander den Store *540, 1042, 1080, 1323*
Alexanderromanen *203*
Alexandria *1092-1094, 1096-1098*
algebra *1251, 1264*
Alkibiades *545*
amfiteatre *660, 852*
amforer *847, 1072, 1079, 1084*
ammer *690, 692*
Anemospilia *737, 951*
antikhandel *1128-1129*
antikhistorikere *481, 503, 708*

antikimitation *1298, 1315*
antikkopiering *1289*
antikreception *115, 181, 186, 188, 219, 301, 343, 348, 466-467, 898*
antiksyn *1291*
apobatlege *747*
apostolske fædre *19-20, 437*
arbejde *568, 574, 703, 1267*
arbejdsforhold *697*
arbejdskraft *666*
Argolis *927*
argumentum ex silentio *1336*
arkaisk kunst *1091*
arkaisk latin *1076*
arkaisk tid *796*
arkiver *358*
arkæologi og historie *803, 956*
arkæologihistorie *830, 924, 957*
arkæologisk metode *922, 940, 948*
Arles *999*
Arrephorernes hus *750*
arveret *190*
askeurner *1045*
Asklepios *1185*
Aspendos *1121, 1124*
astronomi *1231, 1262, 1268-1269*
Athen *359, 551-556, 559-560, 562, 564, 567-568, 585, 738-754, 830, 929, 1308, 1314*
Athena *1112, 1149*
Atlantis *244, 905*

STIKORDSREGISTER

atletstatuer *1032*
atomteori *1258*
attacher *1085-1086, 1089*
attisk kultur *742*
Augustus *873, 880*
Augustus Primaporta *1011*

bade *877, 977, 985, 987-988, 990-991*
Baiae *755*
Balbinus *1021*
bankvæsen *261, 520*
barbarer *490, 642*
Barfred, Henning *995*
basilica *730, 981*
Bassai *756*
befolkningssammensætning *615, 771*
begravelsesskikke *689, 1157*
beslutningsprocesser *558, 624*
bibliografier *12, 13, 896, 1119, 1134, 1359*
biblioteket i Alexandria *369*
biografigenren *320, 1328*
Bloch, Carl *1276*
Bodrum, se: Halikarnassos
boiotisk kunst *1091*
boligarkitektur *978*
Bonaparte, Lucien *924*
Boscoreale *658*
botanik *333*
brandsår *1286*
Britannien *641, 757*
bronzefigurer *1062, 1070, 1073, 1080-1081, 1085-1086, 1089*
bronzestatuer *1038*
Brøndsted, Peter Oluf (f.1780) *958, 1010*

Burckhardt, Johann Ludwig *834*
bydannelse *653, 655, 804*
bysociologi *865*
bystat *544, 549*
byzantinsk litteratur *462, 1299*
bønder *634, 666, 683*

Caesarea Maritima *758-759*
Caligula *1022*
Camillus *205*
carisk arkitektur *993*
carnyx *676*
Casinum *658*
Castor og Pollux-templet *673, 854-858, 866, 876, 880-881, 884, 949, 989*
centralsteder *655*
ceremonier *1178*
charonsmønter *1157*
Charta Borgiana *363*
chtonisk religion *788*
CIL I, 196 *204*
CIL VI, 2305 *709*
cirklens kvadratur *1266*
Claudius *1024*
clientela-systemet *644, 695, 697*
codices *368*
collegier *703*
coloni *634, 909*
Colosseum *852, 960*
Commachio *672*
computerteknik *419, 822, 952, 954, 961, 1126-1127*
consilium *624*
Cosa *760*
Cururon *761*
Cutu-familien *832*
cyprisk kunst *1041*

dactyloteker *1340*
daglejere *634*
Daidalos *221*
dannelsesbegreber *524, 1206, 1214*
dans *591*
Delfi *930, 1028*
Delos *581*
Demeter Maloforos-templet *894*
demografi *567, 771, 883*
demokrati *555, 558, 560-562, 564*
demokratisyn *349, 354, 442, 451, 1219-1220*
det gode liv *944, 1248*
Detienne, Marcel *1193*
diadocherne *880*
Diadumenos *1032*
diamnemoneuein *372*
Diana Nemorensis *815, 1036*
digterkritik *248, 253*
Diokletians prisedikt *681*
Dion *762*
Dionysos *130, 436*
dioskurerne *880, 884, 1046*
Diotima *245*
Dipylongaden *355*
dithyrambe *460*
divination *16, 1199*
donatisme *726*
Doryphoros *1029*
dragt *512, 531*
drama *130, 435, 439, 444, 450, 457*
drømme *427, 1170*
Dura Europos *763*
dux fatalis *205*
Dyggve, Ejnar *885*

dødekult *1172, 1196*
dødelighed *691*
dødemønter *1157*
døden *689, 1148, 1157*
dødsforestillinger *362, 1157, 1196*
dødsspring *1217*
dæmninger *758, 822*
dæmoner *578-579*
Dörpfeld, Wilhelm *830*

eiresione *588*
eksistensudsagn *1216*
elefanter *279, 677*
elegi *321*
elementernes oprindelse *74*
embedsmænd *551*
empiri *1242*
Engels, Friedrich *1335*
enzymbehandling *364*
Ephesos *764*
epigrafik *608*
epigrammer *17*
epikuræerne *115, 427, 1250*
epinikier *443, 459*
Erechteion *750*
erhverv *568, 574, 757*
erhvervsstruktur *697, 703*
erkendelsesteori *246, 248, 252, 256, 1215-1216, 1226*
Eros *455*
erotisk kunst *1131*
eskatologi *340, 341*
etik *66, 104, 1208, 1210, 1221, 1226, 1228, 1249*
etruskisk kunst *1151*
etruskisk sprog *606*
etymologi *382, 878*

Eupalinos 886
Exochi 845
extaspici 527

Fabricius, Knud 1141
Failaka 765
Faistos-skiven 416-417
Fajum 783
Falbe, Christian Tuxen 910-911
faliskerlandet 883
familia 261, 701
familie 608, 1044
familiestruktur 529, 691
farce 440
fattigdom 707
felsinske steler 1006
Fibula Prenestina 1076
Ficana 766-769, 801-802, 804, 851, 949
Filip II 914, 1051
Filips grav 914
filosoffer (ikonografi) 1051
filosofi 26, 1246, 1284
filosofihistorie 301
filosofisk semantik 64
filosofisk teologi 1209, 1230
fingeraftryk 1067
Finley, Moses I. 510
fjendebilleder 514, 532, 642, 726
flamines 1197
flåde 641
folkeforsamling 552, 558
folketro 1147, 1196
folklore 1173
forelæsninger 66
forfalskninger 1032, 1059, 1076
forfatning 556, 559
formationsteori 682

formelvers 161
formidling 1328
forpagtere 634
forpagtning 359, 711
forskningshistorie 479, 542, 920, 1096
forsyn 275, 1234
Forum Romanum 863-864, 873, 875
Frejus 999
frelse 944
fremtidsudsagn 1204
frigivne 701
Frisch, Hartvig 238
fysisk antropologi 916
fødevareforsyning 656
fødsel 589
førrepublikanske Rom 871
førsokratikerne 1241, 1247

Gadamer, Hans Georg 70
Gadara 770
Gagé, Jean 708
Gaia 1189
Galilæa 771
Gallia Placida 632
Gallien 613, 653
Gallienus (kejser) 631
garum 843
Gascogne 895
gemma augustea 1063
gemmesamlinger 1340
genreteori 432
geografisk analyse 653, 655
geometri 1251, 1259, 1264, 1266, 1280, 1282
geometrisk kunst 1070
geometrisk tid 796

STIKORDSREGISTER

Gerasa *772*
germaner *490, 623, 642*
Gertz, Martin C. *1355*
Gibbon, Edward *723*
giftermålsvæsen *190*
glacialkronologi *904*
gladiatorer *536, 660-661, 663, 693*
gnosticisme *282, 339, 1143, 1153, 1166, 1177, 1181, 1200*
Gortyn-loven *566*
grave *689, 802, 809, 832, 1000, 1196*
gravindskrifter *17, 362, 691*
gravkunst *1045, 1057, 1077*
gravmalerier *1077, 1132, 1151, 1217*
gravofre *748, 773*
gravrelieffer *806-807*
gravskik *362, 689, 802*
gravsteler *1006*
groma *1278*
Grote, Georg *1318*
Grønbech, Vilhelm *582, 1144, 1180, 1183*
grænsepolitik *624*
græsk kult *1183*
græskstudiet *1311*
græskundervisning *1356*
gudinder *1171*
gudsbegrebet *217*
gudsejet jord *581*
gudsoplevelse *1169*
guerilla *639*
guldalder *340-341*
guldmønter *1106*
Gyges *137*
gymnastik *1284*

gynækologi *318*

Hagia Nikolaos *994*
Hagios Kononas *735-736*
Halikarnassos *773-778, 1133*
handel *678, 683*
handelsveje *525, 530, 685, 847, 1072*
Hannibal *278-279, 617, 677*
Hansen, Christian *746, 980, 1314*
Hansen, Theophilus *752, 1314*
harer *1059*
Hegel, Georg W. F. *73, 1334*
heksametre *419*
Helbig, Wolfgang *1076, 1128-1129*
hellenisme *573*
hellenismebegrebet *478, 538-539*
hellenismen *533, 541, 1144*
hellenistisk litteratur *534*
hellig jord *581*
Henchir Harrat, se: Segermes
Herculaneum *267, 779-780*
Hermes Odeschalchi *1037*
hermetisme *1181*
herskerportrætter *1117, 1123*
hestefigurer *1088-1089, 1091*
hesteofring *773*
hestevæddeløb *683, 747, 1033*
Hipparchos af Rhodos *273*
Hispania *382*
historiebevidsthed *1361*
historiefilosofi *340-341*
historieforskning *325, 482, 499, 502, 547, 620, 647, 665, 684, 702, 708, 723, 922, 940, 1337-1338, 1341*
historieskrivning *442, 469, 471,*

682
historieteori *523*
historificering *137*
historikerne *25, 442, 469, 471*
historisk materialisme *513, 523, 682*
historisk metode *497, 562*
historisk tradition *633*
historiske kilder *502*
historiske kort *476, 488, 492, 498*
hjultavler *356*
Holberg, Ludvig *17, 299*
homerfortolkning *163*
homerisk geografi *150, 157, 168, 177*
homerisk religion *152*
homerrecitation *153*
Homers verden *152, 169*
homoseksualitet *584, 598*
humaniora *1345, 1359*
Hume, David *78*
hunde *161, 575, 1003*
huse *844*
hvælvinger *1000*
hypocaust *988*
hypostase *275, 277*
høstudbytte *658*
håndværk *703*
hær *654, 705*

idealisme *1203, 1231*
IG II/III ed. minor 204 *581*
Ikaros (Failaka) *765*
ikonografi *1151*
Ince Blundell Hall *1332*
incest *314*
indskrifter *368*
indskriftstyper *360, 562*

induktion *78*
indvandrere *514*
inflation *1104*
insulae *978*
interpretatio christiana *86, 202, 217*
iskærnedatering *904*
Istanbul *789, 1030*
isthmiske lege *570*
Istria *781*

Jacobsen, Carl *1129*
Jerash *772*
jernalder *801-802, 804, 851, 871*
Jerusalem *782*
Jesus *195, 716*
joniske filosoffer *1241*
Jordan *772*
jordskælv *737, 790-791, 951*
julianske kalender *667, 679*
Juno Sospita *1036*
jødedommen *716, 734, 1176*

kalendervæsen *667, 679, 1281*
kalkedonsynoden *733*
Kamarina *1110*
kammergrave *1000*
kamplege *536*
kanaler *783*
kanon *1029*
kapitæler *970, 997*
Karanis *783*
karikaturer *967*
Karthago *784-785*
kartonnage *364*
katastrofer *951*
kausalitet *136*
Keftiu/Caphtor *794, 798*

STIKORDSREGISTER 297

kejserkult 1154-1156
keltere 490, 676
kemi 1274-1275
kentaurer 953, 1145
keramik 1055-1056, 1058-1060,
  1066, 1068, 1071-1072, 1074-
  1075, 1078-1079, 1084, 1087
keramikhandel 1068, 1071-1072
Khania 356, 575, 1065
kildekonflikter 547
Kilikien 1104
kimbrertoget 616
Kirke 158
kirkearkitektur 981
kirkeorganisation 728
kirkepolitik 733
kirkeprovinser 728
kirurgi 1283
kirurgiske instrumenter 1287
klassicisme 1303, 1314
klassikerforeningen 1351
klassisk filologi 1324
Kleine Pauly 6
Kleobis og Biton 1046
klienter 644, 695, 697
klippegrave 806-807
kloaker 821
kloakering 974
klostervæsen 724
klovner 147
klædedragt 512, 531
Knossos 786-788, 1067
koine-græsk 379
koisk digtning 458
kolonitiden 897
komedie 55, 57-60, 263, 432-
  433, 440, 446, 449, 470
komikerne 445

kongetiden 789, 871
Konstantinopel 789, 1030
kopiteknik 1049, 1132
korai 1043
korinthisk arkitektur 996
korinthiske kapitæl 997
Koroneia-indskriften 355
kottabos 601
Koukounaries 951
Kourion 790-791, 951
kouroi 1014, 1043
Kreta 792-799, 983, 1009
krig 549
krigselefanter 677
krigsflåde 156, 641, 846
krigskunst 162
krigsskibe 571-572
kristen ikonografi 917, 944
kristendommen 1164, 1184,
  1209, 1230, 1246
kristenforfølgelser 717-721
Krokodillefloden 759
krokodiller 942
kult 1172
kultfester 436
kulturgeografi 771
kulturhistorie 360, 754
kulturkontakt 635, 636, 897,
  928, 957
kulturplanter 902
kulturpolitik 1294, 1302, 1310
kulturspredning 530
kunsthandel 926
kunsthistorie 270
kunstideologi 1297
kunstteori 253
kuppelgrave 975
kvindebilleder 516, 578-580,

589-590, 1189
kvindelige forfattere 321, 421
kvindelige læger 1285
kvindens stilling 247, 254, 516,
  529, 578-580, 589-590, 608,
  725, 1044
kvindestyre 56
kværne 1276-1277
kykladefiguriner 1002
Kykliske digte 159, 280
Kypern 800
Kyrene 1111
kystbefæstning 641
købekraft 587, 681
kønsroller 56, 139, 254, 529,
  580, 584, 598
kønssociologi 18, 569, 584, 589,
  593, 598
kærlighedsidealer 88
kætteri 332
Königsmark, Otto Wilhelm v.
  743
Köybasi 912

La Giostra 949
Labre, Giuseppe Benedetto 937
landbrug 596-597, 634, 658,
  662, 680, 687, 709, 909
landbrugsforfatterne 686
landliv 474
landmåling 1278
landskabsarkæologi 962
landskabsperspektiv 969
Lange, Julius 1329
Lapis Satricanus 1076
lastskibe 672
latin 1348
latinskoler 1352

Latium 801-804, 851
latriner 973
latter 147
Leagros-tiden 920
leksika 955
LeRoy, Julien-David 1308
Lesbia 88
levealder 691
levervarsler 527
Liciniergraven 1034
ligninger 1251
Lilybæum 951
Lindos 845, 849, 1121
linear A 358
linear B 356
lingvistisk analyse 214
linnedbogen 366
Lippert, Ph. D. 1340
litteraturhistorie 23
litteratursyn 248
litterær analyse 205, 1179
litterær struktur 262
litterær symbolik 225
litterær teknik 324
litterære tolkningsmetoder 317
lituus 676
logik 1204, 1240
Londonium 805
ludi 536, 693
Lukretia 1296
Lykien 806-808, 1121, 1133
lykisk kunst 806-807
lykiske portrætmønter 1122
lykke 69, 1210
lyrik 443, 458
Lysikratesmonumentet 752
lyst 69
lønninger 587, 681

STIKORDSREGISTER

løver *1010-1031*
læger *1283*
lærere *700*

Ma'agan Michael *758*
Madradag *831*
Madvig, Johan Nicolai *1334, 1347, 1350*
Magentius (kejser) *629*
magi *1182*
Magnussen, Ib *1357*
Makedonien *1000*
makedonske grave *1000*
maleri *1061, 1077, 1132*
mandschauvenisme *139*
Marathon *809*
Marcus Aurelius' rytterstatue *872*
markedsøkonomi *510*
Marseille *810*
Marx, Karl *1335*
Masada *951*
Massalia *810*
matematik *1205, 1251, 1259, 1264, 1272-1273, 1282*
materialisme *1203, 1231*
materien *74*
matriarkat *590, 1171*
Mausollos *1120*
mausolæet *773-776, 778, 1133*
Mazi *811*
medicin *1283*
medusa *1165*
megaradekretet *557*
Menanderportrættet *1050*
Menanders hus *839*
menneskeofring *737, 951*
menneskesyn *71, 83, 1214*
Menologium Rusticum Colotia-

num *709*
metafysik *1230*
metalimitation *1078*
metallurgi *757*
metamorfose *224*
meteorologi *595*
metodehistorie *1336*
Micali-maleren *1079*
Microtutor *394*
militær medicin *1287-1288*
militær taktik *162*
militærvæsen *641, 654, 705*
mime *420, 468*
minedrift *757, 843*
minoisk arkitektur *983*
minoisk kronologi *904*
minoisk kultur *357, 795, 799, 959*
minoisk kunst *797, 950*
minoisk religion *788, 797, 1171*
Minos *221*
Mithras *1158, 1164*
moderkærlighed *589*
molosserhunde *1003*
monarki *110*
Mons Claudianus *812-813*
Monte Becco *949*
Mopsos *1121, 1124*
moralfilosofi *69, 1210-1212, 1248*
morfologi *472*
Mormo *579*
Morosini, Francesco *743*
MTDATA *394*
municipia *652*
munkereglen *84*
munkevæsen *84, 731-732*
Murlo *814*

Muscio *318*
museumshistorie *1125, 1128,*
1130, 1330, 1332
mykensk arkitektur *975*
mykensk kronologi *786*
mykensk kultur *169, 927-928,*
930, 959
mykensk kunst *950*
mykensk tid *793, 916*
Münter, Alexander *995*
mytefortolkning *148, 165, 1159,*
1165, 1189
myteomtolkning *137, 1151*
myteteori *1193*
mytologi *152, 171-172, 491, 578-*
579, 850, 1152, 1160-1163,
1168, 1195, 1202
møbelkunst *1303*
møntmotiver *626, 676-677, 960*
møntportrætter *1100*
møntsamlinger *1114, 1136, 1138*
møntslagning *1105*
møntstøbning *1109*
Mørkholm, Otto *1134*
målesystemer *1265*

nabatæere *833-836*
Nag Hammadi *1177, 1200*
narcissisme *227*
naturfilosofferne *1203*
naturfilosofi *1226, 1241, 1270*
naturmetoden *415*
naturvidenskab *1231, 1270, 1273*
navneskik *362*
Nekbatanos *1323*
Nemi *815*
Nero *626, 1023, 1095, 1097-*
1098, 1103

Niketemplet *738*
Nîmes *816-817, 999*
Nordvesteuropa *612, 712, 918*
numanske kalender *1281*
nuragher *887*
nyionisk arkitektur *993*
nyplatonisme *274, 1230*
nøgenhed *569*
næmæiske lege *570*

obelisker *1271*
Olbia *1109*
oldkirken *1246*
oldtidskundskab *1342-1343,*
1345-1346
olivenproduktion *658*
Olympen *762*
Olympia *34, 570, 577, 818-819*
Olympias (skib) *572*
olympiske lege *521, 570, 576-*
577, 592, 599
onde øjne *1147*
opdragelse *683, 700*
opium *519*
Oplontis *820*
oprørsbevægelser *639*
orakler *16, 95, 1146*
oral komposition *161, 173-174,*
176
oral tradition *372*
Orfeus *1193*
Orgas *581*
orientalske kulter *1171, 1175*
Ostia *821, 972-974, 978*
ostraka *813*
Otalilia Severa *1118*
Oued Seda *822*
oversættelse *166, 381, 473*

oversættelsesarbejde 284
oversættelseshistorie 425

P. Haun. III 58 783
Palatin 867, 870
Palestrinafiblen 1076
Palmyra 823-824
palmyrensk skulptur 823-824
Palæstina 825-829, 1102, 1176
Pamphylien 1104
panathenæiske amforer 1056
Pantheon 859
Pap.Oxyrr. 420
papyri 368
papyrologi 114
parallelpostulatet 1259
Paros 951
Parthenon 743, 753, 995, 997
parthenonhovederne 958
pastorale 430
patriarkater 728
patronat 644, 648, 695, 697
Peloponnes 830, 929-930
peloponnesiske krig 336, 338, 355
penge 509, 587
pengeværdi 587, 1104
perception 85
Pergamon 831, 1112
Perugia 832
Petra 833-836
Phidias 1149
Philip I (kejser) 1118
Philip II (kejser) 1118
phlyaker 440
phronesis 70
phthonos 373
Piacenza-modellen 527

Piazza Amerina 837
Pilatus 734
pilgrimsrejser 111
pinakes 1005, 1054
Pisidien 1104
plastiske vaser 1055, 1059-1060
plautinsk latin 259
plautinske scholium 369
poesi 472
poetik 182, 186
Poggio Civitate 814
Polias-templet 750
polis-begrebet 1337
politik og kunst 744, 1292
politik og religion 733
politik og teater 59-60, 445, 447
politisk filosofi 110, 192, 1219, 1243
politisk historiografi 1321
politisk kunst 626, 936, 960, 1118, 1297
politisk retorik 561
politisk terminologi 289, 1313
politisk utopi 56
politiske eliter 640
politiske taler 105-107
Polyklet 1029
Pompeji 267, 658, 780, 838-841, 951, 972-974
Pompejus 1020
Pont du Gard 816-817, 999
Pontecagnano 842, 949
Pontos 1113
Popper, Karl 78
popularisering 1322
portrætbuster 1034
portrætkunst 1008
portrætter 1009, 1019, 1135

Portugal 843
Posletten 962
postamentfigurer 1081
Postnikov, M. 1339
Pozzuoli 780
praktiske fornuft 70
Priene 844
priser 681
privatsamlinger 1130
privatøkonomi 260-261
produktionsforhold 568, 634, 662, 665
produktionsformer 477, 494, 694
produktivitet 658, 680
projekt Africa Proconsularis 890-893
projekt Pour sauver Carthage 784-785
propaganda 936, 1118
proportionslære 1264
prosopografi 640
prostitution 18, 528
Provence 761
prædikation 1216
Psiax 1084
Ptolemaios III Euergetes 1039
puniske krige 278-279, 617
Puteoli 780
pyanepia-festen 588
Pygmalion 222
Pyrgi 989
Pyrrhus 677
Pythagores 1205
pythagoræerne 1205, 1217, 1223
pythiske lege 570
pyxider 1058
pædagogik 65-66
pæderasti 30, 593

Ramus, Petrus 184
rav 525-526, 1053
ravsmykker 1053
Rayet-hovedet 1018, 1047
Reinach, Salomon 1298
reinkarnation 1153
religionsfilosofi 21, 202, 217, 1237
religionshistorie 24, 147
religionskritik 1237
religionspolitik 722
renæssancen 1291
republikansk tid 618, 621
restaurering 1034-1035, 1037
retorik 257, 423-424, 428-429, 561, 1206, 1215
retstaler 18, 91, 189-190, 210-211
retsvæsen 565, 644
Revett, Nicholas 1308
Rhodos 845-849, 915, 1072
Rhodosekspeditionen 845
Riace-statuerne 1038
ritualer 633
ritualkalendere 366
Rivieraen 941
Robortello, Francesco 77
Rom 804, 850-884, 972, 1034, 1175
romangenren 438, 462
romanisering 612-613, 678, 711-712
romansk kunst 1300-1301
romerret 645, 649-650
romerrigets fald 625, 627, 706
romerske menighed 714
romerveje 657, 683, 1252-1254
Roms grundlæggelse 633

STIKORDSREGISTER 303

Roms oprindelse *879*
rondeller *1067*
Rostovtzeff, Michail I. *481, 708*
rostra *878*
Rostra (tidsskrift) *1349*
Rumohr, K.F. von *958*
Rumænien *977*
rustninger *512*
rytterfigurer *968*

Saint-Gilles du Gard *1300*
sakral prostitution *528*
Salona *885*
samfundsopfattelse *71*
samfundstænkning *83*
samfundsudvikling *477*
samlingskataloger *1101, 1138, 1140*
Samos *886, 1013*
San Simone *781*
Santorin, se: Thera
Sardinien *887-888, 1062*
sarkofager *1323*
sarkofagrelieffer *1044*
Satricum *889*
saturnalier *659, 705*
satyrspil *454*
Schliemann, Heinrich *1331*
Schow, Niels Iversen *363, 365*
Schtajerman, Elena M. *708*
Sebastoforos *1097*
SEG X, 410 *355*
Segermes *652, 890-893*
segl *358, 1065-1066*
sejlads *572*
seksualsymbolik *225*
seleukidisk tid *827*
Selinunt *894*

selvforståelse *642*
semantik *372-373, 382, 384*
senantik arkitektur *998*
senantik kunst *943*
senatorstanden *640*
senhellenistisk kunst *966*
Septimius Severus *1098*
Servius Tullius *638*
Séviac *895*
Sicilien *933, 984*
silen *1086*
Simon fra Faversham *68*
sirene *1014, 1055*
Siwa *896*
sjælens natur *215*
skabelsesmyter *1174*
skaktgravsperioden *927*
skanlat *419*
skatteadministration *711*
skibbrud *685, 951*
skibe *572*
skibsbilleder *761*
Skibskatalogen *156*
Skillous *811*
skolevæsen *700*
skulpturudsmykning *755, 1030*
skæbne *275, 1234*
slaveri *513, 523, 585, 634, 647, 664-666, 668-671, 675, 680, 682, 686-687, 694, 696, 698-699, 701-702, 704, 1231*
social status *707*
socialfilosofi *83*
socialhistorie *674*
socialpsykologi *514, 532, 569*
socialstruktur *710*
sofisterne *1206, 1220, 1224*
Sokrates *251, 563, 1206, 1219,*

STIKORDSREGISTER

1232, 1238, 1243
soldaterkejserne *708*
Solon *153, 550*
sorg *689*
Spalato *901*
Spanien *382, 897-898*
Sparta *899-900*
spejle *1082-1083*
spildevandsteknik *972-974*
Split *901*
spolier *992*
sport *34, 570, 600, 818*
sportsanlæg *818*
sportslege *577, 594*
sproghistorie *382*
spådomskunst *16, 95, 1199*
Staerman, Elena M. *708*
statistisk analyse *156*
statsforvaltning *651*
statshandel *557*
statslære *507*
statstænkning *110, 1219-1220, 1299, 1305, 1337*
stenhuggerteknik *813*
stigbord *822*
stjernebilleder *1194*
stjernesagn *1190, 1194*
stoicisme *113, 228, 302, 381, 1210-1212, 1234, 1250*
stoikere (ikonografi) *1026*
storbymentalitet *865*
Stuart, James *1308*
subkultur-begrebet *534*
sybarithistorier *464*
Sydfrankrig *810*
Syditalien *933, 971, 984*
sygdom *1283*
symboler *676, 1118*

syndefaldsmyten *314*
synkretisme *1182*
syntaks *472*

talerne *451*
talkomposition *426, 456*
tandpleje *673*
teater *431, 441, 450, 452-453, 463, 536, 683, 986*
teaterarkitektur *344, 435, 439, 982, 984, 986, 1300*
teaterhistorie *982, 1312*
teaterpenge *1107*
teaterpraksis *422, 440, 449, 454, 460-461, 468, 470*
teaterregie *444, 450*
teatrets oprindelse *435-436, 439, 465*
teatrets organisation *436*
teknikhistorie *684, 1256-1257, 1261, 1267*
teknologifilosofi *72*
tekstanalyse *36*
tekstfortolkning *298*
tekstkritik *298, 370*
templer *976, 989*
Templum Pacis *960*
terminologi *333, 381*
terra sigillata *1071*
terrakottafigurer *1041, 1088, 1091*
Testimonium Flavianum *195*
tetradrachme *1111*
Tetzes, Ioannes *369*
thebanske kreds *1189, 1201*
theorika *1107*
Thera *902-907, 950-951, 994, 1061*

STIKORDSREGISTER

thermer 770, 877, 977, 987-988,
990-991
thessalisk kunst 1070
Thomsen, Christian Jürgensen
1125
Thott, Birgitte 297
Tiberius 1025
Tibur 908
tidsbegrebet 73, 1225
tidsregning 500, 667, 679, 1281
Tivoli 908
tondeportrætter 1069
trafik 530, 1254
tragedie 131, 439, 444, 447-448,
461, 466, 475
tragikerne 439, 444, 447
tragikomedie 433
Trajan 1098
transport 1253-1255, 1271
trierarchi 556
triere 571-572, 583
trigonometri 1282
triumf 646
triumfbuer 873-874
Troas 177
trojanske krig 170, 280
trylleformler 1182
Tuminehi 912
Tunesien 909-911
Tuscania 1031
Tymnessos (Lykien) 912
Tyranmorderne 1297
tyranni 110
tyre 797
Tyrkiet 1133
Tärnskär 685

uddannelse 700, 1206

udenrigshandel 557
udmøntningsteknik 1105, 1109
Ulu Burum 913, 951
Umm Qeis 770
undervandsarkæologi 913, 951
undervisning 700
urbanisering 653, 655, 712, 804
utopier 247

valentianere 282, 339
Valerian (kejser) 631
valetudinarier 1287-1288
vandbygningsteknologi 132
vandforsyning 783, 816-817,
831, 840, 860, 877, 979, 999,
1263
vandhjul 1279
vandledninger 886
vandmøller 758-759, 1277
vandrør 1263
vandteknologi 758-759, 822, 831
vandtårne 840
varemærker 1295
varsler 527
vasemaleri 1090
vasemalerier 568, 586
vejbygning 1253-1254
Venus 1179
venustegn 1115
verdens 7 vidunderværker 272
Vergina 914
veristisk stil 1016
Vespasian 960, 1007
vestgræsk kunst 1086
Vesuv 265-267, 780, 951
videnskabsfilosofi 1226
videnskabshistorie 622, 627, 971
vifter 1064

STIKORDSREGISTER

viljens frihed 275
Villa di Oplontis 820
Villa Maxentii 837
villa rustica 709
villanovakultur 1057
vinde 595
vinkeltredeling 1266, 1282
vinproduktion 658, 1255
visdom 86
Vogel, C. 1339
vognstyrer 1033
Volterra 1045
vragfund 941
Vroulia 845, 915
vulgærlatin 383
vulkanologi 267, 780, 904
værdimærkning 1104

Wiegand, Theodor 1298
Williams, Bernard 1208
Wilster, Christian 166-167
Winckelmann, Johann Joachim
1325-1327

Zoëga, Georg 923, 937

ægteskab 190
Ægypten 1095, 1146
ægæisk arkæologi 933
ægæisk kultur 925, 1137
ægæisk kunst 1061

Ødipus-myten 1173, 1201
ødipuskompleks 315, 317
økologi 535
økonomi 477, 510-511, 517,
 644, 652, 674
økonomisk analyse 653
økonomisk idehistorie 518
økonomiske centre 656
østgræsk skulptur 1014

årsagsbegrebet 136, 1234
årstalslister 493, 498

Danish Humanist Texts and Studies

Udgivet af Det kongelige Bibliotek ved
Erland Kolding Nielsen

Bind 1 *Peter Allan Hansen:*
A Bibliography of Danish Contributions to Classical Scholarship from the Sixteenth Century to 1970.
1977. 335 sider. Helbind.

Bind 2 *Stephanus Johannis Stephanius:*
Notæ Uberiores in Historiam Danicam Saxonis Grammatici. Sorø 1645. Facsimile edition with an introduction by H. D. Schepelern.
1978. 362 sider. Helbind.

Bind 3 *Hanne Trautner-Kromann:*
Skjold og sværd. Jødisk polemik mod kristendommen og de kristne i Frankrig og Spanien fra 1100-1500.
1990. 236 sider. Disputats.

Bind 4 *Birgit Bjørnum & Klaus Møllerhøj:*
Carl Nielsens Samling. Katalog over komponistens musikhåndskrifter i Det kongelige Bibliotek.
The Carl Nielsen Collection. A Catalogue of the Composer's Musical Manuscripts in the Royal Library.
1992. 275 sider. Illustreret. Dansk-engelsk. Helbind.

Bind 5 *Harald Ilsøe:*
Bogtrykkerne i København og deres virksomhed ca. 1600-1810. En biobibliografisk håndbog med bidrag til bogproduktionens historie. Mit deutscher Zusammenfassung.
1992. 306 sider. Illustreret. Med tysk resumé. Helbind.

Bind 6   *Kirsten Dreyer (udg.):*
         Kamma Rahbeks brevveksling med Chr. Molbech.
         302 breve med indledning og noter ved Kirsten Dreyer.
         1993-1994. Bind I-III. 940 sider. Helbind.

Bind 7   *Ruth Bentzen (udg.):*
         Ung sprogforsker på rejse.
         Breve fra og til Holger Pedersen 1892-1896.
         Med indledning og noter ved Ruth Bentzen.
         1994. 284 sider. Helbind.

Bind 8   *Flemming Gorm Andersen:*
         Danmark og Antikken 1980-1991. En bibliografi over 12
         års dansksproget litteratur om den klassiske oldtid.
         1994. 308 sider. Helbind.

Bind 9   *Bjarne Schartau:*
         Codices Graeci Haunienses. Ein deskriptiver Katalog des
         griechischen Handschriftenbestandes der königlichen Bibliothek Kopenhagen. Helbind.
         1994. 670 sider. Illustreret.

Alle bøger kan anskaffes gennem boghandelen eller direkte fra Museum Tusculanums Forlag, Njalsgade 92, 2300 København S